사회적 공화주의

한국 사회
위기 해소를 위한
정치 기획

박종철출판사는 신의와 신념을 지키기 위해 죽은 우리의 벗을 기억하고자
1990년에 설립되었으며, 그와 함께 꿈꾸었던 세상을 만드는 데
보탬이 되고자 합니다.

사회적 공화주의

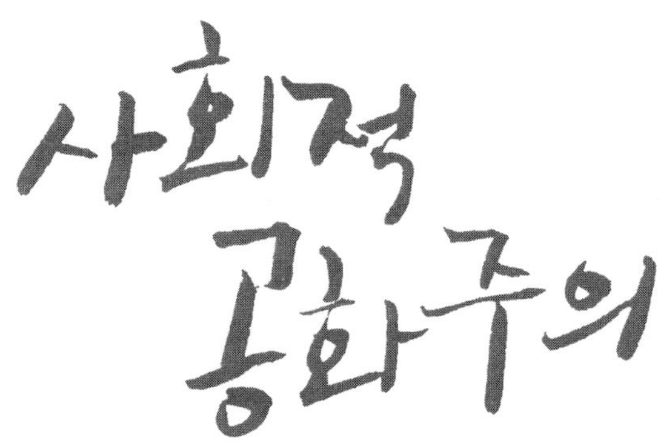

한국 사회
위기 해소를 위한
정치 기획

금민 지음

박종철출판사

한국 사회는 지나치게 빠르게 변화해 왔다. 그리고 나의 삶 역시 어쩌면 한국 사회의 급속한 변화의 산물일지도 모른다. 지천명도 되지 않은 삶을 회고하는 것은 쑥스러운 일이지만, 나의 짧은 삶의 굴곡 역시 한국 사회의 현재를 구성하는 하나의 사례일 것으로 믿는다.

박정희 정권은 청소년 시절을 좌우하는 조건이었다. 독재자가 쌓아 올린 '한국적 민주주의'의 병영 속에서 모든 생각과 경험은 제한될 수밖에 없었다. 그 시대에서 가능한 일은 오직 적응이냐 일탈이냐의 선택 뿐이었던 것 같다. 그 시대의 청소년 대부분에게 그 이외의 선택은 없었다. 한편으로는 다른 사람들과 동질감을 느끼며 편안해 하고, 한편으로는 고유한 자신을 발견하면서 기쁠 수 있는 정상적인 사회의 정상적인 개인의 형성기로서의 청소년 시절은 그 시대의 많은 청소년에게 불가능한 것이었다. 조금 더 머리가 굵어진 고등학생 때에는 가끔씩 담배를 피우기 시작했고 금지된 행위를 하는 것에 괴로워하곤 했다.

대학생이 되었을 때 1980년대가 시작되었다. 1981년, 새로운 독재자가 한국 사회를 점령했음을 선포하고 다시금 이 사회의 군기를 바짝 세우기 시작했다. 2~3학년 무렵부터, 나는 해설서 등 이차 문헌을 통해 부분적으로 알게 된 칼 맑스의 『자본』이 몹시도 읽고 싶어졌다. 어쩌면 해답이 거기에 있을지도 모른다고 생각했기 때문이다. 대학생인 나는 소위 '과학적 사회주의'에서 가능성을 발견했다. 많은 정보가 차단된 반공 국가에서 현실에 대한 분노는 세계 곳곳에서 벌어진 사회주의 실험의 역사를 충분히 대안적인 것처럼 보이게 했다. 그러나 역시 그와 같은 인상이 확신으로 바뀌기 위해서는 일단 『자본』을 읽어 볼 필요가 있었다. 『자본』이 금서이던 시절, 나는 독일행 비행기를 타기로 결심했다.

그 당시 한국 사회는 큰 변화를 겪고 있었다. 1987년의 여름이 시작된 것이다. 6월 항쟁 기간에 독일 본에 있는 한국대사관 앞에서 집회가 열렸다. 한국 사회의 미래는 꽤나 희망적으로 보였다. 이제 민주주의 사회로 바뀌기 시작했고, 곧 민주주의가 완성될 것이라 기대했다. 그러나 6월 항쟁은 프랑스대혁명처럼 급격한 변화를 낳지 않았다. 나는 축약적인 발전을 겪었던 한국의 산업화에 발맞춰, 한국의 정치발전 역시 축약적일 수밖에 없을 것이라고 생각했다. 그러나 그 결과는 마치 영국의 명예혁명처럼 혁명이 지연되는 방식이었다. 나는 현재까지도 그 혁명이 여전히 지연된 채 심지어 후퇴하고 있다는 사실이 믿기지 않는다.

독일에서, 『자본』을 읽어 보는 것 이외에 특별히 다른 목적이 없었던 나는 다시 법과대학을 다녔다. 석사 졸업이 다가올 무렵 굳게 뿌리내린 줄 알았던 확신의 체계가 의심스러워지기 시작했다. 소비에트연방과 동구권의 몰락 징후는 곳곳에서 나타났고, 예고된 미래 앞에서 나는 신념의 보증물이 사라질 수밖에 없음을 인정했다. '현실 사회주의권'의 몰락 징후들은 과학적 사회주의의 응용상의 실수로 보이지 않았다. 심지어 사회주의권의 실험은 너무나 많은 재앙의 역사 역시 포함하고 있었다. 다시금, 시대의 해답을 누구도 가르쳐주지 않을 때 사태를 정확히 이해하는 길은 문제를 정확히 하는 것이라고 생각했다. 그 시절부터 1989년 귀국한 이후 몇 년간 맑스의 원전을 읽고 또 읽었다. 나의 대학 시절이 그에게 빚을 졌듯이, 그 빚을 미래의 대안으로 되갚기 위해서 그와 대결하는 것은 불가피했다. 그 대결을 통해 사회주의 운동의 과오도 분명해질 것이라고 생각했다.

두 차례에 걸친 유학 생활에서 나는 '유대인'처럼 잘 적응했다. 독일

사회에서 나는 속하면서 속하지 않는 경계인이었다. 긴 유학 생활 동안 계속된 관심사는 시장과 민주주의의 근저에 놓인 문제였다. 자본주의 사회의 기본적인 구성 원칙인 '1켤레의 구두=10,000원'의 등식에 대하여, 또는 이 등식과 '개별 인간 김갑순=국민(주권자)'이라는 등식의 관계에 대하여 더 깊은 생각을 전개하고자 했다. 1990년대 중반 독일의 작은 대학 도시 괴팅엔에서의 삶은 그렇게 꼬리에 꼬리를 무는 물음들과 그러한 물음에 대한 답을 함께 생각했던 많은 친구들과 함께한 시간이었다. 이때부터 약 10년간 나는 『자본』의 제1권 제1장과 헤겔의 『논리학』을 매일 조금씩 읽거나 음성 파일로 듣는 습관을 가지게 되었다. 나는 괴팅엔에서 철학과 정치학을 수학했고, 근대 정치철학의 문제를 깊이 다루기 위해 법학 박사 학위를 준비했다. 나는 통용되는 '맑스주의 정치철학'이 맑스와 어떠한 관계도 없을 뿐만 아니라 근대 정치철학의 틀을 뛰어넘지 못했다고 보았다. 당시 나에게 '맑스주의 정치철학'은 사실 근대 정치철학 안에서 특정한 요소를 분리하고 과장한 것에 불과했다. 이런 좌파 정치철학에 대한 냉정한 평가는 근대 정치철학을 넘어서기 위해서는 근대 정치철학을 근본적으로 되짚어 보아야 한다는 생각으로 이어졌다. 근대 정치철학을 최선의 형태로 종합하고 그 조건과

전제를 밝힌 이후에야 근대 정치철학을 넘어서는 문제를 생각할 조건이
마련될 수 있다고 생각했다.

　2001년, 나는 한국으로 다시 돌아왔다. 애초에 나는 그전의 몇 차례
처럼 잠시 머무르다 떠날 계획이었다. 그러나 계획은 변경되어야 했다.
한국 사회는 여전히 빠른 속도로 변하고 있었다. 2000년대의 한국 사회
에서 비정규직이라는 단어는 익숙한 단어였다. 그리고 노동자운동의 쇠
퇴와 변화는 한국이 신자유주의적 과두제 국가로 변모했음을 보여 주었
다. 대공장 산업 노동자를 중심으로 한 저항 정치는 더 이상 노동자 안
의 노동자를, 숨 가쁘게 생산되는 비정규직 노동자를 품고 가지 못하고
있었다. 민주노총은 노사정 합의의 테이블 주위를 맴돌고 있었지만 노
사정 테이블은 민주노총이 대안을 제시하고 강제하는 테이블이 아니었
다. 또 당시 김대중 정부는 1987년 이후의 민주주의를 완성하고 전쟁
관리 체제에서 평화 체제로의 전환을 나름대로 추진하고 있는 것처럼
보였다. 그러나 그러한 노력이 과도기적 지연을 위한 노력인지 민주주
의 완성과 평화 수립을 위한 노력인지가 불분명할 정도로 사회의 진보
는 더디게 진행되었다. 반면에 대량 해고와 빚에 시달리는 대중은 어느

도시에서나 마주칠 수 있었다. 김대중 정부는 1997년 외환 위기를 극복했다고 자화자찬했으나, 1997년 이전의 구체제에 대한 다른 모든 종류의 대안들을 차단한 채 두 종류의 국민, 두 종류의 노동자로 분할된 현재의 대한민국을 만들었을 뿐이다. 그리고 노란 풍선들을 휘날리며 등장한 노무현 정권, 많은 국민들이 적어도 최소한의 과제는 해결할 것이라고 기대를 걸었던 정권에서도, 한국 정치는 여전히 지체된 채 많은 국민들을 무기력하게만 만들고 있었다. 이제 한국에서 나는 경계인이 아닌 주권자로서 한국 사회에 대해 발언하고 행동해야 했다.

나는 2001년에서 2002년까지 좌파 정치 운동에 투신했고, 사회당의 간부를 지냈다. 그렇다고 그 당시 내가 정치가로 변모한 것은 아니었다. 나의 주된 관심은 정치 이론 교육이었다. 2003년 이후 나는 김진균 선생님을 모시고 40대 소장 학자들과 사회비판아카데미를 만들어 학술 운동을 펼쳤다. 한국 사회의 현실적 문제에 대해 더 분명하게 알아가기 시작한 시기였다. 그리고 지금으로부터 3년 전, 2004년 9월경 국가보안법이 존치된 채로 국회가 끝났을 때, 나는 민주주의 일반의 문제, 한반도 평화 등 현실적인 사태에 개입하는 문필 활동을 시작했다. 1987년 6

월의 민주주의적 전환의 주역을 자처하는 자유주의자들이 자유민주주의를 완성할 수 없다고 확신하게 되었고, 2000년대의 한국 정치의 한계가 너무나도 분명하게 보였기 때문이다.

노무현 정권은 분명히 1987년 체제의 집약이면서도 동시에 1987년 체제의 한계이기도 했다. 노무현 정권은 1997년 이후의 신자유주의적 재편에 대한 답을 제시하지 못했기에 1987년 체제를 완성할 수 없었다. 또한 노무현 정권 왼편의 '진보 진영' 역시 1997년 이후의 한국 사회의 문제에 대한 답을 내놓지 못했다. 진보 진영은 신자유주의에 맞선 대중적 저항 정치를 넘어서지 못했고, 신자유주의 이후에 관한 대안을 모색하는 데 게을렀다. 대안 없는 저항의 최대한은 그저 자유주의자들의 실패와 대중의 공분을 기다리는 것뿐이었다.

언제부터인가 나는 한국 사회가 한 걸음 더 나아가기 위해서 민주공화국의 문제에 더욱 천착해야 한다고 생각하기 시작했다. 그리고 이 문제는 신자유주의의 파고를 이겨 낼 수 있는 국가의 구성 원리를 다시 세우는 일과 밀접하게 연관되어 있다. 우리가 2007년에 시장 지상주의를 극복하는 민주공화국을 수립하지 못한다면, 1980년대 이후의 민주화 성과는 신기루처럼 사라져 버릴 것이다. 민주공화국의 이념은 시장 지상주의에 의해서 휴지 조각이 될지도 모른다. 2007년 대통령 선거는 한국 사회의 분수령을 이룰 것이다. 그런 절박함은 내가 걸어가야 할 길이 무엇인지 분명하게 가르쳐 주었다.

2007년 대선은 한국 사회에서 국가, 즉 공동의 것res publica이 무엇인지, 그 공동의 것을 이루기 위한 사회적 조건이 무엇인지에 대해서 답하는 자리가 되어야만 한다. 그리고 국민 모두의 공통성을 보장하는 사회적 공화국으로서 민주공화국을 새롭게 수립하는 과정을 통해, 우리는 신자유주의 이후 사회를 위한 초석을 닦을 수 있을 것이다. 사회적 공화국으로서 제7공화국을 수립하는 과업은 1953년 정전협정에 기생해 온 보수주의자들에 의해서도, 1997년 이후의 사회 해체를 가속화하려는 자유주의자들에 의해서도, 1997년 이후 대중 저항에 기생하며 미래 전망을 제시하는 대신에 지금도 낡은 교리를 답습하는 '진보주의자들'에 의해서도 달성될 수 없다. 진보를 넘어설 수 없는 진보는 진보가 아니기 때문이다. 오직 지난 20년간의 민주주의의 역사를 평가하고, 그 빈 부분을 새롭게 채워 넣을 의지와 내용을 갖춘 새로운 정치 운동, 낡은 진보를 넘어선 새로운 진보 운동만이 한국 사회의 미래와 대안을 말할 자격이 있다. 이것이 내가 정당 대표가 된 이유이다. 그리고 감히 주장하건대, 사회적 공화주의야말로 한국 사회가 열어 나갈 희망의 이름이다.

이 책을 내며 새롭게 쓴 글 세 편, 「미완의 1987, 탈구의 1997, 전환의 2007」, 「사회적 공화주의와 사회적 기본권」, 「국민주권자의 눈으로 본 한미FTA」를 제외한 나머지 글들은 2004년 여름 이후 3년 동안 인터넷 언론『프로메테우스』의 주필로 있으면서 썼던 글들을 수정하고 다듬은 결과이다. 이지열 씨의 노고가 없었다면, 이 책은 나올 수 없었을 것이다. 또한 한국사회당의 수많은 당원들의 격려가 없었다면, 나는 감히 이 책을 펴낼 용기를 내지 못했을 것이다.

2007년 7월 23일

금민

한국 사회의 미래 사회적 공화주의

01

미완의 1987, 탈구의 1997, 전환의 2007

6·10 항쟁도 이미 20년 전의 일이다. 20년이란 결코 짧은 기간이 아니다. 20년은 제도와 정치의식 전반에 걸쳐 민주주의가 정착하기에 충분한 시간이다. 그렇다면 지난 20년을 우리 사회는 어떻게 보냈는가? 물론 민주주의가 1987년 이전으로 퇴보하지 않았다는 점만은 분명하다. 그럼에도 현 시점은 우리에게 좀 더 근본적인 질문을 던지게 한다. 우리는 민주화 이후의 시대를 살고 있는가? 그래서 2007년을 민주화 20주년이라 부를 수 있을까? 1987년 이전과 이후는 분명히 구별되는 시공간이기에, 1987년 이후를 민주화 시대라고 규정하는 것이 전적으로 틀린 시대 인식은 아닐 것이다. 그러나 만약 '민주화 이후'라는 시대구분이 민주주의의 문제와 관련하여 모든 과제가 이미 해결되었음을 뜻한다면, 그러한 시대구분은 분명 잘못된 현실 인식이고 현재 진행 중인 민주주의 위기에 대한 불감증에서 비롯된 것이다. 왜냐하면 미완의 1987년과 함께 한국의 민주주의도 미완성이기 때문이다.

6·10 항쟁은 그 결과로서 수립된 1987년 헌정 체제 속에서 제도적

으로 완결되지 않았고 오직 지연되었을 뿐이다. 그리고 20년간의 장기 지연은 미완의 상태를 정상상태로 고정시켰고, 6·10 항쟁에 기원하는 민주주의 운동은 미완의 1987년 체제를 완성시킬 추진력을 상실했다. 결국 장기 지연은 현재 한국 사회가 봉착한 민주주의 위기의 중요한 한 단면이자 원인인 것이다.

미완의 1987, 지체된 민주주의의 과제들

6·10 항쟁은 1987년 헌법을 탄생시켰다. 1987년 헌법은 대통령 직선제를 통해 국가 권력을 구성하는 절차적 민주주의를 강화했다. 또한, 시민의 개별적 권리가 국가 권력의 부당한 행사로 침해당하지 않도록 헌법재판 제도가 도입되었다. 대통령 직선제는 군사독재의 종식과 국민 주권의 실현을 의미했고, 헌법재판소의 설치는 인권 보호의 제도화를 의미했다. 그러나 6·10 항쟁이 낳은 이 두 가지 제도적 성과는 아직 실질적 힘을 발휘하지 못하고 있다. 과반수 이상의 동의로 결정되는 대통령, 즉 다수 민주주의 원칙이 실현되는 대통령 선거제도는 이제껏 마련되지 못했고, 그래서 지난 20년간 어떤 대통령도 50% 이상의 지지로 당선되지 못했다. 이러한 사정은 국회와 같은 대의기관에 있어서도 마찬가지이며, 비례대표제는 매우 제한된 범위에서 도입되었을 뿐이다. 1987년 체제는 미완성인 것이다.

1987년 체제의 미완성은 선거제도에만 국한되지 않는다. 인권 보호를 위한 위탁 기관인 헌법재판소는 지난 20년간 사회적 약자의 인권보다는 강자의 권리와 국가 안보를 더 많이 옹호해 왔다. 예를 들어 양심적 병역 거부 문제, 국가보안법 문제 등은 1987년 체제의 자유민주주의적 한계를 특징적으로 드러낸다. 자유민주주의는 각각의 시민이 자유의사에 따라 참여하고 기본권을 보장받는 것을 핵심으로 하기 때문이다. 그래서 1987년 체제는 그 최소한의 요구인 자유민주주의 이념에 입각할 때조차 아직 미완성이다.

탈구의 1997, 외환 위기와 민주주의 위기

자유민주주의의 완성은 20년간 지연되었다. 지연의 원인은 복합적이다. 지연의 내적 원인은 1987년 민주화 이후의 권력 구성 문제이다. 노태우 집권과 3당 합당을 통해 신군부 권력은 명맥을 유지하며 일사불란하게 퇴각할 수 있었고, 적어도 급격하게 영향력을 상실하지 않을 정도로 사회적 진지를 구축할 수 있었다. 지연의 외적 원인은 한반도에서 평화 체제가 수립되지 않았다는 데 있다. 1953년 정전협정 체제는 냉전이 끝난 후에도 여전히 잔존했다. 1953년 체제는 국가보안법을 존속시킴으로써 한국에서 자유민주주의가 완성되지 못하도록 하는 외적 한계로 작용했다.

1997년 외환 위기는 자유민주주의가 장기 지연된 상태에서 급격한 사회 변화를 야기했다. 정부와 국제 금융 기관의 감독 아래 한국 사회는 신자유주의적 재편기로 들어섰다. 비정규직과 새로운 빈곤층이 양산되고, 교육부터 소득까지 모든 영역에서 사회 양극화가 촉진되었다. 경제적, 사회적, 문화적 영역 전반에 걸쳐서 다수 대중의 배제가 심화되고, 하나의 국민국가 안에 두 종류의 교육 체계, 두 종류의 노동시장, 그래서 두 종류의 국민이 존재하게 되었다. 반면에 분할된 두 부분의 통합은 현실적 제도가 아니라 이데올로기 수준에서 추구되었을 뿐이다. 통합의 이데올로기는 국가주의를 매개로 하는 집단적 가상의 형태, 또는 선진화 담론을 매개로 하는 미래 시제의 형태로 등장했다. 그래서 미완성의 자유민주주의가 1987년 이전의 상황으로 후퇴할 가능성이 이곳에 엄연히 놓여 있다.

그러나 다른 한편으로 1997년 이후 지속된 사회 위기는 자유민주주의의 완성만으로 해결될 수 없다는 점도 보여 준다. 현재의 사회 위기는 절차적 민주주의를 강화하고 국가 권력으로부터 개별 기본권을 방어하는 데 중심을 둔 자유주의적 권리가 최대로 충족된다 해도 결코 해결될 수 없다.

사회적, 경제적, 문화적 처지가 어떠하든지 국민 한 명에게 한 표가 부여되고, 나아가서 각자의 '한 표'가 선거제도의 개선을 통해 최대한으로 동등한 가치를 인정받는다면, 자유민주주의의 이념에 따르자면 그 경우에 민주주의는 이미 달성된 것이다. 여기에서 민주적 주권자에게 주권의 출발점이자 전제로서 어떤 경우에든 반드시 보장되어야 할 기본권은 자유권적 권리로 충분하다. 그러나 이와 같은 순수한 형태의 자유민주주의는 20세기에 대부분의 발전된 사회에서 이미 기각되었다. 20세기 인권사의 중요한 사건이라고 할 수 있는 사회적 권리의 등장은 순수한 형태의 자유민주주의가 민주주의이기 위해서는 사회적 제반 권리의 보장이 필수적임을 말해 준다. 복지 제도의 정비와 확장을 비롯한 사회적 제반 권리의 보장은 민주주의의 전제 조건인 것이다.

보통선거제도는 국민주권의 형식적인 출발점일 뿐이다. 모두가 대등하게 한 표를 가진다고 해서 모두 정치적 시민, 능동 시민이 될 수는 없다. 모든 국민이 대등한 주권자로서 국가 공동체에 참여하기 위해서는 최소한의 사회적, 경제적, *문화적 조건이 충족되어야만 하는 것이다. 그 최소 기준점은 빈곤선 이상의 생활 보장, 제반 사회권의 보장, 공적 교육 체계일 것이다. 국민주권자가 수동적으로 되는 것은 이러한 최소 조건이 보장되지 않기 때문이다.

이러한 점에서 민주주의는 사회경제적 조건과 밀접한 관계를 맺는다. 자본주의 사회에서 시장은 이미 사회적 삶의 거의 대부분을 규정한다. 그럼에도 국가 공동체가 최소한 시장에 대해 상대적으로 자율적으로 기능을 수행하기 위해서는 만인이 능동 시민으로 참여할 수 있는 최소 조건을 국가 공동체가 제공해야 한다. 그럼으로써 이제 국가는 사회적 기본권이 포괄적으로 보장되는 국가, 즉 사회적 국가가 된다. 더욱이 시장이 사회 양극화의 기능을 수행하고 있는 시대에, 최소한의 국가, 즉 정치적 국가가 제대로 그 기능을 행하기 위해서라도 사회적 국가가 요청되는 것이다.

1987년 민주 항쟁은 사회적 국가를 수립하는 데까지 나아가지 못했다. 당시의 시대적 화두가 억압적 체제를 종식시키고 국민의 손으로 대표자를 뽑는 것이었다는 점을 고려하면, 이는 당대의 역사적 한계였다고 볼 수 있다. 그러나 1997년 이후의 사회 변화는 사회적 국가의 수립을 분명히 요청한다. 현재의 양극화 추세는 사회적 국가의 수립 없이는 정치적 국가마저 1987년 이전으로 퇴행할 수 있음을 보여 준다. 그래서 미완의 자유민주주의가 직면한 과제들이 자유민주주의의 틀 안에서 해결될 수 없다면, 과제를 해결할 새로운 통합 방식은 1987년 체제를 넘어서는 미래의 대안이어야 할 것이다. 거꾸로 그와 같은 대안만이 1987년 체제의 미완성, 자유민주주의의 미완성도 종식시킬 수 있다.

사회적 국가 수립 프로그램

　신자유주의적 세계화는 국민국가의 약화를 초래하지만, 글로벌 거버넌스global governance의 부재로 인한 불안정성의 증대와 사회적 위기는 역설적으로 조정자로서 국가의 재등장을 요구한다. 이때 재등장해야 할 국가는 야경국가의 울타리 안으로 퇴각한 정치적 국가가 아니라 사회적 국가일 수밖에 없다. 그런데 사회적 국가의 수립은 사회적 위기와 더불어 자동으로 이루어지지 않는다. 그 과정은 매우 치열한 사회적 과정일 수밖에 없다. 성장, 복지, 분배, 대외 경제 관계 등을 축으로 하여 총체적인 사회경제적 대안을 제시하고 국민 대중의 동의를 구하는 정치적 과정이 없다면, 사회적 국가는 등장할 수 없다.

　바로 이 지점에서 우리 사회의 근본적인 궁핍이 발견된다. 1997년 이후 상당 기간 동안 우리 사회가 당면한 문제의 본질은 사회적 위기 자체가 아니라 새로운 통합 방식을 통해 위기를 해소할 수 있는 총체적 대안 모델의 부재였다. 1997년 이후 계속된 사회 위기는 이제 그 위기가 어떤 방식으로 해소되든지 간에 더 이상 지연될 수 없는 임계점에 도달했다. 2005년 이후부터는 현 정부도 사회 양극화 문제를 주목하면서 사회 투자 국가론을 대안으로 내세워 왔다. 작년부터는 각 정치 세력들도 나름대로의 대안 담론을 내놓기 시작했다. 2007년이 외환 위기 10주년이자 대통령 선거가 있는 해임을 감안하면, 2007~2008년은 현재의 사회적 위기를 해소할 특정한 대안 모델이 —— 그것이 어떤 내용이든 어떤 방향이든지 간에 —— 국민적 동의를 확보하는 시기가 될 것이다.

　그러나 문제는 역시 어떤 종류의 프로그램인가일 것이다. 어떠한 종류의 기획이 그간의 사회 위기를 해소하며, 새로운 통합 방식을 제시하고, 궁극적으로 민주주의의 지연 상태를 극복할 것인가? 물론 여러 가지 대안이 제출될 수 있을 것이다. 그러나 1997년 이후의 사회 위기를 해소할 수 있는 사회경제적 대안들의 적부 판정은 결국 어떠한 모델이 더 많은 국민을 능동 시민으로 만들 수 있는가를 통하여 내려진다. 국민 경제를 성장시키지만 더 많은 국민을 국민 속의 또 다른 국민(이등 국민)으로 내쫓는 방식은 이와 같은 적부 판정을 통과할 수 없다.

시장 지상주의적 통합의 한계와 선진화 담론의 진실

한국의 보수 세력들이 제시하고 있는 대안은 적합하지 않다. 보수 세력들은 공통적으로 시장 지상주의를 사회 통합의 기본 전략으로 삼으며, 사회 위기의 해소를 선진화에서 찾는다. 한국의 보수주의는 시장 지상주의이며, 선진화 담론은 시장 지상주의의 담론적 보험이다. 선진화 담론은 국민 대중에 대한 시장 지상주의의 통합력을 뒷받침한다. '시장에서 낙오한 자여 실망하지 말지어다. 선진화를 통해 구원받으리니!'

시장 지상주의는 물론 보수 세력 공통의 지반이지만, 시장을 통한 통합의 구체적인 방식과 관련하여 수구적 보수와 개혁적 보수는 다투고 충돌한다. 예컨대 공정거래, 금융시장의 투명성, 금융과 산업의 분리 문제 등이 그렇다. 시장의 실패 속에서 어쩔 수 없이 시장 이외의 보조적인 통합 방식을 채택해야만 할 때에도 수구적 보수와 개혁적 보수는 충돌한다. 예컨대 개발 독재의 향수에 호소하는 일, 민주공화국을 대형 건설 현장으로 탈바꿈시키는 일, 세계경제의 압박을 이유로 사회적 대타협을 강제하는 일을 모두 같다고 말할 수는 없다. 과거 회귀의 수사학과 미래 전망의 수사학은 분명 대립적이다. 후자의 경우에도 이 사회의 장밋빛 미래를 한반도 대운하와 같은 대형 건축 설계도로 말하는 방식과 한미자유무역협정과 같은 국제경제체제로 설득하는 방식은 분명 차이가 있다. 그러나 그 모든 대립과 차이에도 불구하고 근본적인 지점에서 수구적 보수와 개혁적 보수는 모두 시장 지상주의적 통합을 추진할 뿐이라는 점이 중요하다. 바로 그 시장 지상주의야말로 민주공화주의와 정면으로 충돌한다.

물론 지금 이 사회에서 시장이라는 매개가 제거된 직접적인 사회 통합의 전면화는 불가능한 망상이며, 경우에 따라서는 문명 자체의 파괴를 의미할 수도 있다. 다만, 비록 이 사회의 가장 기본적인 통합 방식이 시장적 통합이라 할지라도, 시장 이외의 다른 모든 통합 방식을 파괴하려고 하는 시장 지상주의는 민주공화국이라는 통합 방식에 저촉된다. 시장 지상주의는 공공성과 복지 체계를 파괴함으로써 민주공화국을 껍데기에 불과하게 만든다. 기초 생활 보장이야말로 경제사회에서 배제된 빈곤층에게 적어도 국가 공동체의 일원으로서, 즉 주권자로서 기능을 행할 수 있는 최소한의 조건을 부여하는 일이기 때문이다. 시장 지상주의는 민주공화주의의 원리를 단지 적법 절차의 문제로 축소하며 국민주권자를 정치 소비자로 환원한다. 공공성과 복지 체계의 파괴를 통해 이미 구매력 없는 소비자가 되어 버린 빈곤 대중은 결국 형식적으로는 동등하게 부여된 주권을 실질적으로는 상실하게 된다. 궁극적으로 빈곤의 악순환과 심화를 통해 빈곤 대중은 정치적 판단을 위한 능력마저 박탈당하며 '표 찍는 기계'가 되어 버린다. 이와 같은 상황에서 개혁적 보수파는 '소비자 주권론'을 펼친다. 신자유주의적 기본 질서를 유지하되 빈곤 대중에게 다소의 '시혜와 자비charity'를 베풀 여지를 남겨 두는 정책과 프로그램을 마련한다는 것이다. 그것은 빈곤 대중도 나름대로 소비자적 합리성을 가지고 있어서, 빈곤 대중을 경제사회 밖으로 축출하고 배제하는 방식 중에서도 조금 덜 지독한 방식에 투표할 것이라는 가정에서 비롯된 것이다. 이런 가정이 맞아떨어질지 아니면 빈곤화와 사회 해체가 가상적 집단성에 대한 광신으로 나타나고 파시즘을 낳을지는 섣불리 예단할 수 없다. 그러나 대안을 갖춘 능력 있는 진보 정치 세력이 없는 사회에서는 선거에서의 정치적 선택도 협소하기 때문에 빈곤 대중에게 선거란 투표 행위를 통한 복지 급부 구매의 의미조차 될 수 없다.

어떤 경우이든지 현재 700만 정도에 이르는 빈곤 대중은 1987년 체제와 민주주의의 위기 자체를 의미한다고 말할 수 있다. 개혁적 보수파들 역시 이 문제를 잘 알고 있다. 지독한 빈곤화와 덜 지독한 빈곤화 중에서 선택하라는 것은 설령 선거 전략이 될 수 있을지는 모르지만 사회 위기에 대한 해결책은 아니다. 그래서 그들은 선진화 담론에 매달린다. 빈곤화에 대한 보수주의의 공통 해법, 그것은 바로 선진화이다. 수구 세력도 선진화를 현재의 사회 위기에 대한 해결책으로 받아들인다. 그런데 선진화 자체를 반대할 사람이 과연 있을까? 중요한 것은 바로 선진의 개념, 곧 어떤 종류의 선진사회를 건설할 것인가의 문제이다. 보수 세력의 선진화론은 경제성장 이데올로기에 지나지 않는다. 그래서 사회 구조의 선진화와 무관하며, 그저 성장을 통해 빈곤 심화와 사회 양극화가 해결될 것이라는 무책임한 낙관론에 불과하다. 이미 지난 10년간 우리 사회는 경제가 성장했음에도 빈곤이 심화하는 것을 목도하고 경험했다.

국부 총량을 기준으로 삼는다면 이 나라는 이미 선진국이다. 그리고 국부 총량의 지속 성장은 언제나 중요하며, 추가 성장도 중요한 문제이다. 그러나 '성장이냐 분배이냐'의 이분법은 보수주의의 유도 심문에 불과하고, 거기에는 '분배는 성장을 방해한다'는 보수주의 특유의 인식이 전제되어 있다. 한국 경제가 성장할 만큼 성장한 현재에도 역시 성장은 중요하다. 그럼에도 중요한 것은 성장이라는 목표가 아니라 오히려 성장의 과정과 방식이다. 성장이 1997년 이후의 문제점을 모두 해결하는 것은 아니기 때문에 더욱 그러하다. 1997년 이후 10년간의 사회과정이 보여 주는 교훈은 성장이 더 많은 사람들을 경제사회에서 배제하는 방식이 아니라 배제된 다수를 재진입시키는 방식으로 이루어져야 한다는 것이다. 복지의 확충을 통한 성장만이 1997년 이후의 사회적 위기를 해소할 수 있다.

'공화국'의 고전적 의미와 근대적 정립

1997년 이후의 사회적 위기를 해소함으로써 민주주의의 위기를 극복할 수 있는 진보적 대안은 무엇일까? 위에서 간단히 밝힌 것처럼 대안은 국민주권을 실질적으로 행사할 수 있는 사회경제적 조건과 연관되어 있다. 실질적인 '민주공화국'은 일정한 사회경제적 출발 조건을 모든 국민에게 보장해 주는 사회적 국가이며, '공화국'이 그와 같은 사회적 국가일 경우에만 비로소 국민주권이 실질적 주권일 수 있다. 다시 말해서 대한민국이 1997년 이후의 사회적 위기를 극복하기 위한 정치철학은 '사회적 공화주의'인 것이다.

사회적 공화주의란 무엇인가? 근대 자유주의나 근대 공화주의와 어떻게 다른가? 근대 자유주의가 어떠한 국가 권력도 박탈할 수 없는 각 개인의 자연적 자유권을 강조했다면, 근대 공화주의는 주권과 민주주의를 강조한다. 그렇다고 근대 공화주의를 개별적 권리의 보호라는 자유주의적 목표의 부정으로 파악하는 것은 오해이다. 근대 공화주의는 민주주의적으로 구성된 공화국만이 개별 시민의 기본적 권리 보호에 적합하다는 인식일 뿐이다. 대한민국 헌법의 구조는 분명 공화주의적이다. 헌법 제1조 1항은 "대한민국은 민주공화국이다"라고 되어 있으며, 헌법 제1조 2항은 '민주공화국'이라는 개념을 해명한다. "대한민국의 주권은 국민에게 있고, 모든 권력은 국민으로부터 나온다." 헌법은 국민주권을 '민주공화국'에 대한 가장 핵심적인 정의로서 제시한다. 민주공화국이라는 규정과 국민주권 원칙이 국민의 개별적 권리들에 앞서 헌법 제1조에 담긴 까닭은 국민주권이 실질적으로 행사되는 민주공화국만이 국민의 개별적 권리를 가장 잘 보호할 것이라는 공화주의적 인식이 바탕에 깔려 있기 때문일 것이다.

　민주주의를 주권의 소재 문제로 이해하는 방식은 민주주의의 어원인 고대 그리스어 데모크라티아démokratia의 용례에 상응한다. 데모크라티아는 인민을 뜻하는 데모스démos와 권력을 뜻하는 크라티아kratía의 합성어이다. 즉 민주주의는 인민 권력이라는 뜻이고, 과두 지배를 뜻하는 올리가르키oligarchie와 대립되는 말이다. 국민국가의 시대에 인민은 국민으로 등장한다. 곧 국민이 주권자인 국가가 민주주의 국가인 것이다. 대한민국 헌법에 나타나는 민주주의 개념은 헌법 제1조 2항의 주권의 소재 규정에서 출발하여 주권의 행사 방식으로 나아간다. 국민은 선거권(제24조)과 공무담임권(제25조)을 가지며, 헌법 제72조에 따라 중요 정책을 국민투표로 결정할 수 있다. 헌법에는 통상적인 정치적 민주주의 개념을 구성하는 핵심적인 두 요소, 즉 국민주권 원칙과 그 행사 방식 또는 실행 절차 —— 대의제를 근간으로 하고 부분적으로 직접민주주의를 도입하고 있다 —— 가 체계적으로 표현되어 있다.

그러므로 제한선거제나 그 밖의 비민주적인 절차가 국민주권의 행사를 가로막고 있는 경우가 아니라면, 문제는 국민주권이 어떻게 실질적으로 보장될 수 있는가이다. 국민주권의 보장은 민주적인 절차의 보장만으로 충분한가? 여기에서 중요한 점은 '대의제냐 아니면 직접민주주의냐'라는 낡은 문제 틀이 아니다. 문제는 오히려 더 많은 직접민주주의가 가능한 조건은 무엇인가이며, 대의제 하에서 더 많은 참여가 가능한 조건은 무엇인가이다. 앞서 살폈듯이, 헌법 제1조 2항은 '민주공화국'의 개념을 국민주권 원칙, 곧 민주주의 원칙을 통해 제시한다. 헌법 제1조 2항은 주권의 소재를 명확히 함으로써 대한민국을 '민주주의 국가'로 규정하지만, 헌법 제1조 1항 '민주공화국' 중에서 '공화국'이라는 규정에 대해서는 해명하지 않는다. 그렇다면 '공화국'은 '민주주의 국가'의 동의어에 불과할까? 오히려 헌법 제1조 1항의 '공화국'은 2항에서 밝힌 국민주권의 원칙을 실현할 수 있는 조건을 표현한 것이라고 봐야 하지 않을까?

'공화국' 또는 '공화정'의 어원인 라틴어 '레스 푸블리카res publica'는 '공통의 것' 또는 '공공의 것'이라는 뜻이다. '레스 푸블리카'는 '사적인 것res privata'에 대립하는 개념이다. 이와 같이 국가 공동체civitas를 '레스 푸블리카'라고 부를 때, 국가 공동체는 사적 이익 및 자의성의 영역인 가계oikos와 분명히 구분된다. 국가는 공공의 영역이며, 공익에 복무한다. 어떤 형태로든지 국가 권력을 통해 사익을 도모하는 짓은 모두 '폭정tyrannis'인 것이다. 그래서 서양 고대 정치철학의 핵심은 '공공의적'인 폭군을 타도하라는 저항권 이론으로 나타난다.

국가 권력을 통해 치부했던 1980년대 초반의 신군부를 떠올린다면 6월 항쟁은 '폭정' 종식의 의미도 있을 것이다. 그러나 '공화국'과 '폭정'의 고전·고대적 구별은 공적 영역과 사적 영역의 구별, 공익과 사익의 구별로 그치며, 거기에서 공적 영역의 내적 구성 원리에 관한 문제, 곧 주권의 문제는 중요한 문제로 등장하지 않는다. 소수 독재도 '공공의 것'을 '공공의 것'으로 인정하고 국가를 사유재산인 양 취급하지 않는다면 폭정이라 말할 수 없다. 누가 주권자인가라는 질문이야말로 분명 근대 공화주의의 기여라고 할 수 있다. 근대 공화주의는 '공화국' 규정을 주권의 소재 문제와 결부시킨다. 근대 공화주의의 핵심은 주권 이론이다. 주권 이론의 발전 속에서 '공화국'은 국민이 주권자인 국가, 곧 '민주주의 국가'와 동의어로 이해한다. 근대 공화주의자들은 개별 시민들의 추상적 평등을 통해 국민주권 또는 민주주의에 규범적 정당성을 부여할 수 있었다. 그렇지만 그들은 국민주권이 실질적으로 작동할 수 있는 조건이 무엇인가라는 질문을 날카롭게 던지지 않았다. 두 번째 문제에 대한 근대 공화주의자들의 답변은 공적 이성에 따라 정치에 참여하는 능동 시민의 미덕이 필요하다는 것뿐이다.

민주공화국의 현실적 기초

사회적 공화주의는 이와 같은 답변의 공허함으로부터 출발한다. 근대 공화주의자들도 국가 공동체의 구성 원칙인 국민주권은 어떠한 경우에도 불능 상태에 빠지지 않아야 한다고 생각한다. 그런데 과연 시민적 미덕의 강조만으로 그것이 가능할 수 있을까? 국민주권이 실현되도록 하는 조건이 덕성 있는 시민들이라면, 그러한 시민들은 어떤 조건에서 등장할 수 있는가? 정치 공동체에 참여하는 시민적 덕성이 발휘되기 위해서라도 일정한 사회적·경제적·문화적 최소 조건이 충족되어야 하지 않을까? 그래서 민주공화국은 모든 국민에게 그러한 최소 조건을 충족시켜 줄 의무를 진다는 관점은 사회적 공화주의의 출발점을 이룬다. 민주공화국의 기초는 덕성이 아니며, 설령 덕성이라 할지라도 모든 국민들이 그러한 덕성을 발휘할 기본 조건이 충족되어야 한다.

대의제에 대한 보충으로서 많이 논의되는 '참여 민주주의'에 관한 많은 이론들은 대의제이냐 참여 민주주의냐의 문제 설정 이전에 국민주권을 실현할 조건이 무엇인가에 관한 질문을 회피하고 있다. 어느 정도의 재산, 교육, 사회적 배경을 두루 갖추고 있는 상층 시민들의 미덕에 기초하고 그렇지 못한 사람들도 그와 같은 미덕을 발휘할 것을 도덕적으로만 강제할 뿐인 참여 민주주의라면 그것은 근대 공화주의의 한계를 넘어서지 못한다.

국가는 시장과 구별되는 사회 공공성의 영역이다. 그와 같은 영역을 수립하고 시장을 조절할 기구를 두어야 한다는 인식은 역사적으로 여러 차례 시장의 실패를 경험하면서 대중의 직관이 되었다. 국가 영역의 활성화는 정부 기능의 확대냐 축소냐 하는 문제를 넘어서서 사고되어야 한다. 즉 국가의 활성화는 국민주권의 활성화이어야 한다. 그렇다면 국민주권이 활성화하기 위한 기초는 무엇일까? 일각에서 애기하는 소비자 주권론은 경제적 자본뿐만 아니라 문화적 자본, 사회적 자본의 모든 요소를 두루 갖추고 있어서 어느 정도의 시장경제적 구매력을 갖춘 정치 소비자의 덕성에서 그 기초를 찾는다. 그러나 그와 같은 사고방식은

지나치게 낙관적인 가정이거나 근본 문제를 외면하고 있는 것이다. 잘
사는 사람은 덕성을 가져야 한다는 주장은 도덕론에 지나지 않기 때문
이다. 소비자 주권론 주장은 '노블레스 오블리제Noblesse oblige'의 덕성만
을 반복함으로써 민주공화국을 고대 공화국의 수준, 즉 그저 폭군 독재
와 구별되는 정도의 수준으로 퇴행시킨다. 물론 '노블리스 오블리제'는
부유한 자들에게 요구할 최소의 덕성이지만, 민주공화국의 현실적 기초
는 다른 곳에서 찾아야 한다.

사회적 공화주의는 민주공화국의 완성이다

민주공화국의 기초는 비록 시장에서 탈락한 사람이라도 국가 공동체
의 대등한 주권자인 한에서, 그에게 주권자의 기능을 할 수 있는 최소한
의 사회경제적 조건을 보장함으로써 수립된다. 그러한 경우에만, 국민
주권은 비로소 현실적 주권일 수 있고, 그 국가는 보통선거권에 기초한
'민주주의 국가'일 뿐만 아니라 모든 주권자가 최소한 '공통의 조건res
publica'위에 서 있는 '공화국republic'일 수 있다. 시장이 사회 양극화를
촉진하는 시대에서 사회적 공화주의는 '민주주의'의 원칙이 현실적으
로 가능할 수 있도록 '공화국'의 원칙을 재해석한다.
　근대 공화주의는 '민주공화국'을 단지 주권의 형식적 평등에 기초한
정치적 국가로만 이해하였다. 그러나 사회적 공화주의는 '민주공화국'
을 '정치적 국가'일 뿐만 아니라 '사회적 국가'라고 이해한다. 사회적
공화주의는 '민주공화국'을 '민주주의'와 '공화국' 원칙의 종합, 곧 독
립 주체인 사회 구성원들 간의 '대등성'과 '공통성'의 원리의 종합으로

서 파악한다. 나아가서, 사회적 공화주의는 공통성의 원칙이 확보되지 않는다면 대등성의 원칙도 실질적일 수 없다는 인식을 강조한다. 시민들의 현실적인 삶의 최소 공통성은 시민들이 독립적인 주체로서 대등할 수 있는 기초이며, 그와 같은 최소 공통성을 보장하기 위한 국가인 '사회적 공화국'은 국민주권에 기초한 '정치적 국가'의 전제 조건, 곧 '정치적 민주주의'를 가능하게 하는 조건이다. 시장에 의하여 민주주의 원칙이 잠식되는 시대에 절실히 요청되는 것은 시장과 사적 자치를 부정하지 않지만 모든 국민에게 공통의 최소 복지를 보장해 주는 '사회적 공화국'의 등장이다. '사회적 공화국'은 국민주권, 곧 민주주의의 전제 조건이며, '사회적 공화국'의 기초 없이 정치적 민주주의는 결코 완성되지 않는다.

전환의 2007, 국가 리모델링을 위한 헌법 개정을 향하여

이제 약간 긴 글을 정리해야 할 시점에 다다랐다. 1987년 민주 항쟁 20주년, 이를 민주화 20주년이라는 의미로 받아들일 수 없는 이유는 이중적이다. 하나는 1987년 체제의 미완성, 곧 자유민주주의의 미완성 때문이고, 다른 하나는 민주주의를 형해화形骸化하고 과두제로 변질시킬 사회적 위기, 1997년 이후의 현실 때문이다. 두 번째 문제에 대한 답을 찾을 때에만 첫 번째 문제도 함께 해결될 것이다. 자유민주주의의 미완성이라는 문제를 1987년이 만들어 낸 틀 안에서 해결할 수 있는 시기는 이미 지나갔다. 그 문제는 1997년의 극복을 우회하는 방식으로는 해결되지 않는다. 그것은 오직 현재의 사회적 위기에 대한 해법을 통해서 해

결될 수 있을 뿐이다.

2007년은 1997년 이후의 신자유주의에 대한 대안을 제시하여 1987년의 민주주의적 전환을 완성하고자 하는 운동의 계기, 시대의 분기점이 되어야 한다.

사회적 공화주의는 바로 그와 같은 전환을 위한 대안이다. 사회적 공화주의는 국민 공통성이 해체되고 사회 양극화가 심화되는 시대에 보편적 복지를 통해 모든 국민의 사회적 공통성을 수립하고 국민주권을 실질화하자는 제안이다. 사회적 공화주의는 다시 말해서 복지의 의미를 국민주권의 전제 조건으로 이해하여 국민 모두에게 국민주권자로서 참여하기에 충분한 정도의 복지를 보장해 주는 '사회적 공화국'을 수립하자는 국가 리모델링 프로그램이다. 이 프로그램은 신자유주의 시대의 국민주권 운동을 뜻한다. 이 운동은 국민 모두에게 공통적인 최소 복지를 요구하며, 공통의 최소 복지를 정부의 정책적 선택에 따라 변경할 수 있는 사항이 아니라 어떤 정부가 들어서든지 반드시 기준선 이상을 충족시켜야 하는 국가의 의무로 만드는 헌법 개정을 목표로 삼는다. 사회적 공화주의는 사회권을 자유권과 마찬가지로 국민주권의 전제로서 파악하며 동일한 정도로 보장할 것을 요구하는 헌법 개정 운동이다.

사회적 공화국과 사회적 기본권

근대 주권 이론은 자유권과 정치적 기본권을 중심으로 전개되었다. 그 도달점은 자유민주주의이다. 그러나 많은 자유민주주의의 역사는 자유주의와 민주주의의 균열 속에서 전개되었다. 그 균열은 국가 권력에 대한 방어권으로서의 인권과 기본권을 한 축으로 하고, 다수 지배 원칙으로서의 민주주의를 다른 한 축으로 하여 일어났다. 자유권 보장과 국민주권 원칙을 상관관계 속에서 이해하지 않을 경우, 자유민주주의의 이와 같은 균열은 피할 수 없는 것이었다. 균열은 인권 및 시민권의 절대성을 신봉하는 일면적 자유주의와 다수 의지의 절대성을 신봉하는 일면적 민주주의의 대결로 나타났고, 그 속에서 자유주의적 권리관 특유의 주권 이론적 기초는 망각되었다.

불가침의 자유권: 자유주의 전통

　이와 같은 망각은 17세기 자유주의와 18세기 공화주의의 관계에 대한 오해 또는 일면화와 일맥상통한다. 그러나 자유주의는 방어권 절대주의로 축소될 수 없는 넓은 의미의 주권 이론이다. 자유주의는 국민주권의 전제 조건을 자유로운 권리주체의 독립성에서 찾는다. 그래서 자유주의에서는 자유권의 방어권적 성격이 유달리 강조되는 듯 보인다. 그것은 17세기의 고전적 자유주의에서도 마찬가지로 나타난다. 『통치론 2부』, §123에서 존 로크는 "생명, 자유, 재산Lives, Liberties and Estates"을 통칭하여 "자산Property"이라 부르고, 국가는 개인의 '자산'을 빼앗거나 함부로 할 수 없다고 주장한다. 로크는 '자산'을 국가에 양도하는 사회계약은 성립될 수 없고 국가 권력은 로크 자신이 통칭하여 '자산'이라고 부른 자유권의 본질적인 내용을 침해할 수 없다고 주장하였는데, 이러한 주장은 한편으로 "이성적 존재가 자신의 손해를 위하여 다른 사람에게 복속할 것이라고 가정할 수 없다"(§164)는 세속적인 논거에 의지한 것이었고, 다른 한편으로는 생명은 신의 소유물이라는 종교적 전제로부터 출발하여 "누구도 자신이 가지지 않은 것을 타인에게 양도할 수 없다"(§135)는 로마법의 원칙에 호소하는 것이었다. 언뜻 보면 로크의 사회계약론은 사회계약의 한계, 곧 국가 권력의 제한에 관한 이론, 방어권에 관한 이론에 불과한 듯하다. 그런데 바로 그러한 한계와 제한이야말로 국가는 자신의 정당성의 전제를 스스로 파괴할 수 없다는 당연한 사실을 뜻할 뿐이다. 나아가서 한계와 제한에 대한 논거는 주권 권력을 이루는 대등한 주체들의 공통성에 대한 자유주의 특유의 파악 방식을 보여 준다.

　자유민주주의에서 주권자는 자유권을 가진 상호 독립적인 주체들이
기에, 자유권의 본질적 내용에 대한 제한은 비록 그러한 결정이 다수에
의한 결정이라 하더라도 정당성을 가지지 못한다. 자유권의 본질적 내
용의 침해는 한 인간을 노예 상태로 전락시키는 일이기 때문이다. 자유
민주주의는 (일인 지배나 과두 지배가 아니라) 민주주의가 정당한 이유를
모든 인간은 자유롭다는 공통성 때문에 대등하다는 점에서 찾는다. 그
렇기에 자유권은 민주주의의 전제이고, 자유권의 본질적인 내용을 침해
하는 국가 행위는 비록 다수결 원칙에 의한 것일지라도 다수 지배 원칙
자체의 정당성 기초를 파괴한다. 20세기 역사의 최대 참극인 홀로코스
트는 히틀러가 민주적 절차를 거쳐서 집권했다는 사실과 결부되면서 자
유권과 민주주의의 관계에 대한 숙고를 촉구했다. 그 결과, 20세기 후
반에 자유민주주의적 헌법 국가의 시대가 개막된다. 자유민주주의적 헌
법 국가의 핵심은 대한민국 헌법 제37조 2항에도 명시된 '과잉 제한 금
지의 원칙' 또는 '과잉 금지 원칙', 즉 아무리 다수결 원칙과 적법 절차
에 따른 법률이라 할지라도 개별 국민의 "자유와 권리의 본질적인 내
용"을 침해할 수 없다는 원칙이다. 과잉 금지 원칙은 다수결 민주주의
의 한계를 명시하며 개인적 권리의 방어를 강조한다. 하지만 이 원칙은
오늘날 속류 자유주의자들에 의하여 오해된 자유주의, 곧 일체의 주권
이론에 대하여 적대적인 자유주의와는 아무런 관계가 없다. 정반대로,
과잉 금지 원칙이야말로 자유민주주의 특유의 주권 이론이다. 과잉 금
지 원칙은 다수 지배 원칙의 한계만을 설정하지 않고 동시에 그 유효
조건을 명시하는 역할을 하기 때문이다. 이 원칙을 통해 자유권의 본질
적인 내용을 제한하지 않는 주권 작용은 정당화된다. 과잉 금지 원칙은
민주주의의 유효 조건에 대한 질문이자 대답이며, 바로 그 점 때문에

우리는 이 원칙을 자유주의 특유의 주권 이론으로 간주하는 것이다.

사회 구성원 간의 공통성: 공화주의 전통

17세기부터 20세기까지 400년간의 정치철학은 모두 넓은 의미의 주권 이론이라 할 수 있다. 주권 권력의 정당성의 기초로서 개인의 자유와 권리의 선차성先次性을 강조했던 로크의 자유주의도, 개별적인 자유의지가 '만인의 결합된 의지'로 될 수 있는 절차와 준거점에 대해 숙고했던 루소와 칸트의 공화주의도 모두 국민주권의 전제조건 또는 가능 근거에 대한 탐구로 이해될 수 있다. 사회적 공화주의 역시 동일한 질문에 대해 답하는 것인데 다만 좀 더 진전된 답변일 뿐이다. 즉 사회적 공화주의는 민주공화주의 전통과의 단절이 아니라 민주공화주의의 완성을 목표로 한다. 사회적 공화주의는 근대 주권론의 기초 위에서 민주공화국을 재해석한다. 사회적 공화주의는, 민주공화국을 구성하는 원칙은 자유민주주의적 주권 원칙만이 아니라는 인식에서 출발한다. 사회적 공화주의는 민주공화국은 공화국이고, 그렇다면 공화국다워야 한다는 점에 주목한다. 즉 민주공화국은 국민주권자 모두의 공통성에 기초한 정치 공동체Civitas여야 한다! 물론 자유주의 전통에서도 공통성의 원칙은 민주주의의 기초로서, 나아가서는 국가 자체의 기초로서 작용한다. 그러나 자유주의 전통의 공통성은 오직 국가 이전의 자연 상태에서부터 이어져 오는 자연권적 주체로서의 만인의 공통성에 불과하다. 시민의 자유권이란 논리적으로 국가 이전에 형성된 자연적 권리, 국가와 무관한 권리라는 관념의 틀을 어떤 형태의 자유주의도 완전히 넘어서지 못한다. 사회적 공화주의는 자유주의 특유의 출발점인 만인의 '자유로운 개인'으로서의 공통성이 정치 공동체의 구성원으로서의 만인의 공통성과 종류가 다르다는 것에 주목한다. 자유로운 인간으로서의 공통성과 주권 권력의 관계는 국가가 국가 이전에 모두에게 부여된 자유와 권리의 본질적인 내용을 침해할 수 없다는 '소극적 한계 규정'으로 나타난다. 반면에, 국가 구성원으로서의 공통성과 주권 권력의 관계는 '적극적 형성의 의무 규정'으로 나타날 것이다. 즉 국민주권자로서의 공통성은 자연적으로 부여되는 공통성이 아니라 사회적으로 형성되고 수립되어야 할 공통성이기에 국가는 그 필수적인 내용에 대하여 '적극적 형성의 의무'를 짊어져야 한다. 그 경우에만 비로소 주권 권력은 자연적 인간의 공통성이라는 자연적 기초 이외에 사회 구성원의 공통성이라는 사회적 기초를 가지게 된다. 사회적 공화주의는 이와 같이 사회 구성원 간의 최소 공통성에 기초한 '사회적 공화국'의 수립을 목표로 한다.

사회적 공화주의의 답: 국가의 사회적 기본권 보장

자유주의와 달리 사회적 공화주의는 사회 구성원으로서의 공통성의 수립을 주권 권력의 정당성의 기초로서 파악한다. 그러나 이와 같은 차이는 자유주의가 강조한 만인 공통성에 대한 부정을 뜻하지 않는다. 사회적 공화주의는 자유주의와 마찬가지로 자유롭고 독립적이며 대등한 권리주체로서의 시민들 간의 공통성의 보장을 다수결 원칙의 유효 조건, 민주주의와 주권 권력의 정당성 조건으로서 받아들인다. 즉, 자유주의, 공화주의, 사회적 공화주의의 관계는 수미일관한 발전이며, 사회적 공화주의는 근대 정치철학의 역사에서 예외적인 변종이 아니다. 변종은 오히려 '공공의 영역'을 일체 부정하고 시장에 모든 것을 맡기고자 하는 경제적 자유주의의 각종 변형들일 것이다. 로크는 『통치론 2부』 §70 과 『통치론 1부』의 많은 곳에서 다른 사람의 도움을 받을 권리와 어려운 사람들을 적극적으로 도울 의무에 대하여 말한다. 로크는 재산이 없는 자가 다른 사람의 도움을 받을 권리에 대하여 재산권과 마찬가지의 지위를 부여한다. 이와 같은 권리-의무의 상응 구조를 국가 이론의 영역으로 확장하면, 재산 없는 국민은 국가로부터 도움을 받을 권리가 있으며 국가는 그들을 도울 의무가 있다. 17세기의 고전적 자유주의에 입각할 때에도 국가는 로버트 노직Robert Nozick이 말하는 것처럼 사유재산을 보호할 뿐 일체의 복지 급부를 제공하지 않는 '최소 국가'일 수 없다. 그래서 자유주의의 원천과 비교할 때에도 극단적인 경제적 자유주의는 분명 변종이라고 할 수 있다.

사회적 공화주의는 사회 구성원 간의 공통성 수립에 주목한다. 그러나 공통성 수립의 원칙은 모든 시대의 정치철학에 유사하게 나타나는 사유 구조일 뿐이다. 자유주의가 자유권의 방어권적 성격을 강조하는 이유도 자유로운 인간으로서의 공통성이야말로 국가의 필요성, 유효성, 정당성의 조건이며 그와 같은 공통성을 파괴하는 국가 권력은 국가 자체를 파괴한다는 인식 때문이다. 그래서 자유주의 특유의 방어권 중심주의의 근저에서 발견되는 사유 구조는 개인적 권리의 선차성이라기보다 역설적으로 자유권적 주체로서의 인간적 공통성의 우선성이라고 할 수 있다. 개인적 권리 보호가 선차적이라고 말할 때, 권리주체로서의 공통성은 주권 권력에 대해 선차적이라는 것을 달리 표현하고 있을 뿐이다. 큰 틀에서 보자면, 모든 종류의 정치철학에서 근본 문제는 개별자들을 통합하는 정치적 일반성에 관한 질문, 곧 통합의 문제라고 할 수 있다. 그리고 어떤 방식의 통합이든 특정한 공통성을 전제한다.

고전고대의 정치철학은 "인간은 정치적 동물"이라는 아리스토텔레스의 언명(『정치학』, 1253a2)으로 요약된다. 여기에서 '정치적 동물'이라 함은 다른 동물과는 달리 인간은 폴리스 즉 정치 공동체에 참여할 때만 그 자연적 목적이 충족될 수 있다는 것이다. 정치 공동체의 '참여'(『정치학』, 1275a22 이하, 1276b16)는 인간의 목적, 곧 인간 존재의 원인이며, 시민적 덕성이기도 하다. 아리스토텔레스는 이와 같이 인간의 자연적 목적과 덕성에 기초하여 구성되는 정치 공동체를 사적 자의가 관철되는 오이코스oikos와 구별한다. 폴리스적 일반 이익과 오이코스적 특수 이익의 구별은 '고전고대적 공화주의'의 가장 중요한 준별 기준으로서, 폴리스를 오이코스로 만들려는 폭정에 대한 저항 이론을 낳는다. 여기에서 중요한 점은 폭정, 즉 폴리스를 가장한 오이코스적 권력은 인간의 폴리스적 본성에 어긋나기 때문에 정당할 수 없다는 논리 구조이다. 이는 고전고대의 정치 공동체 이론, 곧 고전적 공화주의와 근대 자유주의의 차이는 오직 공통성의 내용에 대한 차이일 뿐이라는 인식을 끌어낸다. 차이는 개인적 권리가 선차적인가 아니면 국가 또는 정치 공동체가 선차적인가라는 눈에 띄는 대립점이 아니라, 국가 또는 정치 공동체의 전제 조건으로서의 인간 공통성을 어떻게 이해하는가에 대한 대립적인 관점에서 나온다. 즉 인간의 공통성을 폴리스 참여에서 찾고, 그러한 참여를 인간 모두의 본유 관념, 인간 존재의 원인이자 목적으로 파악할 것인가, 아니면 모든 사람은 어떠한 구속 없이 "자유롭고", "독립적이고 이성적인" 개인이라는 관점(『통치론 2부』 §6)에서 출발할 것인가의 차이일 것이다. 사회적 공화주의는 자유주의 특유의 자연적 공통성, 개인들의 독립성과 대등성을 부정하지 않는다. 사회적 공화주의는 다만 그와 같은 자연적 공통성을 넘어선 사회적 공통성의 수립을 민주공화국의 전제 조건, 국민주권의 가능 조건으로 간주한다. 사회적 공통성의 수립은 시장경제적 과정에만 맡겨질 문제가 아니라 국가 의무이며, 정치적 국가의 정당성 조건이 충족되기 위해서는 국가의 역할이 사회적 국가로 확대되어야 할 것이다.

대한민국 헌법의 문제

헌법 철학적인 문제를 벗어나서 이제 구체적인 실정 헌법인 대한민국 헌법의 문제로 눈을 돌릴 대목이 되었다. 이는 사회적 공화주의에 입각한 헌법 개정 방향을 제시하기 이전에 꼭 필요한 일이기도 할 것이다. 그래서 먼저 다루어야 할 문제는, 헌법의 측면에서 대한민국은 과연 국민 모두의 사회적 공통성에 기초한 '사회적 공화국', 곧 국민주권을 실현할 수 있는 경제적·사회적·문화적 조건을 충족시킬 '적극적 형성의 의무'를 지는 사회적 국가인가의 문제이다. 그것은 사회적 기본권에 대한 포괄 규정으로 볼 수 있는 대한민국 헌법 제34조 1항의 "인간다운 생활을 할 권리"의 성격 규명과 관련된다. '국가유공자예우등에관한법률 제9조 위헌 제청 사건'(1995. 7. 21. 93헌가14)과 '1994년 생계보호기준 위헌 확인 사건'(1997. 5. 29. 94헌마33) 같은 헌법재판소의 판례와 학계의 다수설은 "인간다운 생활을 할 권리"를 최소한의 물질적인 생활 유지에 필요한 급부 범위 내에서는 구체적인 권리, 즉 입법이 존재하지 않는 경우에도 직접 효력을 가지는 권리로 이해한다. 구체적 권리가 있다는 것은 국민이 국가에 대하여 급부를 요구할 수 있고 국가는 이에 응할 의무가 있음을 뜻한다. 따라서 국가가 사회적 기본권 실현에 필요한 입법을 태만히 하거나 불충분한 입법을 한 경우에는 헌법상 권리의 침해가 인정되며 헌법재판소는 위헌임을 확인하거나 헌법 불합치 결정을 할 수 있다. 다만 "인간다운 생활을 할 권리"는 비록 구체적인 권리라고 하여도 '불완전한 구체적인 권리'에 지나지 않는다. 국민은 직접 국가에 대해 일정 급부를 청구하거나 소구할 수 없다. 왜냐하면 누가 어떤 경우에 어떤 내용을 어떤 절차에 따라 요구할 수 있느냐에 관해서는 헌법에 규정되어 있지 않기 때문이다. 다른 관점에서 이야기하자면, "인간다운 생활을 할 권리"는 국민이 헌법 소송을 통해 이 권리를 구체화하는 입법을 강제할 수 있으며 입법 부작위나 입법 불충분의 소지를 없앨 수 있다는 점에서만 구체적 권리일 뿐이다.

사회적 공화주의의 관점에서 볼 때 현행 헌법과 헌법재판소의 태도는 다음의 문제점을 가진다. 제34조 1항을 통해 보장되는 권리가 "건강하고 문화적인 생활", 곧 "이상적인 인간다운 최저생존"을 의미하는지, 또는 그보다 작은 보장 범위인 "건강하고 문화적인 최저생활"(국민기초생활보장법 제4조 1항)을 의미하는지, 아니면 "최소한의 물질적인 생활", 곧 "생물학적 최저생존"을 의미하는지에 대하여 논란이 있을 수 있다. 이에 대해 헌법재판소는 "최소한의 물질적인 생활 유지에 필요한 급부"만을 헌법 제34조 1항이 보장하는 구체적인 권리로 보며, "그 이상의 급부"와 관련해서는 동 조항은 구체적인 권리가 아니라 추상적 권리 또는 입법 방침 규정으로 봄으로써 사법적 권리 구제 방법이 없다고 한다. 이와 같은 이분법적인 해석은 한편으로는 사회적 기본권을 헌법상의 권리로 두고 있는 사정을 반영하지만, 다른 한편으로는 사회적 기본권은 입법 방침 규정이며 입법자는 광범위한 '형성의 자유'를 가진다는 전통적인 관점의 혼합이기도 하다. 이러한 태도는 현행 헌법의 명문 규정에 충실한 것으로 보인다. 헌법 제34조 1항에서 인간다운 생활을 할 권리를 기본권으로 규정하고 있고, 헌법 제37조 2항에서 기본권에 대한 본질 내용 침해 금지 원칙을 규정하고 있는 이상, "최소한의 물질적인 생활 유지에 필요한 급부"의 범위 내에서는 국가가 급부해 줄 의무가 있게 된다. 한편 헌법 제34조 2항은 "국가는 사회보장·사회복지의 증진에 노력할 의무를 진다"고 하여 위의 범위 이상의 경제적 사회적·문화적 생활에 대한 보장에 대해서는 단지 "노력할 의무"만을 지도록 규정하고 있다. 현행 헌법 체계에서는 헌법재판소와 같은 이분법적 해석이 도출될 수밖에 없는 것이다.

사회적 공화국을 위한 헌법 개정

국민주권자에게 필수적인 최소 공통성의 보장이라는 관점에서 보자면 제34조 1항의 "인간다운 생활을 할 권리"의 내용은 턱 없이 부족하다. 그렇다면 헌법 개정은 두 가지 관점에서 이루어져야 한다. 한편으로 제34조 1항의 권리 내용을 "인간다운 생활을 할 권리"를 넘어서서 국민주권의 가능 조건의 관점에서 강화하여야 한다. 예컨대 "국민은 인간다운 생활을 할 권리와 국민주권의 실현에 필수적인 조건을 보장받을 권리를 가진다"로 개정하여야 한다. 다른 한편으로, 제34조 2항 "국가는 사회보장·사회복지의 증진에 노력할 의무를 진다"를 "국가는 사회보장·사회복지의 증진에 노력하며, 국민주권 실현에 필수적인 사회복지 체계를 적극적으로 형성할 의무를 진다"로 개정하여야 한다.

　사회적 기본권을 헌법상의 개별 기본권으로 명문화하지 않은 독일 기본법 등과는 달리 대한민국 헌법 제34조는 '사회적 공화국'을 구현하기에 유리한 출발 조건일 수 있다. 사회적 기본권이 헌법상의 개별 기본권으로 명문화되지 않는 한에서 사회국가 원칙은 입법자의 광범위한 형성의 자유에 내맡겨지지만, 사회적 기본권이 명문화되어 있는 경우에는 최소한 기본권으로 보는 범위 내에서는 국가에게 의무가 지워지기 때문이다. 그러나 현행 헌법의 해석론과 판례만으로는 '사회적 공화국'으로의 발전은 분명한 한계에 봉착한다. 헌법은 국민주권의 가능 조건의 관점에서 사회적 권리의 본질적 내용을 확대하고 그에 상응하는 보호의무를 강화하는 방향으로 개정되어야 한다. 아울러 독일 기본법에 등장하는 사회국가 원칙도 명문 규정으로 두어야 한다. 사회국가 원칙은 국가목적 규정 또는 헌법상의 가치 지향으로서 헌법 제119조 이하에 규정된 경제에 관한 국가의 포괄적인 규제 및 조정의 권한 및 세부적인 경제 관련 규정에 통일성을 부여하게 될 것이다.

휘몰아치는 빈곤, 배제된 국민, 미완성 공화국

예로부터 '가난은 나라님도 구제하지 못 한다'고 했다. 그것은 가난에 대한 일종의 숙명론이었다. '어떤 사회에서도 빈곤층은 있기 마련이다'는 믿음은, 가난이 개인의 책임이라는 교훈과 마찬가지로 널리 통용되었다. 그러나 현대의 정부와 정치가들은 사회적 통합이라는 측면에서 빈곤을 해결하려 노력했고, 이를 위해 빈곤을 생산하는 메커니즘이 무엇인지 해명하고자 했다.

빈곤층 716만 명의 시대, 무엇이 빈곤인가?

1997년 외환 위기 이후 우리 사회의 양극화와 빈곤은 더욱 심화되었다. 2004년 보건복지부의 조사에 따르면, 2003년 말 기준으로 한 달 수입이 최저생계비(4인 가족일 때 월 113만 6천 원)에 못 미치는 기초 생활 보장 수급자와 한 달 수입이 최저생계비의 100~120%인 차상위 계층을 합친 빈곤층이 대략 716만 명인 것으로 나타났다. 바야흐로 우리는 국민 일곱 명 중 한 명이 빈곤층인 시대에 살고 있는 것이다. 그런데 문제는 이러한 빈곤이 단순히 '못사는 사람들'의 '참 안타까운 삶'으로 그치는 것이 아니라, 대한민국이라는 사회 공동체의 위기를 함축한다는 것이다.

그렇다면 빈곤이란 무엇인지부터 다시 생각해 보자. 빈곤은 대개 최저생계비를 기준으로 정의한다. 좀 더 일반적으로 말하자면, 빈곤이란 '사람다운 생활'을 하기 위한 '필수적인 물질적 조건'이 '결여된 상태'를 말한다. 어떤 것이 '사람다운 생활'인가? 여기에 대한 지표는 해당 사회의 전반적 발전, 평균적 생활, 의식 등의 수준에 의하여 결정된다. 즉 빈곤 개념을 구성하는 요소로서 '사람다운 생활'이란 자연적인 고정 개념이 아니라 사회적인 가변 개념이다. 그래서 그 개념은 사회마다 다르고 시대와 장소에 따라 다른 의미를 담는다. 그리고 한 사회에서 '사람다운 생활'의 전반적 지표가 상승하는 것을 흔히들 '진보'라 일컫는다.

사회 구성원으로서 개인은 자연적 생명체로서의 한 인간과 구별되는 규정이다. 인간적 삶을 위한 필수적인 물질적 조건이 무엇인가라는 문제는 사회적인 성격을 띤다. 어떤 사회에서나 자연적 존재로서의 개별 인간이 사회적 존재가 되기 위하여 반드시 필요로 하는 최소한이 무엇인가에 대한 지표는 이미 전제되어 있다. 어떤 사람이 특정 사회의 구성원이라면, 그 사람은 그 사회의 기준에 입각한 '사람다운 생활을 하기 위해 필수적인 물적 조건'을 당연히 구비하고 있어야 한다. 그렇지 않다면, 그는 사회 구성원이 아니다.

여기서 '필수적'이라는 말은 사회 평균이라는 의미가 아니다. 오히려 필수적 물적 조건은 빈곤과 탈빈곤을 구분하는 기준, 곧 빈곤선 poverty line을 형성한다. 빈곤선은 어떤 사람이 사회 구성원으로서 필요한 최소한의 물적 조건을 갖추고 있는지 아닌지를 결정한다. 이때 물적 조건이란 좁은 의미의 재화만을 뜻하지 않는다. 건강 상태나 환경적 조건 등도 포함된다.

이러한 조건을 어떤 방식으로 충족하는가는 일단 중요하지 않다. 이와 같은 조건이 임금을 통해서 충족되지 않는다 하더라도, 재정 수입이나 복지 급부를 통해서 충족될 수 있다면 그 사람의 물질적 삶은 빈곤하지 않은 것이다. 충족 방식의 문제는 오히려 어떠한 사회변동이 어떤 집단을 빈곤화시킬 우려가 있는가를 예상할 때나, 어떤 한 집단이 빈곤해진 원인이 무엇인가를 살필 때에 중요할 것이다. 만약 어떤 사람이 어떠한 경로를 통해서건 사회적으로 인정된 방식으로 '사람다운 생활'의 필수적인 물질적 조건을 획득한다면, 그는 빈곤하지 않으면서 사회 구성원으로서 생활할 수 있다.

통합되어 있지만 배제된 사람들

그렇다면 사회의 구성원으로서 필수적인 물적 조건을 가지고 있지 않으면서도 그 사회의 구성원으로 포괄될 수 있을까? 그는 과연 해당 사회에 속해 있는 것일까, 아니면 사회 밖으로 내던져진 존재일까?

대답은 간단하다. 그는 해당 사회에서 배제되어 있으나 또한 편입되어 있기도 하다. 왜, 어떻게 편입되어 있는가? 여기에 대한 대답 역시 간단하다. 그는 사회 바깥에서는 자신이 필요로 하는 물질적 조건을 획득할 수 없다. 극단적인 예를 들자면, 빈곤하다고 해서 산에 가서 마음대로 벌목하고 땔감을 얻어 오는 방식으로 겨울을 날 수 없다. 빈곤한 사람 역시 사회 속에 편입되어 있다는 사실은 빈곤 상태의 해소 역시 사회적으로만 해결될 수 있음을 의미한다. '사람다운 생활을 하기 위한 최소한의 조건'이 사회적으로 결정되듯이, 이러한 조건의 결여, 즉 빈곤도 사회적으로 생산되는 문제이며, 오직 사회적으로만 해결될 수 있는 문제이다. 조건을 구성하는 것도, 조건의 결여를 생산하는 것도, 결여를 해소하는 것도 해당 사회이고, 그래서 빈곤은 늘 사회적 빈곤일 뿐이다. 따라서 빈곤에 대한 사회적 개념의 핵심은 '배제적 통합'이라는 상태에서 찾아져야 할 것이다.

빈곤의 사회적 의미를 좀 더 정확하게 정의하면, 어떤 사람이 1) 사회 밖에서 개체적 삶을 영위할 수 없는 존재, 곧 사회에 통합된 존재이면서도, 2) 해당 사회의 전반적 발전 수준에 부합하는 사람다운 생활을 영위하기 위해 필수적인 물질적 조건을 구비하지 못함으로써, 3) 현실적으로는 해당 사회로부터 배제당해 있는 상태이다.

이와 같이 배제된 사람에게 '통합'이란, 한편으로는 사회 밖에서는 필수적인 물적 조건을 충족시킬 수 없다는 '한계'로서, 다른 한편으로는 사회 안에서 사회적 방식을 통해 빈곤을 벗어나야 한다는 '과제'로서 작용한다.

어떻게 한편으로 통합되어 있으면서도 다른 한편으로 배제되는가? 통합하는 요소와 배제하는 요소는 어떤 것들인가? 그 요소들은 같은 것인가 다른 것인가?

'배제적 통합'의 과정은 빈곤의 메커니즘을 의미한다. 빈곤이란 정적인 상태가 아니라, 동적인 상태, 곧 현재진행형이다. 빈곤의 메커니즘은 성장과 마찬가지로 사회적 동학이며, 전 사회적 연관 관계 속에서 이루어지는 사회변동의 양상이다. 빈곤의 메커니즘을 드러내지 않는 빈곤 개념은 탈脫빈곤으로 가는 길을 전혀 알려주지 않는다. 그러므로 빈곤에 대한 모든 논의는, 빈곤이란 사회적 산물이며 빈곤이 존재하는 사회에는 반드시 빈곤을 생산하고 확대하는 기구가 작동하고 있다는 전제에서 출발해야 한다. 우리 사회에서 빈곤의 발생 원인은 무엇인가? 어떠한 경제 운영 방식이 빈곤화 기구로서 작동하는가?

빈곤의 메커니즘

최근 한국 사회의 빈곤 유형을 설명하는 많은 논의들은 '신新빈곤'이라는 개념을 차용한다. 신빈곤은 과거 저발전 사회의 재화의 절대적 부족과는 대비되는, 급격한 경제성장과 산업구조의 고도화 등과 연관된 새로운 유형의 빈곤을 의미한다. 서구 학자들은 삶의 미래 전망 결여를 신빈곤의 주된 특성이라고 보고, 정상적인 노동시장에서 배제된 노동 불능자, 불안정한 고용 지위에 의한 반실업자, 이주민, 복지 혜택의 범위 안에서 생활하는 데 만족하는 노동 거부자, 시장의 인정을 추구하지 않는 문화 예술인, 사회운동가, 홈리스와 같은 생활 유형을 '신빈곤'의 전형이라고 본다.

그런데 서구 사회의 신빈곤 개념은 다음과 같은 이유로 한국 사회에 그대로 적용되기 힘들다. 첫째, 서구 사회의 신빈곤 개념은 확립된 사회보장제도를 전제로 하고, 노동시장에서 탈락한 사회보장 수급자의 주변 집단화, 그리고 신자유주의적 재편에 의해 사회보장 수준이 약화되면서 발생한 사회보장 수급층의 빈곤화에 초점을 맞춘 개념이다. 둘째, 노동 거부층의 확산은 한국 사회에서 빈곤의 전형이 될 수 없다. 셋째, 신빈곤 개념은 한국 사회처럼 노동시장에서 탈락했으면서도 사회보장제도의 지원을 받지 못하는 상황을 설명할 수 없고, 넷째, 한국 사회처럼 비정규직이 아닌 버젓한 일자리를 가지고 있더라도 사회보장제도를 필요로 하는 상황에 적용하기 부적절한 개념이다. 게다가 원래 '근로 빈곤'이란 서구에서 비정규직(급여)과 실업 상태(사회 급부)를 오가며 빈곤에서 벗어나지 못하는 사람들을 분석하는 개념이었다. 따라서 정규 노동시장에 편입되어 있어도 빈곤선을 상회하는 소득을 얻지 못하는 우리 사회의 경우에 근로 빈곤은 다시 정의되어야 할 것이다. 특히 최저임금과 최저생계비의 격차가 해를 거듭할수록 커지고 있다는 점에 주목하면서 말이다.

그렇다면 서구의 신빈곤 개념을 한국 사회에서 어떻게 적용해야 할까? 우리는 여기서 한국 경제의 고유한 성장 방식이 만들어 내는 빈곤의 측면을 분석해야 할 것이다.

외환 위기 이후 한국 사회에서 빈곤의 발생 원인은 매우 복합적이다. '한국형 빈곤화'의 가장 큰 원인은 물론 노동 능력 향상과 교육권 보장을 통한 질적 유연화가 아닌 양적 유연화를 기본으로 하는 노동정책이었다. 한편에서는 전반적인 임금 하락이 일어나지만, 다른 한편에서는 양질의 노동력이 부족하여 인재 사냥과 고액 연봉의 신화가 생겼다. 그결과, 사회 전반적인 빈곤선은 상승하는 반면에, 어엿한 일자리가 있는 층까지 포함하는 사회 구성원 대다수가 빈곤 상태로 내몰리게 되었다.

그러나 외환 위기 이후 노동시장의 재편성이 광범위한 빈곤화의 원인을 모두 설명해 주지는 않는다. 한국 사회에서 빈곤화는 더 복합적인 메커니즘을 가지고 있다. 그중 하나는 정부가 노동정책에서 인구정책 (출산, 고령화)에 이르기까지 거의 모든 영역에서 가족주의 전략을 고수하고 있다는 점이다. 예컨대 중산층 이혼 가정의 빈곤화, 편부모 가정과 여성의 빈곤화 등은 이와 같은 점을 고려할 때에만 해명된다. 임신, 출산, 육아, 교육의 거의 대부분을 가부장적 가족 형태에 떠맡기는 구조는 이러한 가족 형태를 유지하지 못하는 경우 빈곤층으로 바로 떨어지는 결과를 낳는다. 또한 가족주의적 지원 정책은 급증하는 육아 비용으로 인한 저출산 문제조차도 결코 해결하지 못할 것이다.

한국에서 빈곤의 또 다른 원인은 신규 설비 투자 감소로 인한 청년 실업이다. 최근의 설비 투자 억제는 외환 위기 이후의 조정 상황에서 나타나는 일시적인 문제가 더 이상 아니다. 이에 더하여 의료보장의 범위가 한국처럼 제한된 사회에서 만성 질병은 과중한 의료비로 인하여 빈곤화의 주요 원인이 된다. 마지막으로 부동산 가격과 교육비의 상승은 인구 대다수에게 커다란 부담으로 작용한다.

신자유주의적 빈곤의 한국적 형태라 할 수 있는 이상의 빈곤 유형들에 더하여, 우리는 한국이 여전히 성장하고 있는 사회라는 점을 고려해야 할 것이다. 왜냐하면 빈곤은 성장으로 인한 급격한 사회적 소비 수준의 증가와 이에 따르지 못하는 소득, 빈약한 사회적 급부 등이 복합적으로 작용한 결과이기 때문이다. 일자리를 창출하지 못하고 소득을 상승시키지 못하는 경제성장도 성장이다. 이러한 성장은 인간다운 생활에 필수적인 물질적 조건에 대한 사회적 지표, 즉 빈곤선을 상승시키고 빈곤 대중의 범위를 넓힌다. 그래서 그 이전과 동일한 소득을 얻고 있으면서도 빈곤선 이하로 내몰리는 경우도 빈곤층 범주에 포함되게 된다. 따지고 보면 한국의 빈곤층은 차상위 계층을 포함한 약 716만에 한정되지 않고, 더 많은 사람들이 빈곤층에 포함될 수 있다.

빈곤의 유형

경제적 빈곤은 경제사회로부터의 배제를 의미한다. 임금이든, 재정 수입이든, 사회 급부이든, 모든 수입을 다 더해도 빈곤선 이하의 수입을 가지고 있는 경우 배제는 필연적이다. 그런데 빈곤의 정도 즉 배제의 정도는 수입이 얼마만큼 빈곤선으로부터 벗어나는가가 아니라 배제된 영역이 무엇이냐를 기준으로 판단하여야 한다. 이 기준에 따라 배제의 정도를 유형화하면, 크게 네 가지로 나눠 볼 수 있다.

첫째, 가장 폭넓은 배제는 생산 영역은 물론이고 소비 영역에서도 배제되는 '전적인 배제' 이다. 이 경우, 배제는 거의 '경제적 학살' 에 해당한다. 이에 해당하는 층은 이미 해당 경제사회의 구성원 자격을 상실하며, 육체적 보존은 예외적 방식, 즉 구걸 등에 의존한다. 복지 급부를 받을 가능성이 없거나 복지 급부만으로 생계유지가 힘든 홈리스가 전형적이다.

두 번째는 생산 영역에서 배제되어 있으나 소비 영역에서는 아직 배제되어 있지 않아서 경제사회에 소비자로서 참여하고 있는 경우이다. 노동시장에서 퇴출당했으나 약간의 재정 수입이나 사회 급부를 가지고 있는 경우가 여기에 해당된다. 물론 예외적으로 빈곤선 이상의 수입을 가지고 있을 수도 있는데, 그 경우에는 빈곤 인구로 포함될 수 없다.

세 번째는 불안정 고용형 빈곤처럼 생산 영역에서 완전히 배제되지는 않았지만 생산 영역에 전적으로 참여하고 있다고 말할 수도 없는 상태, 즉 생산 영역에서의 부분적 배제이다. 이들은 노동 사회의 불완전한 구성원이기 때문에, 고용 형태가 원인이 되어 빈곤층이 된다.

네 번째는 생산 영역에 항상 참여하고 있으나 빈곤선 이하의 수입을 얻고 있는 정규직 노동자의 경우이다. 이러한 빈곤층은 노동 사회의 완전한 구성원이지만, 노동에 따른 대가가 적기 때문에 빈곤층이 된다.

덧붙이자면, 사회적 배제의 형태나 정도를 구분하는 데 가족 구성의 문제는 준거가 될 수 없다. 그러나 국가가 취하는 사회정책의 가족주의 전략은 결손 가정이나 가족이 없는 사람에 대하여 빈곤의 양적 정도를 심화시키는 작용을 할 것이다.

빈곤은 민주공화국의 내적 위기

빈곤은 단순히 경제사회의 문제만이 아니다. 빈곤은 국민국가의 문제이기도 하고, 시민사회의 문제이기도 하다. 빈곤의 결과가 사회적 배제라면, 빈곤은 경제사회뿐만 아니라 국민국가와 시민사회의 영역에서도 잇따른 배제를 야기한다.

이는 서구에서 근대 국민국가가 형성되어 온 역사를 보면 분명히 알 수 있다. 서구 역사에서 처음부터 대중에게 투표권이 주어지진 않았다 (우리의 역사에서는 해방 직후에 당시 서구에서 시행되던 보통선거제도가 수입되었고, 그래서 1948년 첫 선거부터 보통선거 방식이었다. 그렇기 때문에 우리 역사를 통해 선거제도의 역사를 확인할 수는 없다). 이러한 제한선거 제도의 근거는 노동 대중이 재산이 없기 때문에 책임감이 없으며, 교양이 없기 때문에 국정에 대한 판단 기준도 없다는 것이었다. 반면에 그

후 민중의 요구와 투쟁으로 도입된 보통선거제도는 성인이라면 누구나 동등한 한 표를 행사하는 제도로 완성되었다. 그러나 빈곤 양산과 교육 부재는 평등한 참정의 원칙을 실질적으로 훼손하고, 빈곤층을 소극적 시민, 곧 국법을 준수하고 국가적 보호를 향유할 뿐 국정에는 참여할 수 없는 제한 주권 상태의 시민으로 전락시킨다. 그렇기 때문에 보통선거 제도가 현실적 힘을 발휘하는 데는 탈빈곤 및 보통교육의 실현이 필수 적이다. 따라서 빈곤은 결국 민주공화국의 내적 위기이다. 어떤 나라에 서 실질적 민주주의가 이루어지지 않고 있다면, 그 이면에는 빈곤의 메 커니즘이 자리하고 있는 것이다.

빈곤을 통한 사회적 배제는 정치사회, 곧 국가의 차원에서만 끝나지 않는다. 빈곤층은 시민사회의 주체일 수도 없게 된다. 국가 영역에서 개 별 국민은 다수 민주주의의 절차에 따라 정치적 일반성을 형성하는 반 면에, 시민사회 영역에서 개별 시민은 각자의 차이를 인정하며 개별성 으로서 교류하며 연대한다. 그런데 여기서 중요한 점은 빈곤과 빈곤하 지 않음은 차이가 아니라는 점이다. 빈곤으로 인해 국민으로서의 자격마 저 실질적으로 상실한 빈곤층이 시민사회 영역에서 주체가 될 수 있을 것이라고 생각하는 것은 낙관적인 망상이다. 빈곤과 실질적 정치 참여 의 문제는 분리되어 있지 않다.

탈빈곤의 길과 사회적 공화주의

탈빈곤의 길은 현재의 성장 발전 방식을 전면적으로 수정하는 것밖 에 없다. 그래서 탈빈곤의 방법은 포괄적인 사회경제 강령이 될 수밖에 없다. 정부가 내놓은 해결 방식, 즉 '일자리가 최선의 복지'라는 해결 방식은 환경 친화적이고 미래 전망이 있고 지속 가능한 산업 육성과 고용 창출 없이는 실현 불가능하다. 게다가 '일자리를 통한 복지'가 다만 사회급부 확대를 억제하기 위한 구호에 그칠 때, 근로 빈곤층은 더욱 양산될 것이다.

일자리 창출은 더욱더 확대된 사회보장 체계를 확립해 나가는 일과 병행되어야 한다. 한국의 빈곤 현황은 노동시장과 사회복지 제도가 모두 빈곤을 양산하는 구조임을 보여 주기 때문이다. 사회복지 제도의 완비 대신에 '착한 시민들'의 '착한 마음'에 기대는 방식, 예컨대 노숙자 지원책의 경우, 노숙자 지원 활동을 하는 시민 단체를 후원하는 방식은 정부가 채택할 사회정책일 수 없다. 부시 행정부의 '자애로운 선택 charitable choice'처럼 국가의 의무를 독지가에게 넘김으로써 빈곤 해소의 일정한 진전을 기대하기는 힘들다. 아울러 의료보장 범위의 확대, 교육비 절감을 위한 대책, 지가 안정 등에 관한 전향적인 정책도 시급히 실시되어야 한다. 교육, 의료, 주거에 관한 포괄적인 사회보장 체계의 확립 없이는 빈곤의 극복은 고사하고 빈곤의 대물림 현상마저 보편화할 것이다.

나아가서 사회정책에서의 가족주의 전략의 탈피도 반드시 요구되는 부분이다. 최근 많이 논의되고 있는 사회적 일자리 창출도 탈빈곤의 방법이 되기 위해서는 여성의 가사 노동을 사회화하는 탈가족주의 전략에 따라 이루어져야 한다. 또한 장애인과 노령자의 자립 생활과 활동 보조를 위한 서비스도 가족주의적 의존에서 벗어나 사회화해야 한다.

한국 사회의 빈곤 문제는 국가가 포괄적인 사회경제 정책을 수립하고 집행함으로써만 근본적으로 해결될 수 있다. 시민들끼리의 나눔 운동과 같은 비국가적 방식은 빈곤을 그저 완화할 수 있을 따름이다. 빈곤화는 빈곤에 처한 국민들에게 실질적 참정의 기회를 박탈함으로써 민주공화주의를 위기 속에 몰아넣는다. 그리고 이 위기는 오직 산업 재편, 제반 사회권의 제도적 보장, 서구의 1970~1980년대 사회국가보다 덜 관료적이고 더 시민 참여적인 사회국가의 구축 등을 통해서만 해결될 수 있다. 이러한 방향을 민주공화주의의 위기 극복책으로 보는 입장을 '사회적 공화주의'라 부른다면, 그러한 '사회적 공화주의'야말로 민주공화주의의 현실적 전제, 민주공화국이 유지될 수 있는 조건이라고 말해야 할 것이다. '사회적 공화주의' 없이는 민주공화주의도 없다.

『프로메테우스』, 2006년 6월 9일.

좌초된 개혁과 퇴행하는 보수

02

좌초된 개혁과 양극화의 대안은 '우향우'?

2006년 5·31 지방선거에서 열린우리당은 참패했다. 이탈한 지지표가 민주노동당으로 움직인 것도 아니다. 열린우리당 김근태 의장은 결과를 "정권을 내 놓아야 할 정도"의 참패라고 평가하고 "민주화 세력이라는 것을 더 이상 훈장처럼 달고 다니지 않겠다"고 말했다. 1987년 정통성에 역사적·정서적 뿌리를 둔 정치는 이제 더 이상 다수 형성 능력이 없다는 선언이다. 이에 우파 매체들은 앞을 다투어 '민주화 세력 퇴출, 산업화 세력 등장'이라고 환영한다. 한국 정치의 미래가 과연 그들의 평가대로 구조화될 것인가는 아직 불분명하지만, 적어도 소위 '민주화 세력'의 지금까지의 정치는 국민 대다수로부터 불신임 받았다는 것만큼은 분명하다.

사실 1987년 정통성의 종식은 선거 결과와 무관하게 이미 오래 전부터 시작된 일이다. 대연정론 역시 그러한 관점에서 해석될 수 있을 것이다. 5·31 지방선거는 그저 1987년 정통성의 종식을 확인하는 절차에 지나지 않았다. 그렇다면 1987년 정통성의 종식은 '민주화'라는 과업의 완수를 통해 발전적으로 성취된 것인가? 아니라면 그 원인은 무엇인가?

무능한 개혁 추진

그동안 노무현 정부는 개혁 의제를 '시민 혁명의 완성'이라 표현해 왔다. 그렇다면 개혁 의제가 성공하지 않은 채 이루어진 1987년 정통성의 종식은 시민 혁명의 실패를 의미한다. 왜 그렇게 귀결될 수밖에 없었을까? 대답은 매우 간단하다.

그들은 1987년 정통성에 뿌리를 둔 정치 개혁을 추진함에 있어 무능했다. 첫째, 그들은 국민들에게 개혁 의제가 보편 의제임을 인식시키지 못했다. 둘째, 개혁 의제를 한국 사회의 총체적 미래 전망과 연관시키지 못했다.

첫째 측면부터 살펴보자. 개혁 의제는 인권이 존중되고 공공선이 추구되는 사회, 곧 민주공화국에서는 누구나 당연하게 받아들여야 할 가치에 근거했다. 그러나 많은 국민들은 보수 언론의 선동 때문인지 개혁 의제를 소위 '민주화 세력'과 '산업화 세력'의 샅바 싸움으로 이해했을 뿐이다. 이와 같은 여론을 의식해서인지 원내 다수당은 개혁을 힘으로 밀어붙이지 못했다. 그리고 개혁의 실종은 적극적 지지층조차 이탈시켰다. 표면적으로 살펴볼 때, 개혁이 실패로 귀결되는 진행 과정은 대강 그렇게 나타난다.

그러나 훨씬 더 치명적인 실패는 개혁 의제가 대다수 국민들에게 보편 의제로 인식되지 않았다는 점이다. 개혁 의제는 당연히 해결되어야 할 과제가 아니라, 상황과 조건에 따라서 접근 방식을 달리 할 수 있는 '선택의 문제'로 받아들여졌을 뿐이다. 개혁은 인권의 정치, 공공성의 정치를 위한 필수적 과제였고, 투입과 산출의 경제적 효율성이나 합리적 선택이 요구되는 조건 명제가 아니었다. 그것은 민주공화국의 근본 규범의 실현, 곧 대한민국 헌법의 실질화의 문제였을 뿐이다. 그러나 개혁 의제를 보편화할 수 없었던 집권 세력의 무능은 민주공화국 질서의 전제인 '시민 혁명' 조차 미완의 상태에 머물게 했으며, 자유주의를 다시금 경제적 자유주의의 좁은 범위로 후퇴시키고 말았다.

둘째, 집권 세력은 개혁을 미래 의제로 제안하지도 못했다. 우리나라처럼 압축 발전을 경험한 사회에서는 "인권, 민주주의 등의 기본 가치가 무조건 실현되어야 한다"는 주장보다는 "그러한 가치의 실현이 우리 사회의 발전된 미래를 위해 필수적으로 요구된다"는 방식이 더 설득력을 가진다. 전자가 의무론 또는 원칙론적 정당화라 한다면, 후자는 목적론 혹은 결과론적 정당화이다. 그런데 소위 '민주화 세력'은 개혁 의제를 조건과 무관하게 당연히 실현되어야 할 가치 또는 원칙으로 설득하지도 못했고, 한국 사회의 미래 전망을 열어 가는 데 도움이 되는 필수적 수단으로 인식되게 하지도 못했다. 그래서 개혁 의제는 과거 청산의 문제로서만 좁혀져 이해되었고, 오히려 '선진 한국', '미래 세력', '성장' 등의 담론과 대립이 되는 양상으로 나타난 것이다.

사회 빈곤화에 대한 심판

개혁 의제 추진에 있어서 집권 세력은 이중적으로 무능했다. 집권 세력이 개혁을 이해하는 방식은 원칙적이지도 않았고 미래 지향적이지도 않았다. 게다가 실패의 원인이 국민 의식이 따라오지 못한 것이라고 책임을 회피하는 순간, 이와 같은 이중적 무능은 응징해야 할 오만으로 바뀌는 법이다.

그렇지만 개혁 의제 추진에서의 무능만이 선거 결과를 다 설명해 줄까? "정권을 내놓아야 할 정도"의 참패라면, 거기에는 개혁 의제 추진에 있어서의 무능 이외에 또 다른 원인이 있다고 보아야 할 것이다. 만약 서민의 삶이 지금처럼 팍팍하지만 않았다면, 이번 지방선거와 같은 총체적 불신임으로 이어지진 않았을 것이다. 여론조사에 의하면, 많은 유권자들은 집권 세력이 경제 의제에 소홀했기 때문에 패배한 것으로 생각한다고 한다. 그러나 국민 여론이 말하고 있는 것은 경제성장에 대한 열망 이면에 놓인 또 다른 진실이다. 그것은 참혹한 진실, 양극화와 빈곤화이다.

김대중, 노무현 정부 시기에 서민의 삶은 더욱 곤궁해졌다. 물론 집권 세력이 산업이나 성장 의제에 소홀했다는 판단은 틀렸다. 또한 보수 야당은 과연 대안을 내놓은 바가 있었던가? 그래서 더 따져 보아야 할 것은 다음의 질문들이다. 현재 이 사회에서 왜 빈곤화가 진행되었는가? 경제성장의 동력이 고갈되었기 때문인가, 아니면 고용 창출 없는 성장과 양적 유연화가 빈곤으로 이어진 것인가? 나아가서 우파는 성장과 탈빈곤의 의제를 짊어질 적임자인가?

여기에 대한 대답으로부터 향후의 정치적 지도력이 형성될 것이다. 무엇보다도, 선거 결과는 '사회 빈곤화에 대한 심판'이라 해도 과언이 아닐 것이기 때문이다. 빈곤층의 확대와 서민층의 경제적 불안감은 누구도 부정할 수 없는 현상이기 때문이다.

열린우리당의 성장 포퓰리즘

　지방선거 후 김근태 의장의 수습책은 '제민지산制民之産'을 운위하며 경제 의제에 개입하는 것이었다. 그는 추가 성장론을 펼치며 한국형 신자유주의를 주창하고 나섰다. 잠재 성장률을 적어도 1% 포인트 이상 끌어올릴 수 있도록 48~80조 원에 이르는 여유 자금을 투자 부문으로 끌어낼 방안을 제시하겠다고 했다. 방안이 과연 무엇일까? 언론에 떠도는 이야기를 종합해 보면, 출자 총액 제한제와 수도권 공장 총량제의 폐지, 부동산 세제의 재검토, 서비스와 건설업 부양 등이다. 출자 총액 제한제의 폐지는 재벌의 순환 출자 폐해를 낳을 것이고, 수도권 공장 총량제의 폐지는 국토 균형 개발 계획의 포기를 의미할 것이다. 서비스와 건설업 부양을 위한 인위적인 경기 부양책에 시장이 호응할 것인지도 의심스러우며, 부동산 정책의 재검토 및 감세 정책은 정부와의 충돌이 불가피하다. 김근태 의장은 이와 같은 방안을 성장과 분배의 선순환을 모색하는 "한국식 신자유주의"라고 포장하고 있다. 그러나 그런 방안이 과연 실효성이 있는지, 그리고 한국 사회의 미래를 위해 바람직한 해법인지도 냉철하게 숙고해 봐야 한다.

　문제는 그와 같은 대책에 대해 열린우리당이 아무런 근거를 제출하고 있지 않다는 점이다. 양극화가 심하니 추가 성장을 하자는 이야기가 고작이다. 그래서 열린우리당의 대응은 숙고되지 않은 방안들을 성급하게 들고 나오는 성장 포퓰리즘이라 불러 마땅하다. 그리고 모든 종류 포퓰리즘이 진행되는 방향은 왼쪽이 아니라 오른쪽이다. 적어도 경제협력개발기구OECD 국가의 최근사에서 좌파 포퓰리즘은 언제나 우파 포퓰리즘을 낳았을 뿐이다. 그와 같은 현상은 우리나라에서도 마찬가지일 것이다. 예컨대 독도 문제를 보편 의제로 대응하지 않고 영토권을 중심으로 하는 민족주의 포퓰리즘을 동원할 때 정치적 수혜는 우파에게 돌아갈 뿐이다.

『한겨레』를 비롯한 진보적 매체들은 이에 대하여 실용주의 강화 또는 우향우라는 우려와 비판을 쏟아내고 있다. 과연 '실용'이란 무엇인가? 그간 실용이란 한국 사회의 미래 의제에 대한 접근 방식이 아니라 단지 무능한 개혁에 대한 무능한 발목 잡기에 지나지 않았다. '우향우'는 또 뭐란 말인가? 무엇으로부터의 우향우인가? 과거의 입장으로부터의 우향우? 지방선거 이후에 열린우리당이 우향우를 택했다면, 그 이전에는 열린우리당이 '좌'에 기울어 있었다는 말인가? 오히려 2006년 지방선거 이전부터 김근태 의장은 이미 자신을 성장론자로 표현하고 한미자유무역협정를 찬성하며 '고도 성장과 사회적 대타협'을 주장한 바 있다. 그리고 더 따져 보아야 할 것은 무엇이 '좌'인가라는 문제이다. 성장과 분배의 선순환을 추구하면 '좌'인가? 아니면 이러한 선순환에서 성장에 우선 순위를 두는 것은 '우향우'인가?

이와 같은 모든 질문은 사태를 정확하게 포착하고 있지도 못할 뿐만 아니라 거꾸로 사태의 진실을 가리고 있다. 한편으로 선거 참패의 원인은 '무능'인데, 다른 한편으로 대응책을 '우향우'라 말한다면 우파는 '유능'하고 좌파는 '무능'하며, 유능해지기 위해서는 '우향우'를 해야 한다고 말한 셈이 되기 때문이다. 중요한 점은 그저, 무능의 내용이 무엇이었는가, 그리고 우향우의 실체는 무엇인가, 그것은 과연 이전의 노선의 수정인가 등의 질문일 뿐이다.

개혁을 포기하고, 다급히 미래를 준비하다

현재 김근태 의장의 노선은 분명 '우향우'이다. 그러나 그것은 노무현 정부의 기존 시책과 대비할 때 '우향우'라는 이야기이다. 갈등은 이미 부동산 정책과 조세 정책에서 나타나고 있으며 대북 경제 협력 등의 분야까지 점점 넓어지고 있다. 그러나 김근태 의장의 처방이 한국 사회의 미래 전망을 위해 설계된 '준비된 프로그램'이라고 보기엔 무리가 있다. 설계된 프로그램이 아니기에 김근태 의장이 돌연 좌향좌를 할지 누구도 장담할 수 없다.

여기에서 유심히 살펴보아야 할 일은, 노무현 정부는 열린우리당보다 더 먼저 자신의 과제를 '개혁 의제'라고 묶어 부르는 일에서 발을 뺐다는 것이다. 그 대신에 정부 정책을 '미래'라는 표현으로 판매하고자 했다. 양극화 해소, 사회적 대타협, 저출산 고령화 사회 극복, 한반도 평화 체제 구축, 동북아 경제 허브 구축, 한미FTA 등은 노무현 정부가 미래 의제로 제시한 것들이다. 정부가 명확한 정책 목표와 효과적인 정책 수단을 제시하고 있는가의 문제와 별개로, 케케묵은 사상 검증 이데올로기나 민주화 운동의 성과에만 기대는 정치가 주를 이뤘던 시기에 노무현 정부가 미래 의제를 선점한 것만은 사실이다. 그러나 의제를 선점하는 것과 해법을 제출하는 것이 언제나 일치하지는 않는다.

마찬가지로 분명한 점은, 열린우리당의 선거 후 변화는 참패 사태에 대한 즉각적 대응일 뿐이지 미래 의제의 제출과는 전혀 관계가 없다는 것이다. 진정한 개혁과 미래에 대한 전망이 포괄적으로 제안되지 않는다면, 그것은 국민에게 성장 포퓰리즘으로 이해될 뿐이다.

진보 정당이여, 미래 의제를 거머쥐어라!

노무현 정부가 국정 과제를 '개혁 의제'로 표현하지 않고 '미래 의제'로 제시했다는 점은 1987년 정통성의 종식과 긴밀히 연관된 문제이다. 이는 향후 정치적 대립의 방식을 변경하게 될 것이다. 노무현 정부는 1987년에서 생겨나는 힘으로 개혁 과제를 완성하는 경로를 이미 일년 전에 포기했으며, 과거가 아닌 미래의 시점에서 현재의 정치를 움직이고자 했다. '개혁 의제'가 미래적 관점에서 볼 때 여전히 중요하다면 '미래 의제'로 수행될 것이나, 그렇지 않다면 유보될 것이다. 여기에서 중요한 점은 '미래 의제'라는 담론이 정치투쟁 방식의 변경을 강제한다는 것이다. 노무현의 미래 전망에 대한 동의와 전혀 별개의 문제로 말이다.

보수 야당은 집권 세력보다도 훨씬 더 불분명한 형태의 이미지, 개발독재 시대에 호소하는 이데올로기적 혼합물로 한국 사회의 미래 전망을 제시하고 있다. 소위 '산업화 시대'의 성장 메커니즘이 더 이상 통용될 수 없는 경제 환경임에도 불구하고, '산업화 시대'의 향수와 '민주화 세력'의 무능에 힘입어 보수 정치인들은 왠지 '유능'할 것 같은 가상이 생겨난다. 반면에 진보 세력은 '민주화 세력'의 주류와 마찬가지로 과거 지향적 세력이라며 도매금으로 처리되게 된다. 만약 진보 정당이 미래 의제 제출을 도외시한 채 민주노동당처럼 '진정한 개혁 세력'을 자임하는 데 그친다면, 대중이 진보 정당을 과거 지향적 세력으로 고정시키는 현상을 돌파하기는 쉽지 않을 것이다.

'진정한 개혁 세력 담론'은 마치 1987년 체제의 탈구 현상에 불과한 지역주의/탈지역주의 담론과 정확하게 동일한 지반 위에 서 있다. 지역주의는 국민적 일반성을 수립함으로써만 극복될 수 있는 문제이기에, 지역주의 기반 위에서의 탈지역주의 담론은 지역주의를 재생산해냈다. 그와 마찬가지로 포괄적인 미래 전망이 없는 '진정한 개혁 세력'도 정치적 사태가 좀 더 진행된다면 정치적 일반성을 전혀 형성할 수 없다는 점이 드러나게 될 것이다.

　진보 정당들은 노무현 정부, 또는 '우향우'를 택하고 있는 여타 정치 세력이 한국 사회의 미래 전망으로 내놓는 프로젝트에 대해 대안적 프로젝트를 제출하며 경쟁해야만 한다. 사회 양극화와 빈곤화는 어떻게 극복할 것인가? 성장의 걸림돌은 무엇인가? 한반도 평화 체제 구축의 경로는 어떤 것인가? 한미FTA의 문제점은 무엇인가? 노동 사회를 어떻게 개편해야 하는가? 과연 혈통주의와 가족주의 강화를 통해 저출산 고령화 사회가 극복될 것인가? 이와 같은 문제에 대해 하나의 포괄적 입장과 대안적 가치, 대안적 수행 방식을 제출하지 않고서, 진보 세력이 '1987년 정통성의 종식'이라는 상황을 기회로 활용할 방도는 없다. 그리고 어떤 사태이든지 기회가 될 수 없다면 그것은 위기가 되는 법이다.

『프로메테우스』, 2006년 6월 14일.

누가 자유민주주의를 배신하고 안보를 위협하는가

국제적인 대도시, 서울. 한국에서 학업과 비즈니스의 꿈을 펼치고 있는 수많은 외국인들이 더 이상 낯설지 않다. 어떤 외국인들은 한국에 대한 특별한 애정을 가지고 있어, 한국의 날씨, 문화, 역동성, 그리고 인정 많은 사람들에 대해 이야기한다. 세계화로 인해 더 많은 사람들이 한국을 방문하고, 알아가고 있다. 그러나 여전히 이 지구상에는 '대한민국'이라는 나라를 알지 못하는 사람들도 많을 것 같다.

대한민국으로 가시겠습니까?

자, 이제 서유럽으로 가서 우리의 친구가 될 한 외국인에게 다가가 보자. 그 친구 피부색이야 하얀 색일 수도 있고, 누렇거나 까만 빛일 수도 있겠다. 뭐 대수랴. 어쨌든 그가 삼성, LG는 알지만 김치, 설렁탕, 한글은 모른다는 건 확실하다. 글쎄, 태권도는 알고 있을지도 모른다. 이

제 우리는 그에게 제안 하나를 하려고 한다.

"Ms. 마리안느 (혹은 Mr. 무하메드), 대한민국에서 살아 보지 않으실래요?"

마리안느 혹은 무하메드는 한국에 대해 인터넷과 각종 매체를 통해 알아보기 시작했다. 물론 그들은 그들이 사용하는 언어로 된 자료만을 읽을 수 있어서 한국에 대해 심층적으로 이해했다고 볼 수는 없지만, 다음과 같은 리포트 정도는 정리할 수 있을 것이다.

동북아 한반도에 위치하는 대한민국의 인구는 2005년 현재 약 4813만 명이고, 주요 종족과 언어는 '한민족' 과 '한국어' 이다. 국내총생산은 2004년 약 6809억 달러, 1인당 국민소득은 연간 1만 4193 달러, GDP 성장률은 4.7%이다. 1997년에 외환 위기를 맞아 IMF의 구제 금융을 지원받았다. 주요 수출 품목은 전자, 전기, 자동차, 선박, 철강, 반도체 등 중화학 제품과 첨단 제품 등이며, 수입 품목은 원유, 석탄, 철광석, 원목 등 원자재이다.

만약 그들이 한국어를 안다면 다음의 내용까지도 알아낼 수 있을 것이다.

대한민국은 1948년 8월 15일에 수립된 "민주공화국"(헌법 1조)으로서, "모든 주권은 국민에게 있고, 모든 권력은 국민으로부터 나온다"(헌법 2조). 대한민국은 "자율과 조화를 바탕으로" 하는 "자유민주적 기본질서"(헌법 전문)에 기초하며, "자유민주적 기본질서에 입각한 평화적 통일"(헌법 4조)을 지향한다. 정부 형태는 직선제로 선출되는 대통령 중심제이며 헌법재판소

가 설치되어 있다. 대한민국 국내법의 실효적 지배는 1953년 체결된 〈국제
연합군 총사령관을 일방으로 하고 조선민주주의인민공화국 최고사령관
및 중공인민지원군 사령원을 다른 일방으로 하는 한국 군사 정전에 관한
협정〉상의 군사 분계선 이남에 미친다. 제17대 국회에 진출한 주요 정당으
로는 열린우리당, 한나라당, 민주노동당, 민주당이 있다.

1991년 UN에 가입했으며, 1996년 OECD에 가입했다. 현재 국민총생산
에서 10대 대기업이 차지하는 비율은 90%가 넘는다. 기업별 복수 노조 허
용은 현재 유보 중이며 2004년 현재 실업률은 3.7%이고 취업 인구 중에서
비정규직이 차지하는 비율은 53%이다. 비정규직에게는 산재보험의 혜택
이 없다. 대한민국에 있는 외국인 이주 노동자는 약 40만 명으로 집계되며
17만 명인 미등록 이주 노동자에 대해 노동조건 및 체류 허가와 관련된 인
권침해 논란이 계속된다. 1999년부터 국민 의료보험이 시행되고 있으나
보장률은 매우 적고 보장 범위도 한정되어 있으며 기타 사회보장제도의 발
전 역시 대체적으로 취약하다. 1978년 4월에 최초의 핵 발전소가 세워진
이래로 전국적으로 18개의 핵 발전소가 있으며, 핵 폐기장의 설치는 부안
사태처럼 주민 저항에 직면하고 있다.

마리안느의 눈에 비친 대한민국

평균적인 봉급생활자인 마리안느 씨는 한국의 사회보장 수준과 경제
수준을 비교해 보고는 한국 사회가 사회 연대성이 대단히 부족한 사회
라고 생각할 수 있을 것이다. 상대적으로 높은 급료를 받고 있고 정치적
으로도 사회보장의 지속적 삭감에 찬성하는 무하메드 씨라면 그 문제를

그냥 넘길 것이다. 그렇지만 두 사람 모두 비정규직에게 산재보험의 혜택도 없다는 것에 대해서는 해도 너무 심하다고 생각할 것이다. 단지 그 말을 입 밖에 내는가 혹은 그저 속으로 그렇게 생각하는가의 차이는 있겠지만 말이다. 혹 마리안느의 남자 친구인 제임스는 어차피 세계 자본주의 체제에서 모든 국가는 자본 유치를 위한 경쟁 속에 있다고 하면서 한국이 높은 경제 수준에 걸맞지 않게 불공정 행위를 한다고 비난할지도 모른다.

환경문제에 대해서도, 천성산 소송과 같은 기사를 읽을 수 있다면 '자연의 권리' 소송에 대해서는 그곳에서도 익히 알려진 문제 제기 방식이라 별로 새롭게 생각하지 않겠지만, 그들이 잘 이해하지 못하는 이방 종교인 불교의 승려가 중심이 된 것에 대해서는 특이하게 생각할 것이다. 한때 유럽 중심주의에 대한 비판에 가담했던 세대라면 비록 불교에 대해 깊이 알지 못하여 확신을 가지지는 못하더라도 불교는 친환경적인 종교라고 속으로 생각할 수도 있겠다. 녹색당원은 아니지만 자국의 핵 폐기장 문제를 잘 알고 있는 마리안느는 한국의 부안 사태를 바라보며 에너지 비핵화에 대한 정치적 합의와 법제화가 선행되어야 한다고 말할 것이다. 즉, 더 이상 핵 발전소를 짓지 않고, 현재 가동 중인 핵 발전소의 수명이 다하면 핵 발전에서 탈피해야 한다는 것이다. 어쨌든 우리의 마리안느, 무하메드, 제임스는 위에 언급된 문제 전반에 대하여, 정당정치, 노동조합, 사회운동 등에 의하여 전체 사회적 합의를 만들어 가는 '프로세스'에 의해 해결해야 할 문제로 여길 것이다.

그런데 한국어를 알건 모르건 간에 외국인들이 그들 나라의 언어만으로도 인터넷 검색을 통하여 대한민국에 대해 충분히 알 수 있는 것들이 있다. 그것은 다음과 같은 사실이다.

6·25 전쟁은 1953년 정전협정으로 종식되었지만 정전협정은 아직 평화협정으로 대체되지 않았고 한반도에는 지금도 본 협정인 평화협정 체결 없는 정전협정 체제가 50년 넘게 지속되고 있다. 한반도의 남북 양국은 서로를 국가로 승인하지 않았으며 북미 간에도 공식적인 외교 관계가 없다.

전쟁 발발 가능성은 북미 간에도 존재한다. '노스 코리아'는 전쟁 억제력을 명분으로 하여 핵 물질의 군사화를 시도하고 미국은 '노스 코리아'를 '악의 축'으로 규정하고 있는 상황이다. '노스 코리아 핵 문제'를 해결하기 위한 6자 회담이 개최되었으나 항구적 평화 체제로의 길은 아직 멀다.

그들 나라의 신문 기사들을 연대기 순으로 검색해 본다면 외국인들은 대개 다음과 같은 사실도 읽게 될 것이다.

'노스 코리아'는 1974년부터 평화협정 체결을 주장하기는 했으나 아울러 평화협정 역시 정전협정 서명에 참가하지 않은 '싸우스 코리아'를 제외하고 정전협정 당사국인 미국과 체결해야 한다고 주장했다. 이 문제는 정전협정의 평화협정으로의 대체에 큰 걸림돌이 되었고 평화협정 체결을 위한 전쟁 당사자 간의 회담은 1997년에야 처음 개최되었다. 1997년 스위스 제네바에서 '싸우스/노스 코리아'와 미국, 중국 대표들이 모여서 4자 회담을 개최했지만 이 역시 아무런 성과 없이 끝났다.

그러나 이와 같은 세세한 사실보다 그들의 눈에 들어 올 기사 제목들은 '노스 코리아'의 대량 기아 사태, 핵의 개발과 실험, 부시 미대통령의 '악의 축' 발언, '싸우스 코리아'의 국가보안법 논쟁 정도일 것이다.

그들은 비록 남북한을 정식 국호 대신에 '싸우스/노스 코리아'로 읽겠지만 그것을 지역 명칭이 아니라 별개의 국가 명칭으로 이해할 것이다. 그래서 만약 '싸우스 코리아'의 국가보안법이 '노스 코리아'를 국가가 아닌 반국가단체로 간주한다는 사실을 안다면 의아하게 생각할 것이다. 아무튼 그들은 대한민국은 경제적으로 매우 발전한 국가이지만 군사적으로 대단히 위험한 지역이라는 전체적인 판단에 도달할 것이다.

다시 처음의 질문으로 돌아가서, 마리안느나 무하메드에게 '한국에서 살아 보지 않겠느냐'고 물어보자. 국적 선택의 자유가 주어졌을 경우, 특별히 경제적인 이유가 없다면, 우리의 미즈와 미스터는 굳이 대한민국을 선택하지 않을 것이다. 만약 그들이 와서 겪어 보지 않고 인터넷 검색으로 판단해야 한다면, 그 이유는 너무나 명확하다. 바로 한반도의 군사적 위험성 때문이다.

물론 한국에 대해 외국인이 어떻게 생각하건 우리 국민 대다수가 자신의 삶이 안전하고 행복하다고 생각하면 별 문제 없을 수도 있다. 그런데 문제는 과연 우리 국민은 정말 한국에서의 삶을 행복하고 안정된 삶으로 생각하고 있는가이다. 모 일간지에 보도된 설문 조사에 의하면 그렇지 않은 것 같다. 국민의 절반 이상이 이민을 원한다고 하지 않는가! 그 이유는 경제적인 요인부터 교육, 환경, 삶의 질 문제 등등 매우 다양할 것이다. 국민 절반 이상이 갈 수만 있다면 이민 가겠다고 답하는 대한민국. 그러나 이 땅에 태어난 대다수 국민들에게 현실적으로 '대한민국'은 그들이 원하건 원치 않건 '평생 참여하는 프로젝트'일 수밖에 없다. 문제는 바로 여기에 있다.

PROJECT '대한민국'과 그 적들

　2004년 10월 현재, '대한민국'이라는 프로젝트는 56년의 역사를 가지고 있다. 1970년대 이후로 이 프로젝트는 경제, 사회, 정치적인 면에서 일정한 순차적 발전을 거듭해 왔다. 이 과정이 보여 주는 분명한 사실은 좁은 의미의 권력 주체, 즉 국가 권력의 담당 세력은 바뀌어 왔다는 점이다. 그러나 이 프로젝트의 주체가 '국민 일반'이라 말할 수 있는지는 아직 분명하지 않다. 56년의 역사를 통해 나타나는 사실은 '대한민국'이라는 프로젝트가 인류사의 보편적인 과정을 따르고 있으며, 특별히 이종적이지도 않고, 현재 인류가 도달한 지점을 뛰어넘는 대단히 새로운 내용을 지향하고 있는 것도 아니라는 점이다. 그것은 그저 근대화 프로젝트의 하나에 불과하며 상식적인 국민국가와 시민사회를 지향할 뿐이다. 근대라는 프로젝트를 넘어서서 더욱 해방된 사회를 모색하고자 하는 이들에게는 '대한민국'이라는 프로젝트는 그들의 관념 속에서는 이미 완성된 것이며, 그래서 적어도 담론적 비판의 수준에서는 넘어서야 하는 것인지도 모른다. 그러나 그들을 더욱 곤혹스럽게 만드는 사태는 이 프로젝트에서 상식적인 국민국가와 시민사회의 형성조차 아직 완료되지 않았고 앞으로 어떤 과정을 거칠 지도 불분명하다는 것이다.

　만약 '대한민국'이라는 재미없는 근대화 프로젝트에 대한 탈근대적 비판자들이 국내 정치적 현실을 냉정하게 둘러본다면, 그 현실은 점입가경일 것이다. 무엇보다도 유감스러운 것은 '대한민국'이라는 프로젝트를 더 이상 진행시킬 수 없도록 정치적 퇴행을 선동하는 세력이 존재하며 게다가 그들이 스스로 이 사회의 주류로 자처한다는 사실이다. 그들은 '대한민국'이라는 프로젝트에 명백히 반대하면서도 역설적으로 오랫동안 스스로 대한민국과 헌법을 수호하는 세력으로 자처해 왔다. 그들은 스스로 건국 세력이라 자부하며 '대한민국'이라는 프로젝트를 1948년 건국 상황이라는 제한 속에 묶어 두고자 한다. 그들은 보편적인 국민국가와 시민사회를 지향하는 모든 종류의 '프로세스'에 반대한다. 그들은 변화에 반대할 뿐만 아니라 그간의 변화 자체도 인정하려 하지 않는다. '대한민국'이라는 프로젝트는 위기 속에 있다. 소위 '건국 세력'이라 자임하는 극우파가 계속 '대한민국'이라는 프로젝트를 좌지우지하려 할 때 인류가 도달한 최소한의 보편적 가치 위에 대한민국을 수립하고자 하는 과제가 과연 가능한 것인지 근본적으로 의문시된다. 더욱 심각한 것은 그들이 단지 장외 세력이 아니며 원내 거대 정당을 포함하여 사회 각 분야에 대단한 영향력을 가지고 있다는 것이다.

안보를 말하나 안보를 위협하다

2004년 10월 현재, 대한민국을 보편적인 국민국가와 시민사회로서 수립하려는 프로젝트에 장애가 되는 것은 다음의 두 가지라고 할 것이다. 첫째, 한국의 자칭 '자유민주주의자'들은 헌법상의 "자유민주적 기본질서"를 부정하는 명백한 '헌법 저촉 세력'이라는 점이다. 둘째, 그들이 호전적으로 자신들의 주장을 극단까지 밀고 나갈 때 그들은 "자유민주적 기본질서"뿐만 아니라 동시에 헌법 제4조 평화통일 조항에도 반하는 반평화 세력, 곧 '반헌법 세력'이 된다는 점이다.

지금도 지루하게 계속되고 있는 국가보안법 논쟁을 예로 들어 보자.

세계 어느 나라의 자유민주주의자에게 물어보아도 이 법은 "자유민주적 기본질서"에 반한다고 말할 것이다. 그런데 이 법을 고수하려는 한국의 자칭 '자유민주주의자'들은 이 법이 "자유민주적 기본질서"를 수호하기 위하여 존속되어야 한다고 주장한다. 물론 이 문맥에서 "자유민주적 기본질서"란 그저 공허한 수사에 지나지 않으며, 그들이 말하고자 하는 바는 소위 국가 안보 때문에 국가보안법이 존속되어야 한다는 것에 지나지 않는다. 여기에서 정치적 자유주의란 안보보다 구체적인 인권을 중시하는 사고방식이라는 말을 미리 덧붙여 두자.

물론 그 다음으로 따져야 할 것은 그들이 말하는 국가 안보가 과연 무엇인가라는 문제이리라. 그들은 국가 안보라는 개념을 국가의 대외적인 안전보장보다도 내부 치안과 관련된 개념으로 사용한다. 그런데 치안을 통해서 그들이 지키고자 하는 가치는, 이미 말했듯이, 역설적이게도 "자유민주적 기본질서"에 반한다.

한발 양보하여 그들 주장대로 국가의 대외적 안전보장, 쉽게 말해서 북한에 의한 병합을 예방하기 위하여 국가보안법이 존속해야 한다고 해보자. 그렇다 할지라도 그 주장은 왜 대한민국의 대외적 안전이 국가보안법에 의지해야만 보장될 수 있는지를 논증하지 못한다. 왜냐하면 대한민국의 안전보장은 북한 핵실험 국면 이후로 한반도와 동북아 전체의 평화 체제의 수립 없이는 생각할 수 없는 상황이 초래되었기 때문이다.

이제 안보 문제의 해결책이란 매우 적극적이고 전방위적인 평화 정책 외에는 없다. 이 상황에 있어서 군사-안보적 상호주의는 결코 합리적인 태도가 아니다. 조선민주주의인민공화국이 핵 물질을 군사화하면 대한민국도 그렇게 해야 하는가? 그 결과는 일본의 핵무장과 동북아 핵 도미노일 것이다. 이렇게 되면 핵은 미국과 중국의 대륙 간 문제가 아니라 동북아의 국지적 군사 지형을 결정하는 문제가 되어버린다. 해결책은 당연히 한반도를 비핵 평화 지역으로 만드는 일일 것이다.

핵 문제라는 극단적인 경우가 아니더라도 마찬가지이다. 조선민주주의인민공화국의 인권 문제에 대해 발언하고 싶다면 한국의 대표적인 인권침해 법률인 국가보안법을 먼저 철폐해야 하는 것이 순서에 맞지 않는가?

그럼에도 불구하고, 일부의 자칭 '보수주의자'들은 상호주의가 아니라 일방적인 무력 통일을 연상시키는 더 극단적인 발언들을 쏟아낸다. 북한 민주화론은 너무나 쉽게 북한 침략론으로 탈바꿈한다. 이리하여 한 편의 드라마 같은 사태가 발생한다. 북한 핵실험 국면 속에서, 스스로에 대한 긍정적인 자기 규정 없이 반공주의 하나만으로 수립된 자칭 '자유민주주의', 시민적 상태를 용인하지 않는 자칭 '보수주의자'는 핵 개발을 추진하는 북한 지도부나 한반도에 대한 군사 행동으로 한반도 주민 모두를 위협하고 있는 부시 행정부만큼이나 한반도에 대한 위험 요소인 것이다.

달라진 한반도의 안보 환경을 직시하라

9·11테러가 미국의 대외 정책과 세계사적 전환의 분수령이 되었듯이, 북한의 핵 개발도 한반도 안보에 결정적인 지형 변화를 가져왔다. 그리하여 북한 핵실험 국면 이전까지 대한민국의 안전을 보장해 준 요소들이 모두 변화했다.

북한 핵실험 국면 이전까지 대한민국의 안전보장은 첫째, 1953년 정전협정 체제, 둘째, 한미 동맹 체제에 의한 미군 주둔, 셋째, 대한민국의 경제력 우위에 의존하여 왔다.

여기에서 먼저 "1953년 정전협정 체제"가 무엇인지 이해할 필요가 있다. 정전협정의 당면 목적은 한국전쟁의 정지이고 그 성격은 결코 평화협정이라 할 수 없지만, 그렇다고 정전협정이 적대 행위의 상호 포기를 특정 기간 합의하는 단순한 휴전 협정과 동일한 것은 또한 아니다. 규범적으로 볼 때, 정전협정은 평화협정의 체결을 위한 사전 단계이며, 평화협정은 정전협정의 목적이기 때문이다. 정전협정은 평화협정이 체결될 때까지 한국에서의 일체의 적대 행위와 모든 무장 행동의 완전한 정지를 규정하고 있다. 그래서 정전협정 체제에 의한 안전보장은 적어도 북한 핵실험 국면 이전에는 현실적으로도 대한민국의 안전을 보장해 주었다. 그러나 1997년 정전협정의 평화협정으로의 대체가 성사되지 않은 후, 그리고 북한의 핵 개발과 더불어 상황은 달라졌다. 국가의 안보와 관련해서 핵 물질의 군사화는 정전협정 체제 자체를 의미 없게 만들었고 새로운 평화 체제가 등장하지 않으면 안 되게 되었다.

한미 동맹 체제 역시 현실 사회주의의 몰락과 더불어 사회주의권에 맞서는 동맹의 의미를 잃게 되었다. 특히 9·11 사태 이후로 미국 측에게 한미 동맹의 의미는 명확하게 변화하였다. 부시 행정부에게 북한이 '악의 축'인 이유는 사회주의의 잔존물이기 때문이 아니다. 미국에 어떤 행정부가 들어서더라도, 기존의 핵 카르텔을 유지하는 것은 미국의 변함없는 대외 정책적 목표이다. 따라서 현실적으로 무력에 의한 해결 방식을 택할 것인가는 별개의 문제이지만, 미국이 독자적으로 한반도에서 군사 행동을 할 가능성은 상존한다.

마지막으로, 더 이상 북한에 대한 한국의 경제력 우위가 안전을 보장해 주지 않는다. 현격한 경제 격차로 인해, 양국이 경제 건설로 체제 경쟁을 하는 국면은 더 이상 아니게 되었다. 북한 경제가 어떠한 경제 협력으로도 회복될 수 없을 정도로 피폐해진다면, 이는 한국의 안보에 도움이 되기는커녕 치명적인 위협 요소가 될 것이다.

대한민국의 안전을 보장해 준 요소들이 전반적으로 변화했음에도 불구하고 새로운 평화 체제에 대한 아무런 대안도 제시하지 않은 채 과거의 안보 요소들에 집착하는 태도는 거꾸로 대한민국의 안전을 심각한 위험에 몰아넣는 꼴이 된다. 한국의 자칭 '보수주의자', 자칭 '자유민주주의자'들에게 나타나는 집착, 냉전기에 성립된 요소들에 대한 이데올로기적 집착은 이제 대단히 위험한 것이 되어 버렸다. 사실 이러한 위험성을 이미 대다수의 국민들은 본능적으로 알고 있다.

과거에 붙박인 자들에게 미래는 없다

근대적이고 상식적인 의미의 민주공화국과 시민사회를 만들어 가려는 최소한의 프로젝트가 과거의 유령들에게 발목이 잡혀 있다. 이 유령들은 스스로를 어이없게도 '자유민주주의자'라고 말하기도 하고 '보수주의자' 또는 '건국 세력'이라고 칭하기도 한다. 이 유령들의 모든 정치적, 이데올로기적 기반은 56년 전의 정전협정에 있다. 그들의 낡은 정치적 유산과 정신은 과거에 사로잡힌 것이 되어, 오늘날 변화하는 현실에서 기괴한 소음을 내며 삐거덕거린다. 안보를 말하나 안보를 위협하고, 자유를 주장하나 억압을 사랑하고, 미래를 말하지만 과거에 붙박인 자들. 이들이 우리의 자유롭고 안전하고 밝은 미래에 초대받지 않은 것만은 확실하다.

『프로메테우스』, 2004년 10월 17일.

한국의 우파는 자유주의자가 아니다
2004년 11월 국가보안법 개폐 정국을 보고

한국 사회에서 널리 쓰이는 낱말 중에서 자유주의라는 개념만큼 자의적으로 사용되는 말도 없을 것이다. 자유주의라는 개념은 정말 여러 용도로 쓰인다.

우선 이 말은 소위 스스로를 건국 세력이라 칭하고 1948년 제헌 권력자의 유훈 통치의 대리자이고자 하는 세력이 자신의 정치적 정체성을 표현하고자 할 때 사용된다.

자유주의의 역설, 자유주의의 탈을 쓴 반자유주의

이러한 용례에서 '자유주의' 는 '공산주의' 라는 타자에 대한 부정태否定態에 지나지 않을 뿐 아직 스스로를 적극적으로 규정하는 긍정 어법적 개념이 아니다. 거기에서는 자유주의란 무엇인가라는 질문에 대한 대답을 전혀 찾을 수 없다. 그들에게서 들을 수 있는 대답이란 단지 자유주의란 반공주의라는 대답일 것이다. 이와 같이 한국의 극우 정치 수사학의 용법에서의 자유주의를 이 글에서는 따옴표를 붙여 '자유주의'라 표기하겠다. 이 '자유주의'란 매우 역사적이고 또한 매우 특수한 개념으로서 1948년부터 1953년의 역사적 상황에서 우익 정체성을 지시하는 개념일 뿐이지 그 낱말이 가지고 있는 보편적인 의미 내용과는 전혀 관계가 없다.

극우 정치 수사학에서 사용되는 '자유주의' 개념과 관련해서 다음과 같은 매우 특이한 점이 관찰된다. 그것은 '자유 대한'이라는 실체에 대한 애국심이 강조된다는 점이다. 그런데 바로 이 애국주의 수사학에서의 애국심도 애국주의의 일반적 개념과는 동떨어진 것이다. 즉 그것은 일반적인 의미의 헌법 애국주의라든지 또는 국가 공동체에 대한 공화주의적 참여와 동의어가 결코 아니다. 그들이 말하는 의미에서의 애국심이란 구체적 국가 현실에 대한 일방적 충성을 의미한다. 이때 그 현실이란 물론 바로 국가보안법이 살아 숨 쉬는 반공 국가이다. 이들이 말하는 '자유주의'가 자유주의 일반의 기초로부터 벗어나 있듯이, 그들이 말하는 '자유주의적' 애국심도 근대 공화주의의 통상적인 개념에서의 애국심과 전혀 다른 종류의 것이다.

그래서 '자유주의'라는 장식은 바로 '자유주의'가 호전적인 극우주의일 뿐이라는 역설, 즉 '자유주의'야말로 자유주의의 탈을 쓴 반反자유주의라는 역설을 더 적나라하게 드러낼 뿐이다. 그럼에도 불구하고 자유주의의 원산지인 서구에 대한 호감과 맞물려서, 그리고 오직 타자에 대한 부정으로서만 자신의 정체성을 규정할 수 있었던 당대의 특징과 맞물려서, '자유주의'가 한국인들에게 일정 시기 동안 꽤 큰 영향을 끼쳤던 것은 사실이다. 그래서 극우 정치 수사학의 용례에서 '자유주의'는 자유주의의 '짝퉁' 정도가 아니고 저작권 위반 사례에 해당된다. 만약 저작권이 문제시되지 않을 순수 창작물이라고 생각한다면 '자유주의'가 자유주의와 아무런 상관이 없음을 스스로 밝혀야 할 것이다.

합리적 보수, 무엇을 지키는가?

스스로를 '건국 세력'이나 '애국 세력'이라 자칭하는 세력이 '자유주의'라는 개념을 사용하는 것은 자유주의에 대한 저작권 위반이다. 그렇다면 스스로를 이들 극우파와 명확히 구별하고자 하는 한나라당 소장 의원들의 경우는 어떠한가? '합리적 보수'라고 불리는 것을 기꺼워하는 그들은 스스로를 자유주의자라고 밝히기도 한다. 그런데 바로 이 '자유주의적 보수주의자'들이 지키고자 하는 긍정적인 가치로서 자유주의는 무엇일까? 일반적으로 말하자면, 자유주의적 보수주의란 고전적 자유주의, 곧 인권의 자유주의를 전체주의에 대하여 방어하는 것을 내용으로 한다. 그런데 이와 같은 인권의 자유주의가 법적, 제도적으로 미완성인 사회에서 '자유주의적 보수주의'는 어떤 종류의 자유주의를 지키고자 하는 것일까? 극우파의 '자유주의'인가 아니면 인권의 자유주의인가? 만약 후자라면, 그것은 보수주의일 수 있는가? 자유주의가 방어해야 할 것이 아니라 투쟁하여 획득해야 할 것이라면 그와 같은 태도를 보수주의라고 부를 수 없기 때문에 던져 보는 질문이다.

이 질문에 어떤 답변을 내릴 것인가는 국가보안법에 대한 태도에 달려 있다. 한나라당 소장파들이 당론에 구속되어 반자유주의적 법률인 국가보안법의 폐지에 반대하면서 다른 한편으로는 스스로를 자유주의자로 자처한다면, 이들이 지키고자 하는 것은 극우 세력의 반자유주의와 다르지 않을 것이다. 그렇다면 '합리적 보수'라는 칭호도 그들이 극우 세력과 동일한 가치를 고수하고자 하지만 그 방식에서 다소 합리적이라는 차이, 곧 목표의 차이가 아니라 수단의 차이를 드러내는 말에 지나지 않는다. 즉 극우 세력처럼 비타협적이고 호전적인 방식이 아니라 합리적으로, 즉 전략과 협상의 합리성, 의회주의적 절차 등에 입각하고 싶다는 방식의 차이 이상의 문제가 아니게 된다.

물론 이 작은 차이조차 때로 중요할 수도 있겠다. 그런데 더 중요한 것은 '합리성'이건, 형식적 '절차'이건, 또는 그와 달리 상대를 존중하는 '대화'이건, 과연 무엇을 둘러싼 합리성이며, 절차이며, 대화인가의 문제일 것이다. 어떤 누군가가 대화할 내용을 밝히지 않으면서 합리적이고, 절차적이고, 열린 대화자일 수 없듯이, 지키고자 하는 가치를 밝히지 않는 '합리적 보수주의자'는 있을 수 없다. 그래서 '자유주의'라는 이름을 내건 반자유주의의 역설은 한나라당 소장파들처럼 말을 부드럽게 사용할 줄 아는가, 또는 극우 세력처럼 험한 말을 사용하기를 좋아하는가라는 차이와는 크게 상관없이 두 경우 모두에게 동일하게 나타나는 문제에 불과하다.

'합리적 보수주의자'들에게서도 그들의 '자유주의'는 아직 자유주의 본래의 의미 내용을 회복하지 못한다. 게다가 절차와 합리성이라는 그들의 장식 때문에 '자유주의'의 역설은 '보수주의'의 역설, '민주주의'의 역설이라는 형태로 더욱 더 심화될 뿐이다. 지킬 것이 무엇인지 불분명한 보수주의! 그것은 지키고자 하는 것의 정당성을 보편적으로 전개할 수 없는 수구주의에 지나지 않는다. 그렇다면 '보수주의'라는 장식은 여기에서 분명 하나의 역설이다. 현실을 살아가는 단순하고 보수적인 사람들에게 그런 종류의 '보수'는 변화의 방향을 제시하지 못하는 '진보'보다도 더 불행한 정치 환경으로 다가올 뿐이다. 후자의 경우, 그래도 최소한 일어나는 사태에 대한 즉자적인 비판이라도 수행하고 있지 않은가?

'보수주의'의 역설과 마찬가지로 '민주주의'의 역설도 이 나라의 자칭 '합리적 보수주의자'들이 지향하는 보편적인 가치 내용이 없다는 점과 관련된다. 예컨대 그들은 "방어적 민주주의"에서 국가보안법을 대체할 법안의 정당성을 찾는다. 그런데 "방어적 민주주의"란 우선 방어할 민주주의를 필요로 하고, 민주주의는 기본권의 보장이라는 전제가 충족될 경우에만 유효한 의사 결정 절차이다. 아무리 소수일지라도 그 소수를 인권과 기본권 보장의 테두리 밖으로 내치면서까지 방어해야 할 민주주의란 없다. 원래 "방어적 민주주의"란 민주주의적 절차를 통하여 민주주의 자체를 철폐하고 일당 독재를 수립하려는 기도에 대한 방어만을 의미하는 것이다. 그것도 그 말의 원산지에서조차 1950년대의 냉전적 분위기 아래에서 독일 헌법재판소가 행한 독일공산당 해산 판결처럼 단지 정당의 해산과 관련해서만 제한적으로 사용되었다. 게다가 해산 판결은 독일공산당의 사회 변혁 목표에 대한 논란을 비켜서 공산당의 의사 결정 구조인 민주집중제가 민주주의에 반한다는 점을 근거로 이루어졌다. 그래서 "방어적 민주주의"라는 개념조차 그 말의 원산지와 비교하자면 '짝퉁' 정도가 아니라 저작권 위반이 되는 것이다.

자유주의 정치철학은 시민의 기본 권리에서부터

위에서는 한국에 현존하는 정치 세력의 이념으로서의 '자유주의'와 보편적 정치 사상으로서의 자유주의를 다루었다. 살펴본 결과, 한국에 자유주의, 나아가서 보수주의는 없다. 그것은 본질에 있어서는 반자유주의인 자칭 '자유주의'이거나, 또는 이 자칭 '자유주의'와 원래의 자유주의를 절충하려는 경향을 뜻하는 소위 '합리적 보수주의'에 지나지 않는다. 유감스럽게도 2004년 11월 현재, 국가보안법 개폐 정국에서 한나라당 소장 의원들은 '합리적 보수'라는 명칭을 받을 자격조차 없다. 그들은 그저 합리적 반자유주의에 지나지 않는다. 그렇기 때문에 그들은 아마도 극우 세력과 같은 정당 안에 있는 것일 테다. 아무튼 모든 경우에서 장식과 내용은 정반대의 것이거나 적어도 일치하지 않는다. 자. 이제 한국의 자유주의자들 모두의 목소리를 모아서 들어 볼 차례이다.

"무슨 황당한 소리를 하느냐? 여기가 바로 자유 대한, 우리 사회가 바로 자유주의 사회 아니냐? 그러면 네가 말하는 자유주의란 대관절 무엇이란 말이냐?"

우리 사회가 특정한 의미에서의 자유주의 사회인 것은 분명 맞다. 그러나 그것은 매우 부분적인 의미에서만 그렇다. 즉 자유주의를 사유재산권의 보장, 사적 자치로서의 계약의 자유, 경제에 대한 국가 규제의 최소화, 시장의 우위 등을 의미하는 것으로서, 곧 경제적 자유주의로 이해할 경우에만 그렇다. 그것이 바로 자유기업원, 전경련 등이 말하는 바의 자유주의이다. 그러나 이와 같은 자유주의 개념에 모든 자유주의자가 동의하는 것은 결코 아니다.

  자유주의 경제 제도와 관련된 논쟁은 미국에서 1970년대에 활발히
이루어졌다. 로버트 노직Robert Nozick으로 대표되는 한 측은 소유권의 절
대 불가침을 강조하고 일체의 재분배 행위를 권리침해로 간주한다. 이
에 반하여 존 롤즈John Rawls로 대표되는 또 다른 한 측은 기회균등과 공
정을 강조한다. 고전적 공화주의가 미국 독립에 미친 영향에 관한 많은
연구들을 통하여 한편으로는 미국 건국의 정신적 지주가 17세기 자유
주의였다는 가설이 점차 영향력을 잃고 있음에도 불구하고, 다른 한편
으로 미국은 분명 자유의 가치가 국가 공동체의 제1가치라는 확신이 대
중적 기반을 형성한 사회이다. 그래서 미국 사회에서 롤즈와 노직의 논
쟁은 정치철학이나 윤리학에 관한 단순한 학술 논쟁 이상의 의미를 가
진다. 당시 노직은 월스트리트의 열화와 같은 지지를 받았지만, 롤즈의
영향력은 미국에서 리버럴이라는 일반명사의 의미를 결정지었다. 이 논
쟁의 학술적 전개는 매우 흥미롭다. 1980년대 말에 노직은 이전의 소유
권 지상주의libertarianism를 폐기하고 공동체주의communitarianism로 전향한
다. "내가 예전에 주장했던 소유권 지상주의적 입장은 지금의 내게는
정말 부적절하게 보인다. 왜냐하면 그러한 입장은 타인에 대한 인간적
고려와 공동체적 노력을 구조 속에 충분히 구현하고 있지 못하기 때문
이다". 노직의 전향은 특별한 사건이 아니었다. 1990년대 이후 롤즈의
자유주의에 대한 비판적 대각을 형성했던 조류는 찰스 테일러Charles
Taylor 등이 시작했던 공동체주의였기 때문이다. 물론 자유주의의 기준
을 롤즈 식의 자유주의에 맞추고, 이 기준을 한국의 자유주의에 대한 비
판적 척도로 사용할 필요는 없다. 한국 사회에서 필요로 하는 자유주의
가 미국 논쟁을 따라야 하는 것도 아닐 것이다. 그러나 다른 모든 면에

서 숭미적인 한국의 자칭 '자유주의자'들이 말하는 '자유주의'는 미국 정치철학의 주류와 전혀 닮지 않았다는 점은 매우 역설적이다.

한국의 '자유주의'는 분명 "소유권 중심주의", "시장 지상주의"로서의 자유주의에 더 닮아 있다. 김대중 행정부 때부터 노동시장의 무제한적 유연화, 자본 유치를 위한 경쟁 국가 체제 등등 일련의 신자유주의적 시책들이 시행되어 자유주의와 시장 지상주의의 동일화는 이미 하나의 사회경제적 기반을 구성했다.

이 사태에 대하여 원래의 자유주의는 그런 것이 아니었다는 주장을 되풀이 하는 것보다, 한 걸음 물러나서, 신자유주의도 자유주의의 변종의 하나이고 어쨌든 자유주의라 불릴 수 있다고 인정하자. 그런데 정작 주목해야 할 점은, 극단적인 형태의 경제적 자유주의, 단지 시장의 우위 정도가 아니라 일체의 사회정책의 배제를 주장하는 '소유권 중심주의'도 인격의 존엄, 자기 결정권, 기본권 보장으로부터 출발한다는 점이다. 이와 같은 출발점은 노직의 '소유권 자유주의'와 롤즈의 '공정의 자유주의'에 공통적이다. 분배와 관련된 논쟁은 이와 같은 공통의 전제 아래에서 이루어질 뿐이다. 두 입장 모두 권리의 우선성을 인정한다. 차이는 단지 권리의 목록에 어떤 것이 속할 것인가를 두고 벌어질 뿐이다. 예컨대 '소유권 자유주의'에 있어서 물질적 구호를 받을 권리라든지 식량권 등은 아예 권리가 아니다. 그럼에도 불구하고 권리의 우선성이라는 사유 방식은 현대의 모든 자유주의들이 17세기 정치적 자유주의로부터 물려받은 공통적 유산이라고 말할 수 있다.

국제적 표준에 비추어 본 한국식 '자유주의'의 실상

이제 다시 우리 사회의 '자유주의'에 대하여 말할 차례가 온 것 같다. 우선, 우리 사회에서 널리 쓰이는 자유주의라는 말의 지시 대상은 분명 자유 시장 체제이다. 그런데 시장의 우위 또는 '경제적 자유주의'조차 한국에서 실제로 이루어진 것은 최근의 일일 뿐이다. 그 이전에는 온갖 규제가 난무했고, 특정 수혜층을 배려하기 위한 인위적 조정이 횡행했으며, 전반적으로 국가 기구가 자본을 부양했다. 그래서 자칭 '자유주의자'들이 말하는 '좋았던 시절'이 일반적인 의미에서의 '경제적 자유주의'와 일치되지 않는다.

나아가서 일체의 사회정책적 수준을 부정하는 극단적 '소유권 중심주의'는 자유주의의 주류가 아니다. 극단적 소유권 중심주의는 영어로도 '리버테리언libertarian'이라고 표현되고, '리버럴liberal', 곧 주류 자유주의와 구별된다. 그래서 오늘날 한국에서 모든 종류의 재분배 정책, 기회균등 정책, 공정성 확보 정책에 대하여 '자유주의'의 이름으로 항의하는 '자유주의자'는 '리버테리언'이지 보편적인 의미의 '자유주의자 liberal'로 간주될 수 없다.

좀 더 근본적으로 따져 보자. 그러나 정말 한국의 '경제적 자유주의자'들에게 '리버테리언'이라는 수식을 붙여도 될까? 만약 그들이 국가보안법 철폐에 대해서도 권리의 우선성에 근거하여 경제적 자유주의의 문제만큼 단호한 입장을 밝혔다면 그럴 수 있겠다. '리버테리어니즘'을 포함하여, 어떤 종류의 자유주의건 권리의 우선성과 기본권 보장으로부터 출발한다. 따라서 한국의 자칭 '자유주의자'들이 국가보안법 존치를 찬성하면서 특별히 경제 분야에서만 '경제적 자유주의'를 받아들인다고 해서 그들에게 '리버테리언'이라는 수식을 선사하는 것은 타당하지 않다. 한국의 '경제적 자유주의자'들은 경제 분야를 떠나서 전반적으로는 자유주의자가 될 기본 자격 자체를 결여하고 있기 때문이다.

권리의 우선성을 부정하고 기본권 침해를 정상상태로 받아들이는 '경제적 자유주의'는 이미 자유주의가 아니다. 그런 종류의 '경제적 자유주의자'는 '리버테리언' 조차도 되지 못한다. '리버테리언'은 소유권 침해 불가침의 원칙을 권리의 우선성에서 끌어내기 때문이다. '리버테리언'은 이 점에서 일단 먼저 '리버럴'이고, 단지 권리 목록에서 작은 정부와 소유권의 신성불가침을 유별나게 강조하는 약간 특별한 '리버럴', 다른 '리버럴'들과 비교할 때 대단히 편파적인 '리버럴'일 따름이다.

다시 정리하자면, 자유주의의 핵심 내용은 권리의 우선성이고, 그래서 한국에 존재하는 '애국적 자유주의'이건 '경제적 자유주의'이건 이 가치를 팽개친다면 특정 조류로서의 자유주의조차 될 수 없다는 것이다. 그리고 이와 같은 판단은 한국에서 '자유주의'를 표방하는 정치 세력, 사회 세력, 경제 세력의 실체에 대한 문제 그 이상의 차원을 가진다. 그것은 한국 사회에서는 아직 자유주의적 핵심 가치, 모든 자유주의의 공통적 가치가 완전히 현실화되지 않았으며 제도화되어 있지 않다는 것의 표현일 따름이다.

뉴라이트들에게

신문 보도에 의하자면, 자유주의를 표방하는 뉴라이트 운동이 등장했다고 한다. 물론 그것이 진짜 자유주의인지 자칭 '자유주의'인 반자유주의에 불과한 것인지, 자유주의라면 어떤 조류의 자유주의인지는 좀 더 지켜볼 문제이다. 그러나 혹시 그것이 '자유주의'이거나 아니면 설령 자유주의라 해도 모든 종류의 공공성을 파괴하려는 별종 자유주의가 아닌가라는 세간의 의심은 공연한 것이 아닐 것이다. 조금 너그럽게 사태를 바라보고, 그래서 '소유권 지상주의'와 같은 별종 자유주의라 해도 좋다고 넘어가 주자. 그러나 국가보안법 철폐와 같은 문제에서 자유주의의 핵심 가치를 조롱하는 일만은 자유주의라는 이름으로 행하지 않기를 바란다. 아무리 그것이 350년에서 300년 전 일이고, 그 맹목과 한계가 이미 드러날 만큼 드러난 이념이라 해도 정치적 자유주의는 인간 역사에 있어서 현재까지 실현된 일 중에서 가장 거대한 진보이기 때문이다. 그것은 가장 높은 자와 가장 비천한 자들이 공통적으로 가지고 있는 권리의 우선성에 관한 인식이었고, 그래서 시민적 상태의 정치철학이며, 적어도 법 형식적으로는 만인을 인신 구속으로부터 해방시켰다.

그러나 유감스럽게도 한국 사회는 아직 정상적 시민 상태가 아니다. 이러한 비정상적 상태에서 정치적 자유주의는 진보임에 틀림없다. 그러나 사회의 다른 영역에서 자유주의를 넘어서고자 하는 모든 종류의 진보주의자에게는 이와 같은 상태는 퍽 곤혹스런 상태임에 분명하다. 매우 작은 예를 들자면, 예컨대 천성산 공사와 관련된 도룡뇽의 권리 소송 같은 경우에 자연 또는 도룡뇽과 같은 자연 생물의 권리라는 개념은 자유주의 전통의 인간 중심주의적 권리관에서는 수용될 수 없다. 단지 동일한 효과를 얻을 수 있을 다른 개념적 틀, 예컨대 집단소송 제도의 도입 등이 모색될 수 있을 뿐이다. 그런데 다른 한편에서 이 지극히 인간 중심주의적인 권리조차 과연 한국에서 제대로 보장되어 있는가?

그래서 자유주의를 표방한다는 뉴라이트들에게 일단 한 가지를 요구하고자 한다. 진정 자유주의자라면 무엇보다도 국가보안법의 철폐를 우선 주장해야 할 것이다. 또한 권리의 제한의 타당성에 대해서도 더 많은 의심을 해 보길 바란다. 예컨대 양심적 병역 거부와 같은 문제는 좋은 시금석이 될 것이다. 장애인의 이동권이라든지, 소수자의 권리는 또 어떻게 생각하는가? 그러나 그 시작부터 자유주의의 핵심 가치에 무관심하고 시장자유주의로만 자유주의를 제한하려 하며, 필요하다면 서슴지 않고 국가 지상주의로 돌변할 자칭 '자유주의' 라면, 자유주의를 우롱하는 일이 더 이상 전개되기 전에 아예 때려치우기 바란다. 이미 한국에 존재하는 수많은 자칭 '자유주의자' 들의 저작권 위반 사례를 우리는 잘 알고 있지 않은가! 어울리지 않는 장식 뒤에서 궁지를 은폐하는 것보다는 스스로를 지칭할 수 있는 일반적 명칭이 있다. 우파! 왜 우파냐고, 또는 무슨 의미에서의 우파냐고? 만약 누가 그렇게 묻는다면, 우리는 무조건 좌파에 반대한다고, 그러니까 우리는 우파라고, 손쉽게 대답하면 될 것이다. 또 누가 다시, 그러면 좌파는 무엇이냐고 묻는다면, 아주 간단한 대답을 들려주라. 좌파가 무엇인지는 좌파에게 들어 보아야 할 일이지만, 좌파란 무조건 반국가적 정치 세력이라는 대답을 들려주라. 그러면 아주 간단할 것이다.

1950년대의 정치 지형에 근거한 이 간단한 도식을 벗어나는 일은 쉽지 않다. 그리고 이 낙후한 정치 지형에 기대어서 스스로를 구축하는 일은 비록 미래를 약속하기는 어렵지만 매우 손쉽다. 그래서 약간의 미래라도 보증받기 위하여 자유주의라는 장식이 필요하다면, 그렇다면 뉴라이트들이여, 최소한 자유주의 원래의 전통에 부합되게, 고귀한 자들의 물려받은 권리를 의심하며 하찮은 자들이 당연히 가져야 할 권리에 먼저 관심을 가져야 하지 않겠는가!

『프로메테우스』, 2004년 11월 27일.

국가보안법은 가고 헌법이여 오라!

이번 2004년 하반기 정기국회에서 국가보안법이 폐지될 전망이다. 원내 과반수의 힘을 가진 열린우리당의 당론은 폐지 후 형법 보완이나 대체 입법이라고 한다. 후속 입법도 원래의 국가보안법과 마찬가지로 인권침해의 가능성이 있지 않는가의 문제는 구체적인 법률안이 나온 다음에야 따질 수 있을 것이다. 그 법의 명칭이 무엇이든지 간에, 인권침해를 합법화하는 별도의 법률 규정을 새로 만들고자 한다면, 국가보안법 폐지의 의미는 반감될 것이다.

북한의 안보 위협은 현실적인가?

그러나 아직 국가보안법은 폐지되지 않았다. 오히려 폐지에 반대하는 정치 세력에 의한 안보 공세가 극에 다다르고 있다. 국가보안법이 없어지면 안보가 흔들린다는 주장이다. 남북한의 경제력 차이는 이미 수

치로 비교할 수 있는 차원을 넘어섰으며, 경제 파탄과 식량난, 기아 사태, 대량 탈북자 발생 등의 사실을 지난 10년간 눈앞에 직면하고 있으면서도, 중국이나 일본, 미국과 같은 강대국도 아니고 국가의 꼴을 오직 '선군정치'에만 의존하여 유지하고 있는 '조선민주주의인민공화국'에 안보 위험을 느낀다? 그저 그 나라가 아직 입으로는 북한식 통일을 외치고 있다는 사실만으로? 그러나 의지와 능력은 별개의 문제이다. 남침은커녕, 북한의 세계 자본주의로의 편입이야말로 굳이 입으로 떠들 필요도 없는 실제적인 힘, 한반도와 동북아를 관통하고 있는 경제 법칙이다.

혹은 북한이 '세계 자본주의로의 평화적 편입'을 위하여 핵 개발을 지렛대로 이용하기 때문에 그 나라는 여전히 우리에게 위협적이다? 안보 위험 때문에 국가보안법을 폐지할 수 없다는 비현실적 관념에는 분명히 북한 핵무기 위기도 심리적 요소로서 작용하고 있을 것이다. 그러나 북한 핵무기 문제야말로 평화적으로, 즉 조선민주주의인민공화국을 국가 간 대화의 당사자로 인정할 때에만 해결될 수 있다. 원칙적 평화주의의 차원을 떠나서, 대한민국이라는 경제적 단위의 이익 측면에서도 평화적 해결만이 정답이다.

그런데도 이 사회의 보수 세력은 국가보안법을 폐지하면 한반도가 북한식으로 통일될 것이라고 주장하면서, 국가보안법 폐지를 주장하는 정치 세력은 그 주장만으로도 국가보안법상의 이적 단체이고 원내 제1당조차 여기에서 예외가 될 수 없다는 정치적 태도를 보이고 있다. 지난 56년간 국정을 주도해 온 보수 세력의 비정상적인 상태, 아직 온전한 국민이 되지 못하고 그저 국적자로서 비정상 상태를 살아온 많은 사람들의 관성, 이 두 요소가 국가보안법 철폐라는 정상상태로 가는 도정에서 이제 걸림돌이 되고 있다. 그래서 거꾸로 이제야말로 국가보안법을 폐지해야 할 시점이며, 폐지의 의미와 당위성을 적극적으로 선전해야 할 시점이기도 하다.

보수 우익조차 인정하는 인권침해 요소

국가보안법이 사상의 자유를 억압할 뿐만 아니라 인권침해 위험을 내포한다는 것은 모두가 인정하는 상식이다. 국가보안법에 대하여 합헌 판결을 내린 바 있는 헌법재판소와 대법원도 그런 위험을 사법적 해석을 통해서 최소화할 수 있다고 말하고 있으며, 한나라당조차 인권침해 우려가 있는 조항을 삭제하고 안보상 필요한 조항만을 남겨야 한다고 주장한다. 『조선일보』와 같은 우익 신문마저 지금처럼 국가보안법 폐지가 현안 문제가 아니었을 때 개정론을 펼친 바 있다. 법률로서 국가보안법의 존속을 원하는 사람들은 모두 이런저런 방식으로 인권침해 가능성을 줄이면 된다고 말한다. 그래서 보수주의자들조차 이 법이 인권침해의 가능성을 가지고 있음을 인정하고 있는 셈이 된다. 이 사실이 시사하는 점은 매우 크다. 국가보안법에 의한 인권침해 가능성이라는 문제는 이제 모두에게 매우 자명한 일임을 알 수 있기 때문이다. 물론 존치를 주장하는 사람들은 법을 엄격히 적용하면 될 것이라고 말해 왔다. 그러나 국가보안법으로 인권을 침해당한 역사를 살아 온 사람들에게 같은 칼도 강도가 쓰면 살인 무기이지만 주방장이 쓰면 요리용이라는 말은 아무런 실질적인 보증이 되지 못할 것이다.

국가보안법은 인권침해 문제 때문에라도 당연히 폐지되어야 한다.

그러나 '폐지인가 개정인가'라는 논란의 핵심에는 오히려 그 법의 명칭이 보여 주듯이 국가의 문제와 안보의 문제가 놓여 있다. 그리고 그 두 문제야말로 개정 존치론자들의 논리의 핵심과 닿아 있다. 그래서 이 글에서는 먼저 이 두 문제에만 한정하여 국가보안법 폐지의 정당성과 의의를 다루고, 그 이후에 국민국가적 정상상태에 부합되는 '사상의 자유'의 문제를 다루겠다.

입법 주권을 스스로 포기한 한나라당의 자가당착

먼저 "폐지인가 존치인가"의 논박 과정을 간단히 검토해 볼 필요가 있을 것이다. 8월 말에 헌법재판소와 대법원은 국가보안법에 대한 합헌 판결을 냈다. 판결에 대한 논박은 이미 불필요한 시점이 되었다. 특히 대법원 판결의 경우, "더욱이 오늘날 북한에 동조하는 세력이 늘어가고 통일전선의 형성이 우려되는 상황임을 직시할 때 …… 국가보안법은 합헌"이라는 논거처럼 결코 사법 판결의 근거가 될 수 없는 정치적 판단이 버젓이 판결문에 등장했다. 그 결과 사법부가 스스로를 정치 세력으로 만들고 입법 주권자로 착각하는 것 아닌가라는 비판을 모면할 수 없게 되었으며, 궁극적으로는 대법원이 사법부의 독립을 스스로 훼손한 꼴이 되었다는 점은 반드시 지적해 둘 필요가 있겠다.

그 후 한나라당은 헌법재판소와 대법원의 판결을 개정 존치론의 정당성의 근거로 삼고자 했다. "국가보안법은 합헌이다"라는 판결을 "국가보안법 폐지는 위헌이다"는 주장으로 전환하고 국가보안법을 폐지하고자 하는 정치 세력을 위헌 세력으로 몰아가는 방식이었다. 그것은 분명 국민주권과 권력분립을 무시하는 포퓰리즘, 그래서 대한민국 헌법의 근본 원칙을 부정하는 포퓰리즘이었다. 한나라당은 의회주의적 정치 세력으로서는 결코 선택하지 말았어야 할 수사학을 선택한 것이다. 왜냐하면 국가보안법은 일반 법률이고, 일반 법률의 경우에 국회 과반수에 의하여 개폐되기 때문이다. 헌법재판소와 사법부의 판결은 현행 법률의 헌법합치 문제를 따질 뿐이다. 사법 판결을 지렛대로 하여 "국가보안법 폐지는 위헌"이라고 말한다면, 이는 암묵적으로 대한민국을 사법국가로 간주하는 것이고, 사법부에게 입법을 하라는 것이나 마찬가지이며, 결국 국민주권, 민주주의, 권력분립에 위배되는 그야말로 반헌법적인 주장이 된다. 많은 법률은 합헌이지만 시대가 바뀌면 개폐된다. 특정 법률에 대한 헌법재판소의 합헌 판결조차 어떤 법을 폐지해서는 안 된다는 식의 효력을 발생시키는 것은 아니기 때문이다. 원내 정당이 입법 주권을 무시하는 발언을 하는 것은 스스로 의회주의를 포기한 것이나 다름없다.

결과적으로 한나라당의 정치 수사학은 헌법 부인否認을 선동하고 있는 셈이 된다. 국가보안법 폐지를 주장하는 정치 세력을 반헌법적이라고 규정할 때, 한나라당은 국가 정체성을 국가보안법이라는 일개 법률에 근거하도록 만들고 있는 셈이다. 그런데 굳이 국가 정체성이란 용어를 사용하고자 한다면, 그것은 헌법 이외의 어떤 다른 것일 수 없다. 그리고 헌법은 일반 법률을 3분의 2의 찬성이 아니라 과반수 찬성에 의하여 개폐되도록 정하고 있다. 국회의 과반수에 의하여 제정된 어떤 법률이 헌법재판소로부터 위헌 판결을 받을 수는 있겠지만, 어떤 법률의 폐지 자체가 위헌이라는 주장은 국민주권과 권력분립의 원칙에 어긋나며, 따라서 논리적으로 허용되지 않는다. 주권의 일차적 성격은 법률을 만들거나 폐지하는 것이지 법률에 구속되는 것이 아니기 때문이다.

국가보안법이 곧 헌법인 자들

국가보안법이라는 일개 법률의 폐지가 위헌이라고 말하는 사람들은 헌법과 국가보안법을 동일시하고 있는 것이다. 그래서 한나라당의 정치 수사학은, 실제로 이 사회의 비정상적인 보수주의자들에게는 그동안 국가보안법이 헌법이었지 헌법이 헌법이었던 것은 아니었음을 적나라하게 보여 줄 뿐이다. 그들이 국가보안법이라는 법률 명칭 그 자체의 존치에 집착하는 것은 분명히 국가보안법이라는 정치적 상징의 가치와 관련이 있다. 그것은 이 땅의 국적자들에게 어느덧 정상상태로 받아들이게끔 관습이 되어 버린 '국민국가적 비정상 상태', 인권 탄압과 권리의 침해의 역사를 일정 기간 더 지속시키고자 하는 비정상적 보수주의의 열망과 관계된다.

그러나 헌법이 버젓이 존속하는 한에서, 그리고 폐지론이 원내 과반수를 점하고 있는 한에서, 국가보안법의 존치는 애초부터 정치 수사학으로 달성될 문제가 아니었다. 그래서 개정 존치론은 "국가보안법 폐지는 위헌이다"는 포퓰리즘적 선동에만 의존하는 대신에 국가안보의 문제를 핵심으로 하여 '안정 희구 심리'에 호소하기 시작했다. 그 결과 폐지론도 역시 '폐지 후 보완론'으로 바뀌었고, 국가보안법 폐지로 인하여 안보 공백이 발생하지 않는다는 설득에 주안점을 두게 되었다. 원내 정당들의 논쟁에서 이제 '국가의 문제'와 '안보의 문제'가 핵심적인 사안이 된 것이다. 혹시 이 과정에서 이제 인권침해의 역사를 청산해야 한다는 과제가 실종되지 않을까라는 우려를 많은 사람들이 가질 만하다. 그런데 사실 '국가'와 '안보'라는 두 문제는 국가보안법을 폐지하고자 하는 정치 세력에게도 비켜갈 수 없는 문제이다. 이 문제가 정리된다면 국가보안법 폐지의 의의와 정당성은 더욱 확실해질 것이기 때문이다.

헌법의 영토 조항과 통일 조항은 충돌하지 않는다

우선 '국가의 문제'부터 따져 보자. 대법원과 헌법재판소의 일관된 견해는 "한반도와 그 부속도서"에는 '대한민국'이라는 단 하나의 국가만이 존재하며, '조선민주주의인민공화국'은 정부를 참칭하고 있는 '반국가단체'라는 것이다. 그런데 1987년 10월 29일 개정된 대한민국 헌법은 이 문제에 대하여 어떤 지침을 주고 있는 것일까? 해석론, 즉 판례와 헌법 학설이 '국가의 문제'를 어떻게 이해하는가와 무관하게, 대한민국 헌법 그 자체는, 적어도 문구만으로만 본다면, '한반도 일국론'에 그 어떤 헌법적 근거도 부여하지 않는다. 쓰여진 바 그대로 해석한다면, 오히려 헌법이 말하고 있는 바는 그와 정반대라고 할 수 있다.

헌법 전문에 따르자면 '평화적 통일'은 '자유민주적 기본질서', '기회균등', '국민생활의 균등한 향상', '항구적인 세계평화와 인류공영' 등과 함께 대한민국이 지향하는 가치로서 정의된다. 헌법 제4조는 "대한민국은 통일을 지향하며, 자유민주적 기본질서에 입각한 평화적 통일 정책을 수립하고 이를 추진한다"라고 되어 있다. 통일은 '평화적'이어야 하며, 따라서 무력에 의한 북진 통일은 헌법에 위배된다. 그리고 통일을 통하여 "자유민주적 기본질서"가 부정되는 결과가 초래되어서는 안 된다는 것이 헌법이 말하고자 하는 바이다. 여기에서 "자유민주적 기본질서"란 특정한 경제체제나 정책을 의미하는 것이 아니라, 매우 당연하게도 대한민국 헌법에 열거된 국민의 기본적 권리가 보장되는 체제를 의미한다. 헌법은, 헌법상 보장된 기본권이 침해되지 않는 한에서, 제반 경제 정책에 대하여 중립적이라는 것은 대한민국 헌법과 유사한 헌법을 가진 다른 헌법 국가들에서는 이미 확립된 해석이기도 하다. 여기까지는 현행 헌법을 존중한다면 누구나 동의해야만 할 내용이다. 그러나 그 다음의 주장에는 지난 56년간의 비정상적 헌법 해석론에 길들여져 있는 사람들은 분명히 반대할 것이다.

여기에서 유심히 살펴보아야 할 것은 헌법에 등장하는 '통일'이라는 개념이다. 만약 현행 헌법이 북한 지역을 조선민주주의인민공화국이라는 반국가단체가 장악하고 있는 미수복 지구로 간주한다면, '수복'이라는 개념을 사용했어야 한다. 또한 '수복'이라는 개념이 반드시 '평화'라는 개념과 상충되는 것도 아니다. '수복'도 협상 등에 의하여 평화적 방식에 의하여 이루어질 수 있다. 그래서 '수복'과 '통일'이라는 단어 사용의 차이는 '무력'인가 '평화'인가의 차이에 놓여 있는 것이 아니라 상대방을 어떻게 규정하는가의 차이에 놓여 있다.

'통일'이라는 말은 '통일'에 참여하는 주체들을 적어도 '형식상으로는' 대등하게 취급하는 관점을 전제한다. 이 단어는 정치적, 경제적, 사회적 세력의 통합에 대하여 쓰일 수 있고, 구별되어 있는 요소들의 합체를 뜻하는 말로 여러 분야, 여러 주제에 관해서 쓰일 수 있다. 그러나 중요한 점은 어떠한 용례에서도 '통일'은 구별된 요소들의 '형식적 동등성'을 전제한다는 사실이다. 더욱 중요한 점은 '통일'이라는 단어를 '국가의 문제'에 관하여 사용할 때는 '삼국통일'의 예처럼 복수의 국가가 단일 국가로 통합하는 것을 뜻한다는 사실이다. 외국어 용례를 보더라도, ‘미합중국United States of America’이나 ‘독일 재통일deutsche Wiedervereinigung’의 예처럼 ‘통일’은 여러 국가가 단일한 국가나 연방, 국가 공동체 등을 형성하는 것을 뜻하지, 반국가단체에 의하여 장악된 지역을 ‘수복’하는 것을 뜻하지 않는다. 필리핀에서 필리핀 헌법의 실효적 지배하에 있는 지역과 신인민군이나 무슬림 반군 장악 지역이 ‘통일’한다고 말하는 것이 왠지 어색한 이유를 생각해 보면, 이 점은 분명해질 것이다. 국가는 반국가단체와 ‘통일’하지는 않기에 ‘통일’은 국가 간 통합을 뜻할 뿐이다.

따라서 현행 헌법이 ‘수복’이라는 단어 대신에 ‘통일’이라는 단어를 사용하고 있다면, 그것은 조선민주주의인민공화국을 영토 수복의 대상이 아니라 “평화적 통일”의 상대방으로 인정하고 있다는 이야기가 된다. 그렇다면 “대한민국의 영토는 한반도와 그 부속도서로 한다”는 제3조 영토 조항은 헌법 전문 및 제4조와 모순적이지 않은가? 이러한 의문은 제3조를 통일된 한국의 영토 규정으로 간주한다면 쉽게 해소된다. 그러나 만약 제3조가 통일된 한국의 영토를 규정한 조항이라면 왜 “대한민국”이라는 주어로 시작하는가의 문제가 여전히 남는다. 이는 다음과 같이 해석될 수 있을 것이다. 첫째, 헌법이 지향하는 “통일”은 “자유민주적 기본질서”를 유지하는 통일이며, 그러한 가치 지향을 “대한민국”이라는 주어를 사용함으로써 표현했다고 해석할 수도 있을 것이다. 둘째, 조문을 문구 그대로 해석하자면, 통일된 한국의 국호조차 “대한민국”이어야 한다고 규정한 것이라고 해석할 수도 있을 것이다. 물론 첫 번째 해석이 더 이성적이다. 아울러 영토 조항이 존재하는 이유는 다른 곳에서 찾아질 수도 있을 것이다. 즉, 제3조는 국가 계승 관계에 대한 별도의 헌법 규정이 없는 대한민국 헌법에서 국가 간 '통일'의 상대 국가가 과연 어떤 국가인지를 확정해 주는 조문일 수 있다. 제4조에도 어떤 나라와 '통일'하는 것인지는 명시되어 있지 않다. 헌법은 '민족통일'이나 '남북통일' 또는 '한반도통일'이라는 방식으로 통일의 상대방을 명시하고 있지 않다. 그렇다면 대한민국은 중국이나 일본, 미국이나 러시아와도 '통일'할 수 있다는 말인가? 그래서 영토 조항의 헌법상의 의의를 이 질문으로부터 찾을 수도 있을 것이다.

한반도 일국론의 헌법적 근거는 희박하다

헌법에 과연 제3조와 같은 영토 조항이 반드시 있어야 할 것인가는 별개의 문제이다. 간도 협정의 무효를 주장하는 이들은 영토 조항을 "한반도와 북방영토 및 그 부속도서"로 바꾸어야 한다고 주장한다. 물론 영토 조항을 없애도 동일한 효과는 달성될 것이다.

물론 대한민국의 주권자인 국민은 헌법상의 절차를 통하여 헌법을 개정할 권리를 당연히 가지고 있다. 그러나 국가보안법이 폐지된다면, 앞으로 헌법 제3조는 통일된 한국의 영토 범위에 대한 규정으로 재해석될 것이라는 점도 예측할 수 있는 사태이다. 그래서 영토 조항의 존부의 문제와 상관없이, 이 시점에서 중요한 점은 헌법 제3조가 국가보안법이 만들어진 이래로 사법부가 취하고 있는 '일관된 해석론'과는 달리 해석될 수 있다는 사실과 '한반도 일국론'의 헌법 조문상의 근거 역시 매우 희박하다는 사실을 밝히는 일이다. 물론 위의 해석에 대하여 헌법 제정 권력의 원래의 의도, 목적론적 요소를 중시하는 '역사적 해석론'에 의거하여 반론을 제시할 수도 있을 것이다. 그러나 다른 헌법 국가들의 사례들이 보여 주듯이 역사적 해석에 대한 체계적 해석의 우위는 인정되어야 한다.

위에서 살펴 본 것처럼, ‘한반도 일국론’ 은 ‘실효의 문제quaestio facti’ 뿐만 아니라 ‘법의 문제quaestio iuris’ 에서도 확실한 근거를 확보할 수 없다. 그렇다면 ‘한반도 일국론’ 에 의지하여 조선민주주의인민공화국을 반국가단체로 간주하는 사법부의 “일관된 견해”도 바뀌어야 할 것이다. 국가보안법이 폐지된다면, 설사 대법원이 앞으로도 그 ‘일관된 견해’ 를 유지한다고 해도, 대법원은 “조선민주주의인민공화국은 국가가 아니라 반국가단체이다”는 전래의 헌법관을 적용할 수 있는 법률 자체를 가지지 않게 된다. 사법부는 법률의 해석과 적용을 매개로 해서만 헌법에 대하여 말할 수 있기 때문이다.

그러나 한반도에 두 개의 국가가 존재하며 대한민국 헌법도 이와 같은 현실에 입각하여 재해석될 수 있음을 주장한다고 해서 ‘안보의 문제’ 가 전적으로 해결된 것은 아니다. 그것은 단지 ‘국가의 문제’ 에 대한 헌법 해석론에 불과하다. 그런데 대한민국 이외에 한반도에 존재하는 또 다른 국가가 대한민국의 안전보장에 즉각적으로 또는 잠재적으로 위협이 된다면? 물론 사실이 그러하다면 그 국가는 당연히 ‘적국’ 이나 ‘준적국’ 으로 규정되어야 할 것이다. 이것이 바로 대한민국의 안전보장에 있어서 조선민주주의인민공화국 문제의 핵심이다.

조선민주주의인민공화국과 대한민국의 관계는 안전보장이라는 문제에 있어서 이중적인 측면을 가진다. 그 한 측면은 적대의 측면이며 과거가 현재를 규정한다. 양국은 한국전쟁의 정전협정 당사자도 아닐뿐더러, 상호간 국가 승인을 하지도 않았고 평화협정을 체결하지도 않았다. 대한민국의 관점에서 보자면, 조선민주주의인민공화국과 조선로동당은 대한민국 헌법 제4조에 위배되는 북한 체제로의 통일을 명시적으로 포기하지 않았다.

다른 한 측면은 화해와 협력의 측면으로, 헌법에 나타난 "평화통일"이라는 미래적 가치 지향과 부합된다. 조선민주주의인민공화국은 대한민국 헌법 제4조가 추구하는 "평화적 통일"의 상대방이다. 이는 북한이 한반도의 평화 정착이든 통일이든 그 과정에서의 하나의 주체일 수밖에 없음을 말한다. 비록 상호 승인이나 평화협정의 체결을 포함하지 않는 한에서 매우 불안정한 체제일 수밖에 없지만, 조선민주주의인민공화국과 대한민국은 '7 · 4공동성명'부터 '6 · 15선언'까지 일련의 적대 종식을 위한 과정을 함께 수행해 왔다.

이와 같은 이중성에 제삼의 차원, 국제정치적 차원이 덧붙여진다. 즉 '안전보장의 문제'는 남북한 양국의 문제이자, 한반도를 포함하는 동북아 전체의 문제, 나아가서 세계 평화의 문제라는 점이다. 다시 말해 조선민주주의인민공화국은 핵무기 위기의 해소를 위한 6자 회담의 당사자라는 것이다.

안보의 관점에서 북한을 어떻게 규정할 것인가?

위의 분석을 통해 우리는 대한민국의 안정 보장과 관련하여 조선민주주의인민공화국을 어떻게 규정해야 할까? 우선, 대한민국 헌법이 "평화적 통일"을 지향하고 통일을 위한 무력 사용은 반헌법적으로 간주되어야 하기에, 조선민주주의인민공화국을 한반도의 구체적인 평화 정착 상황과 무관하게 선험적으로 '적국'으로 규정할 수는 없다.

그러나 한반도에 수립된 두 개의 국가가 상호 승인을 하지 않았고, 평화협정도 체결되지 않은 상황에서, "침략적 전쟁"을 부인하는 대한민국 헌법이 '자위권'조차 부인하고 있는 것은 아니다. 헌법은 조선민주주의인민공화국에 대한 대한민국의 '방어적 주권'을 허용한다. 이는 한반도 상황의 전개에 따라 북한이 '잠재적인 적국'일 수도 있다는 이야기가 된다. 더불어 북한이 핵 보유 의사를 밝히고 있는 한에서, '한반도 평화 체제'의 수립은 다자간의 관계에 의해서만 달성될 수 있게 되었다. 이제 한반도에서의 전쟁은 남북 양국 간의 관계에서 시작되지 않을 수도 있다는 것이다. 예컨대 북미 간 전쟁이 일어날 수도 있다.

이러한 상황에서 대한민국 정부는 한반도에서의 전쟁을 방지하고, 국익을 수호하고, "평화적 통일"로 나아가기 위하여, '방어적 평화 정책'을 추진할 것을 헌법적으로 요청받고 있다. '방어적 평화 정책'은 북한을 비롯한 한반도 주변국에 대한 한국의 외교 노선이 되어야 할 것이다.

안보 문제와 관련하여 조선민주주의인민공화국을 어떻게 규정할 것인가의 문제는 처음부터 끝까지 상황 구속적이다. 조선민주주의인민공화국이 과연 대한민국의 적국인가 아닌가는 이데올로기의 문제도 아니며, 구체적인 적대의 문제로서 철저히 상황 구속적인 성격을 가진다. 대한민국이 중화인민공화국을 적국으로 규정하지 않는다는 사실을 생각해 보라!

적국 규정이 실질적으로 한반도에서 평화를 정착시키기 위한 노력을 대체하지는 못한다. 안전보장은 누가 적인가를 명확히 한다고 해서 저절로 이루어지는 것이 아니라 평화 구축의 여부에 의하여 달성되는 것이기 때문이다. 아울러 대한민국 헌법이 명하고 있는 바도 평화 구축에 의한 통일이지 한반도 상황을 방어적 주권을 발동해야 할 위기 상태로 몰고 가는 일은 절대 아니다.

그런 면에서 보자면, 국가보안법 폐지 후의 형법 보완과 관련된 논의는 모두 공허한 것이다. 그것은 상황 구속적일 수밖에 없는 사태를 지나치게 사전에 규율하려고 하기 때문에 발생하는 문제이다. 설사 형법에 '준적국' 개념을 신설한다고 해도 만약 남북이 상호 승인하고 평화협정을 체결한다면, 사법부는 절대로 조선민주주의인민공화국을 '준적국'으로 간주할 수 없을 것이다.

북한을 국가로 인정하는 것이 통일로 가는 길

조선민주주의인민공화국이 국가이지 반국가단체는 아니라는 확인은 평화 정착의 출발점이다. 사실관계를 바르게 인정하지 않고서는 한반도에 평화 체제를 수립할 수 없다. '한반도 이국론'은 현실이며, 단지 남북의 국가 승인에 의하여 그러한 현실이 인정되는 절차만이 남아 있을 뿐이다.

'한반도 이국론'이나 상호 승인에 대한 주장에 대하여 민족주의자들은 언제나 그것이 분단 고착화에 기여할 뿐이라고 비판해 왔다. 그러나 두 국가의 헌법이 통일을 가치 지향으로 밝히고 있다면 한반도에 두 개의 국가가 수립되어 있음을 인정한다고 해서 통일이 원천적으로 불가능해지는 것은 아니다. 오히려 두 국가는 통일을 이룰 수 있는 적절한 시기와 환경에 대하여 논의할 수 있게 될 것이다.

분단은 이미 고착화되어 있다. 그 분단이 전쟁으로 귀결되지 않도록 하는 것이 이 시대의 이성이다. 남북 상호 승인과 평화협정 체결이 없는 어떤 종류의 공동 성명이나 선언도 한반도에 평화를 가져다주지는 못했다. 그것은 그저 국면적인 긴장 완화에 기여했을 뿐이다. 그래서 역으로 '한반도 이국론'을 남과 북이 모두 인정하고 한반도 평화 체제를 조성하는 일이야말로 남북통일의 전제 조건이라고 말할 수 있다. 규범 논거로서 '한반도 이국론'은 대한민국과 조선민주주의인민공화국의 관계를 국제법적으로 정상화할 것을 요구하는 것이다. 이 정상화가 평화에 기여한다면 당연히 통일에도 기여하는 것이 된다. 왜냐하면 통일은 오직 헌법이 명하는 바대로 '평화적'으로 이루어져야 하기 때문이다.

상대를 반국가단체로 규정하는 일은 한반도의 불안정성을 심화시킬 뿐이며, 평화를 위해서도 통일을 위해서도 전혀 도움이 되지 않는다. 보수주의자라면 조선민주주의인민공화국을 '적국'으로 볼 테지만, 만약 그가 동시에 평화주의자라면 그 '적국'과 어떻게 평화에 도달할 수 있는가를 생각해야 할 것이다. 그래서 조선민주주의인민공화국이, 비록 대한민국 헌법이 규정한 "평화적 통일"의 상대방이지만, 국제법상으로는 중국이나 일본과 마찬가지로 '외국'이라는 점을 인정하는 일이야말로 안보와 통일을 위한 필수 불가결한 인식적 전제라고 할 것이다.

친북이라 해도 탄압할 수 없는 것이 민주주의

앞서 필자는 국가보안법의 폐지가 오히려 '국가의 문제'와 '안보의 문제'를 미래 지향적으로 풀어 가는 전제가 된다는 점을 밝혔다. 국가보안법은 한반도에 존재하는 남북 양국 간의 '평화'를 정착시키고 대한민국의 '안전'을 보장하기 위해서도, "자유민주적 기본질서"가 유지되는 "통일"을 위해서도, 폐지되어야 한다. 국가보안법 존치론의 핵심 논거가 근거를 잃게 된 셈이다.

그 다음으로 우리가 주목하고자 하는 것은 규율 권력으로서 국가보안법은 과연 누구를 규율 대상으로 삼고 있는가의 문제, 바로 사상의 자유와 관련된 문제이다. 이제 우리의 시선은 헌법 해석의 논쟁이나 한반도 평화에 관한 주장으로부터 한국 시민사회 내부의 문제로 넘어온다.

국가보안법의 역사는 규율 권력의 전용 및 남용과 인권침해의 역사이다. 국가보안법은 "막걸리 보안법"으로서 일반 대중에게 공포 분위기를 조성하거나, 민주 인사를 탄압하거나, 조선로동당의 노선과 관련이 없거나 심지어 조선로동당의 노선과 역사에 반대하는 좌파 일반에 대한 탄압책으로 사용되어 왔다. "이적단체" 규정을 아무리 엄격하게 해석한다고 해도 이와 같은 남용 가능성은 상존한다.

다른 한편으로 국가보안법의 본래의 규율 대상은 첫째, 내란을 모의하는 반국가단체를 독자적으로 결성했거나, 둘째, 조선민주주의인민공화국이나 조선로동당을 이롭게 할 목적으로 그 노선이나 한반도 정책을 추종하는 '이적단체'를 결성했거나 가담하여 활동하는 자이다. 국가보안법 폐지의 실효는 이 두 번째 범위의 사람들에 대한 관용을 의미하며, 폐지 후 수정 보완이란 또 다른 차원의 '관리'를 의미한다. 엄격하게 말하자면, 첫 번째의 행위에 대해서는 사실 형법상의 내란죄를 적용하면 될 것이기 때문에, 국가보안법 폐지의 실효는 준법적, 평화적으로 행동하는 두 번째의 집단에만 한정된다. 결국 이른바 '친북' 집단이 준법적 평화적으로 행동할 때에 그들을 단지 사상과 정치적 신념의 문제만으로 탄압할 수 있는가의 문제에 직결된다.

사상의 자유와 시민사회의 보호

이 문제는 결국 한국 시민사회의 성숙도의 문제일 뿐이다. 평화적으로 행동한다면 사상과 정치적 신념의 표현만으로 그를 탄압할 수 없다는 것은 근대 문명의 원칙이다. 관용론의 정신적 뿌리는 17세기 자유주의뿐만 아니라 18세기 보수주의에도 닿아 있다. 그러나 한국 사회의 자칭 보수주의자들은 그러한 관용을 사치로 생각한다. 그러한 편협함에는 한국전쟁의 경험만이 작용하는 것이 아니라 냉전적 상황에서 경쟁자 없이 거저 얻어 왔던 지배적 위치를 그대로 유지하고자 하는 열망도 작용한다. 물론 그들이 '조선로동당 추종 세력'에게 열패감을 가지고 있는 것은 아니다. 그러나 조선로동당 추종 세력을 그 사상만으로 범죄로 볼 때, 그들은 1980년 이래로 한국 시민사회의 성장과 함께 등장한 시민적 정치 세력에 대한 역사적 우위를 거저 얻을 수 있었던 것이다. 한국 사회에서는 아직도 관용론을 펼치는 사람을 그가 관용을 베풀고자 하는 측과 동일시하는 마녀사냥식 무차별주의가 남아 있다. 국가보안법 폐지론자 모두가 이적 행위를 하는 세력으로 치부되는 현실이 그러하다. 역사적으로 볼 때, 한국에서 시민적 정치 세력은 여기에 맞서지 못했고 언제나 매우 위축되었을 뿐이다.

하나의 상황을 가정해 보자. '조선로동당 추종 세력'이 준법적·평화적으로 행동하는 한에서 그들의 사상 때문에 탄압받지는 않는다고 할 때, 그들은 얼마만큼 국민 대중으로부터 지지받을 수 있을까? 또는 그들의 어떤 요구들이 대중의 호응을 얻어낼까? 조선민주주의인민공화국을 지상 낙원으로 숭배한다면 아마도 웃음거리가 될 뿐일 것이다. 그러나 그들의 반미주의는 미국과 대한민국의 관계에 일방주의적이고 불평등한 요소가 남아 있는 한에서는 대중의 호응을 부분적으로 얻을 수 있을 것이다. 그렇지만 이 호응도는 정확하게 그런 불평등 관계가 시정되는 순간 사라지고 말 것이다. 그래서 조선로동당 추종 세력의 대중적 영향력은 개별 요구 강령의 수준을 넘지 못할 것이며, 정치 세력으로서 그들이 지지받을 기반은 매우 협소할 것이다.

국가보안법 철폐, 남북한 상호 승인 및 평화협정 체결, 한반도 비핵화라는 가정 하에서 한국의 비정상적 보수주의자들이 처할 상황을 생각해 보자. 그들은 평화 아젠다의 행위자가 되지 못함으로써 대중적 영향력을 잃거나 스스로 정상적인 보수주의자, 국민국가적 보수주의자로 적극적으로 변모하지 않으면 안 될 것이다. 그러나 이러한 상황에 내던져지기 이전에 한국에서 보수주의자는 지금까지의 지배적 지위를 별다른 노력과 논거 없이 거저 유지하려고만 할 것이다.

1980년 이래로 성장해 온 한국의 시민적 정치 세력은 이제 선택의 기로에 있다. 식민지 시대와 한국전쟁, 군부 독재 등 한국에서 20세기 근대화의 야만성을 역사적으로 청산하고 정상적인 국민국가를 이루기 위하여 그들은 이제 중요한 선택을 해야만 한다. 그들을 성장시킨 시민 사회를 보호하고 근대적 국민국가를 형성할 것인가? 아니면 비정상 상

태를 통한 지배 세력의 우위를 계속해서 허용할 것인가? 이 선택의 열
쇠는 바로 국가보안법 철폐와 한반도 평화 체제의 수립이다.

경제사회, 시민사회, 국민국가

이제 한국에서 지난 100년간 근대화의 역사를 개념적으로 정리할 순
서가 되었다.

식민지 시대로부터 유신 시대까지 한국의 근대화는 근대적 경제사회
의 건설이었다. 즉 자본주의의 수립이 시민사회나 정상적인 근대 국민
국가의 수립에 선행했다는 것이다. 경제사회의 수립은 두 가지 운동을
탄생시켰다. 한편으로 경제사회의 수립 기구이었던 군부 독재에 대항하
는 민주주의 운동이 등장했으며, 다른 한편으로 경제사회는 그 필연적
인 결과물로서 노동자운동을 낳았다. 최초에 양자는 쌍생아적인 관계였
고, 그래서 노동자운동은 민주화 운동, 민주노조 운동으로 형성되었다.

1980년 광주 항쟁 이래로 민주주의 투쟁이 격화되었고, 1987년 헌법
에 의하여 직선제가 쟁취되었으나 정상적인 근대적 국민국가의 형성은
지연되었다. 그것은 실질이 아니라 오직 헌법 문구 속에만 존재했을 뿐
이다. 과거 청산은 이루어지지 않았고 악법들도 철폐되지 않았다. 그러
나 1980~1987년 동안의 민주주의 투쟁은 한국에 시민사회의 수립 가
능성을 부여했다. 1987년 이후로 시민적 권리에 대한 투쟁이 전개되었
고 1990년 중반에 접어들면 한국에서 시민사회는 확고한 ‘질서 요소’
로 자리 잡게 되었다. 노동자운동은 1987년 이후로 민주주의 운동으로
부터의 자립화의 길을 걸어갔고 1998년 이후로 경제사회의 ‘질서 요

소'로서 확고하게 자리 잡는 길을 택했다. 그리고 그것은 노동자운동이 경제사회의 산물인 한에서 당연한 길이기도 했다. 지난 총선에서 노동자운동은 원내 정당의 형태로 정치 질서에 참여했다. '질서 요소'로서의 노동조합을 또 하나의 축으로 하는 자본주의적 경제사회는 대충 20세기의 최후 시기까지의 '긴 형성기'를 거친 셈이다. 반면에 2002년 이래로 한국에서 시민사회는 정상적인 근대 국민국가의 추진 기구로서의 성격을 가지게 된다. 그것은 그 자신의 논리상 이미 악법의 철폐, 포괄적인 역사 청산을 지향하고 있었으며 국민국가, 국민주의, 국민적 민족주의에 근거하고 있었다. 비록 1948년에 제정되었지만 오랜 시기 동안 장식물에 불과했던 헌법은 시민사회의 대두를 통하여 실질화할 계기를 만나게 된 셈이다.

한국에서 국가보안법과 같은 악법의 철폐, 역사적 과거 청산, 평화 정착 등은 결코 분리된 문제가 아니다. 한꺼번에 하든지 아니면 못 하든지로 결론이 날 문제인 것이다. 왜냐하면 그것들은 정상적인 '국민국가'의 형성, 근대적 시민성이라는 정신적 구조물로서의 '국민'의 형성 과정에서 분리될 수 없는 과제이며, '국민주의' 또는 '국민적 민족주의'의 공통적 아젠다이기 때문이다. 한국에서 시민적 정치 세력이 이와 같은 과제에 성공한다면, 그들은 허구의 '칭기즈 칸'에만 의존해야 하는 극우적 '종족주의'의 주문呪文을 풀 수 있을 것이며, 조선로동당 추종 세력의 관념적인 반미지상주의를 구축驅逐하고 동일한 요구사항을 '정당한 주장'의 목록으로서, 주권론의 체계로서 전개할 수 있을 것이다. 한국에서 좌파는 시민적 정치 세력이 이번 시기에 국민국가의 완성과 한반도 평화 체제의 정착에 성공할 수 있도록 지원해야 한다. 근대적 국민주의를 넘어서기 위하여, 근대성과 국민국가를 비판하기 위해서라도, 우선 그 대상이 수립되어야 할 것이기 때문이다.

『프로메테우스』, 2004년 9월 17일.

핵 파 국 의 시 대
평화주의의 선택

03

 비극의 원인과 이후 전망

2006년 10월 9일, 북한 핵실험으로 인해, 한반도 위기관리 기구로서의 역할을 수행하던 정전협정 체제('1953년 체제')는 실질적으로 무력화되었다. 그러나 1953년 체제의 무력화는 이번 핵실험과 더불어 시작된 일이 아니고, 김영삼 정부 당시 발생했던 북한 핵무기 위기 국면 제1기부터 진행된 오랜 과정의 최종적인 확인일 뿐이다.

핵 파국 시대의 개막

김영삼 정권의 '잃어버린 5년'을 경과하면서 북한 핵 문제는 격화되었고, 불안정한 북미 관계 속에서 북한 핵 문제는 점점 더 판돈을 키워나갔다. 핵 문제는 한반도 정치에 국한된 사안이 아니기에 한반도 전쟁을 억제하는 1953년 체제는 문제 해결의 틀이 될 수 없었다. 그래서 한반도 위기관리를 위해서는 동북아 전체의 위기관리 체제가 필요하게 되었고, 세계 군사 정치의 위기관리 체제를 떠나서 국지적인 해결을 꾀할 수 없는 문제가 되었다. 북한의 핵 개발은 한반도의 안보 문제의 해결 주체와 대상 영역을 확장시키는 결과를 가져왔다.

근년에 다자간의 협상 테이블인 6자 회담이 1953년 체제를 보완해 왔지만, 6자 회담은 이미 뾰족해질 대로 뾰족해진 송곳날을 더 이상 감출 수 없는 헐거운 옷이었을 뿐이다. 1953년 체제가 그 본연의 목표인 평화 체제로의 이행을 반세기나 지연시키면서도 위기를 은닉할 수 있었던 반면, 6자 회담은 더 이상 지연될 수 없는 과제를 떠안은 최후의 담판이었다. 북한 핵실험으로 6자 회담의 재개 자체가 불투명한 국면이 되어 버렸다. 북한은 핵실험이라는 파국 선언을 통해, 인내와 지연이 불가능한 문제를 세계 전체에 던져 놓았다. 그리고 우리 앞에 더 이상 제도와 합의에 의해 관리될 수 없는 위기, 대파국의 가능성이 엄존하는 위기가 불현듯 다가왔다. 위기와 파국, 그것은 늘 잠재해 있는 것이지만 어떤 시점에서는 마치 순식간에 다가온 듯 모습을 드러내는 법이다.

북한의 핵실험에 대한 국내의 반응들을 살펴보면 그간 위기를 발생시켜 오고, 심화시켜온 상투어들만이 발견된다. 냉전 시기의 진영론적 세계관을 벗어나지 못하고 여전히 북한이나 미국에 이념적 고향을 두고 있는 사람들은 반미 자주와 한미 동맹이라는 무책임한 선동 속에 매몰되어 있으며, 이미 이라크 참전을 통해 평화주의 원칙을 저버렸던 현 정권의 실용주의는 파국의 예측 불가능성 앞에서 쩔쩔 매고 있다.

북한의 핵실험이라는 현 상황에서 평화주의와 핵무기 억제(비확산)는 같은 말일 수도 있지만 전혀 다른 의미일 수도 있다. 평화주의는 북한 핵무기의 폐기, 곧 비핵화를 주장하지만, 이를 위한 비핵화를 명분으로 하는 무력 사용에도 반대하기 때문이다. 그렇다면 평화주의자의 현실 개입은 어떤 것이 될 수 있을까? 북한의 핵실험을 규탄하고 사태의 평화적 해결을 촉구하는 매우 원칙적인 천명이나 여론 조성일까? 그 이상의 개입은 불가능한 것일까? '평화적 원칙'이라는 당연한 입장을 재확인하는 일을 넘어서, 보다 적극적인 개입의 가능성을 검토하기 위해서는 당면한 현실을 우선 분석적으로 이해해야 할 필요가 있다.

북한은 왜 핵무기에 집착하는가?

북한이 핵무기를 보유하더라도, 미국을 상대로 신뢰할 만한 수준의 실질적인 군사적 억지력을 갖기에는 분명한 한계가 있다. 재래식 전쟁과는 달리 핵전쟁에서는 인간적 요소가 차지하는 비중이 전무하다. 핵전쟁의 논리는 철저한 양의 논리이며, 핵 물질 비축량, 처리 능력, 탄두, 운반체, 전자 기술 등 핵전쟁에 관한 모든 능력은 양적 크기로 환산할 수 있다. 더욱이 핵보유국은 핵 공격을 당할 수 있다는 점을 감안해야 한다. 그렇다면 북한의 핵실험의 군사적 효과는 미국과 북한 간의 대결을 가정할 때 객관적으로 명백히 우위에 서 있는 미국이 아니라 북한에게 유리한 요소가 될 수 있는 모든 종류의 예측 불가능성이 제거되었다는 것을 의미할 뿐이다. 핵보유국 북한은 미국의 핵 공격을 받을 수 있고, 그러한 핵전쟁의 결과는 명백하다. 북한의 핵 독트린은 그저 우리도 적국의 도시 하나 정도는 어떻게 할 수 있다는 과시 이상도 이하도 아니다. 그리고 이때 적국은 공교롭게도 북한의 미사일 능력을 감안할 때 동북아 국가들일 뿐이다.

그럼에도 불구하고 북한은 핵보유에 집착해 왔다. 왜 그랬을까? 북한 당국은 핵 개발의 필연성을 미국에 의한 안보 위협에 돌려 왔으며 자위를 위한 것이라고 강변해 왔다. 북한 당국은 한반도 전쟁 시기에 미군이 자행한 파괴 행위를 전쟁에 대한 기억이 없는 세대에게 끊임없이 상기시키는 민족주의 포퓰리즘을 통하여 내부 사회의 단결을 유지해 왔다. 한반도 전쟁은 북한에서 여전히 진행 중이며, 미국의 침략에 대한 방어라는 이데올로기는 북한의 현 체제를 구성하는 중요한 요소라고 보아야 할 것이다. 그러나 많은 사람들은 그와 같은 안보 위협이 북한 핵 개발의 유일한 동기 또는 유력한 동기일 것이라는 점에 선뜻 동의하지 않았다. 오히려 지금까지 많은 사람들은 북한이 경제 파산과 대기근, 고난의 행군에 직면하여 체제 내부를 단속하기 위해서 꺼낼 수밖에 없었던 카드가 '핵 카드'라고 생각해 왔다.

객관적으로 사태를 살펴본다면, 핵은 북한이 냉전 종식 이후의 세계 경제체제에 참여하기 위하여, 그러나 좀 더 유리한 위치에서 참여하기 위하여 꺼내 든 카드라 할 수 있다. 이것은 미국에 의한 객관적인 안보 위협과는 상관없는 문제이고, 경제적 실익을 위한 정치적 무기인 셈이다. 오히려 북한에게 진정한 의미의 안보 위협은 세계경제체제로부터의 고립이었다. 이 경우에 안보 위협이란 외부로부터의 군사적 위협이 아니라 폐쇄경제로 인한 고립이고, 그 때문에 발생한 체제 내부의 위기라고 보아야 할 것이다. 핵 개발은 고립이라는 위기를 탈피하기 위한 복합적인 타개책이었고, 그 목표는 세계경제체제 속에 좀 더 유리한 지위를 가지고 편입되는 것이었다.

핵 개발은 분명 북한 체제의 위기 타개책이라 볼 수 있다. 그러나 사태를 더욱 잘 이해하기 위해서는 질문을 거꾸로 던져 보아야 한다. 혹시 북한의 '핵 카드'는 위기의 '극복 카드'가 아니라 1990년대 초반 이후 북한에서 진행된 위기 심화의 '원인'이었다고 보아야 하지 않을까? 북한의 핵 개발 역사는 인민들에게 고스란히 기아 참상이라는 비극을 안겨 주었다. 북한이 은밀히 핵 개발을 추진했던 1990년대는 파산, 대기근, 인권 상황의 악화로 상징되었던 시기였다. 북한에서 1990년대 초반의 핵 개발은 고난의 행군으로 전개된다. 보통 이야기되어 온 것처럼 북한의 핵 개발이 고난의 행군을 벗어나기 위한 처절한 몸부림은 아니었던 것이다. 핵 개발은 이미 오래 전부터 추진된 것이었다. 핵 개발에 소요된 엄청난 비용이 바로 고난의 행군을 초래한 주요한 원인 중의 하나였으며, 이로 인해 엄청난 기아와 인권 상황의 악화가 나타났던 것도 현실의 한 단면임이 분명하다.

북한 체제와 핵무장의 필연성

북한의 핵실험은 한편으로 내부적인 체제 단속용의 성격을 지닌다. 그러나 이것이 내부적인 불만을 잠재울 수 있는 근본적인 처방이라고 할 수는 없다. 핵이 밥을 먹여 주는 것은 아니다. 그럼에도 불구하고 북한 정권이 이를 감행한 것이라면 북한 사회 내부의 이질화와 불안정성이 그 어느 때보다 크다는 것을 반증하는 것일 수 있다. 그것은 북한 체제가 내부 위기를 주체적으로 타개할 수 없다는 사실, 위기의 원인을 한반도 전쟁 이후의 전형적 포퓰리즘의 어법에 따라 외부로 돌릴 때에만 위기를 관리할 수 있다는 사실의 반증이다. 핵무장은 국제적 고립을 깊게 하고 위기를 더욱 심화시킬 것이지만, 위기의 원인을 외부로부터의 안보위협으로 돌리는 매우 적절한 상징이 될 수 있다. 나아가서, 만약 북한 핵무장이 국제사회로부터 시급한 해결을 필요로 하는 사안으로 받아들여질 때 그것은 국제사회로 진입하는 정치적 무기가 될 수도 있다. 핵실험은 내부 위기의 원인을 외부로 돌리고, 국제화하며, 핵 위기의 해소와 내부 위기의 해소를 서로 뗄 수 없는 하나의 포괄적인 문제로 만든 후, 이와 같은 위기의 해결을 외부 관계의 전개 상황에 의해 결정되도록 만든다.

북한 정권이 고난의 행군과 경제 위기, 대기근의 책임과 원인을 스스로 시인할 경우 북한 정권 자신의 생존과 유지는 그만큼 위기에 봉착하기 때문에 모든 위기의 근원을 외부에서 찾는 것은 북한 정권의 입장에서 본다면 당연할 것이다. 이러한 경향은 끊임없이 미 제국주의의 압살 책동을 내부에 선전하면서 현 시기의 모든 위기와 고통의 원인을 미국 탓으로 돌리는 것으로 표현된다. 간혹 가뭄과 같은 자연 재해를 탓하기도 하지만, 본질적으로 북한 정권은 미 제국주의가 없었다면 위기가 도래하지 않았을 것이라는 논리를 끊임없이 북한 인민들에게 주입하였다. 미 제국주의에 대한 적개심과 자위력의 확보라는 이름 아래 군사적 대응을 추구하고, 이로 인해 악화될 수밖에 없는 경제난과 내부적 반발을 다시 미 제국주의에 대한 적개심으로 봉합하는 것을 반복한다. 이러한 군중 동원 체제의 수미일관한 귀결이 바로 핵 개발이고, 이와 같은 고립, 분리, 응축의 동원 체제는 핵실험을 통하여 완벽하게 완성되었다. 북한이 표면적으로는 미국의 압박을 명분으로 내세웠지만, 인민 경제와 사회 내부의 궁핍화로 인한 저항을 예방적으로 차단하는 것도 핵실험의 목적에 속할 것이다.

그러나 북한의 핵무장 과정은 북한의 인민 경제와 사회 내부를 더욱 궁핍화시키는 과정이었다. 북한의 이러한 내부적 위기는 핵무기가 대외 관계를 개선시키는 정치적 무기로 작용하지 않을 경우라면 더욱 심화될 것이다. 핵실험을 통해서 인민들이 일시적으로 체제에 통합될 수는 있지만, 이번 핵실험의 결과가 초래할 경제 압박과 각종의 거래 금지 조치는 북한을 더욱 더 내부의 궁핍화 상황으로 내몰 것이 명약관화하다. 다시 말해, 북한은 핵실험을 통해서 외부에 핵 주권을 과시하는 데 성공하였지만, 외부로의 주권 과시는 대단히 비대칭적으로 내부의 생존권과 인권을 볼모로 삼은 대가라고 할 수 있다. 북한 정권은 이 주권을 통해서 인민의 생존권과 경제를 살릴 수 있다고 이야기하지만, 이것은 거짓의 수사학에 불과하다. 핵무기가 대외 관계의 개선을 이끌어내지 못한다면, 이와 같은 거짓 수사학이 오래 유지되기 힘들 것이다. 그것은 북한이 의도하지 않았던 정반대의 결과를 낳을 수도 있다. 즉, 핵 주권 실현에 대한 자긍심으로 들떠 있을 수 있는 짧은 시기가 지나고 나서도 국제적 고립이 해소되지 않는다면 경제적 어려움의 가중 때문에 더욱 더 강력한 내부적 반발에 부딪힐 수 있다.

북한의 핵 외교는 근본적으로 실패한 전략

북한 사회 내부 위기의 해소와 국제 관계의 개선은 핵 개발로 인하여 둘을 분리하면 더 이상 생명을 유지할 수 없는 샴쌍둥이처럼 되어 버렸지만, 북한 당국의 원래 의도는 한 개의 화살로 두 마리 새를 잡는 효과이었을 것이다. 체제 위기의 관리가 그 하나라면, 다른 하나는 최대 적국인 미국과의 대화, 그리고 궁극적으로는 미국과 안보 관계를 형성하고 이를 통해 좀 더 격상된 지위로 국제사회에 편입되는 수단으로 핵무기를 활용하는 것이다. 그러나 두 번째 목표는 클린턴 행정부 시절에 매우 부분적인 성공을 거두었을 뿐이고, 제네바 협정에 의한 핵 포기의 대가는 너무나 적은 것이었다. 그나마 그 적은 대가 제공의 약속조차 부시 행정부는 지키지 않았다. 전체적으로 볼 때, 북한과 미국의 평화와 안보 협력이라는 북한의 구상은 미국에게 전혀 먹혀들지 않았다. 북한의 핵 개발에 대하여 미국은 북한을 위협하는 전통적인 전략으로 대응했을 뿐이며, 이는 다시 북한의 핵 야망을 부추기는 악순환의 구조를 만들었다. 북한이 미국의 긍정적 반응을 유도하기 위해 핵 위협이라는 수단을 사용할수록 미국의 대응은 더욱 더 냉담해질 뿐이었다. 이는 다시 북한의 더욱 도발적인 대응으로 이어졌으며, 결국 북한의 핵 확산 방지 체제 탈퇴와 핵무장이라는 결과를 낳았다.

핵무기를 통한 세계 체제 편입이라는 북한의 전략이 그동안 실패한 것은 어쩌면 당연한 것이다. 실패의 원인은 부분적으로 미국에게는 북한 핵 문제보다 훨씬 중요한 다른 관심사들이 있었고, 북한의 핵위협을 현실적으로는 무시해도 되었기 때문이다. 다시 말해, 미국은 북한의 핵 위협에 대응하여 북한이 제시한 조건으로 협상을 하는 것보다는 필요에 따라 힘으로 대응하면 된다고 생각했던 것이다. 처음부터 북한은 핵 포기의 대가로 좀 더 많은 것을 요구할 수 있었던 일본이나 독일, 브라질 등의 나라들과는 동급의 국가가 아니었던 것이다. 따라서 미국과의 안보 관계 수립을 위한 방법으로서 핵무기로 미국을 위협하려 한 북한의 전략은 처음부터 성공 가능성이 적고 전략 수행에 따른 고통이 많을 수밖에 없는 전략이었다. 협박은 불신을 키우고 관계를 악화시키기만 할 뿐이었다. 결국 이 과정에서 북한은 경제적 파탄과 내부적 궁핍의 상태로 내몰리게 되었다. 핵실험 직후, 제재 조치 가시화 및 일련의 사태 흐름은 북한 정권의 장기적인 생존 전망마저 불투명하게 만들고 있다. 만약 북한이 제2차 핵실험을 감행할 경우 사태는 걷잡을 수 없게 될 것이다.

미국에 대한 핵 압박에서 북한이 염두에 둔 것은 북미 수교의 실현이다. 그러나 동북아 주변국의 협조가 없다면 이 구상은 전혀 실현될 수 없다. 그래서 동북아 주변국의 여론을 등지는 핵실험은 북한 핵전략의 실패임이 분명하다. 미국은 더욱 강도 높은 압박을 가하는 방향으로 나아가고 있으며, 북미 대화의 가능성은 더욱 옅어지고 있다. 한국, 중국, 러시아의 협력을 얻을 수 없다면 북한은 국제사회로부터 더욱 고립될 것이다. 그 경우, 미국은 이러한 국제사회의 흐름에 더욱 편승하기가 수월해지고, 북한의 선先 핵 폐기를 보다 더 강력하게 주문할 공산이 크다. 그렇다면 북한의 핵실험은 결과적으로 북한이 원했던 것과는 크게 멀어지는 결과를 낳게 된다. 아울러 미국을 위시한 각국의 비군사적 제재 조치는 북한을 내부로부터 붕괴시킬 위험을 증대시킨다. 결과적으로 북한은 현재 원하는 결과를 획득하기 어려운 상황으로 내몰리고 있다.

미국의 핵 헤게모니는 어디로 가는가?

이 국면이 오래 지속되지는 않을 것이라고 북한 당국이 가정할 수 있는 근거는 단 한 가지가 있다. 핵 패권 국가인 미국의 입장을 감안한다면, 미국은 북한이라는 조그만 나라의 핵위협을 극복하지 못함으로써 동북아 지역에서의 지도력에 심각한 손상을 입게 된다. 아울러 세계적인 핵 확산 저지 시스템도 사실상 유명무실하게 될 수 있다. 또한 북한의 핵실험은 동북아시아 지역에서 일련의 연쇄반응을 일으킬 가능성이 있다. 미국의 핵 헤게모니에 대한 신뢰가 무너지면서 일본, 대만, 한국은 물론 장기적으로는 호주, 인도네시아, 심지어 미얀마까지 핵무장에 나설 수 있기 때문이다. 이것은 중국에게도 위협이 되겠지만, 핵과 관련된 불확실성의 증대는 미국의 세계 패권의 관점에서도 환영할 수 없는 사태 전개일 것이다. 그래서 북한 당국은 자신들의 핵보유는 파국이든 평화적 해결이든 길게 끌지 않을 문제라고 생각할 수 있고, 한·중·러의 협력이 가능하다면 원하는 목표를 달성할 수 있다고도 생각했을 것이다.

여기에서 그간의 경과를 잠시 돌이켜 보자. 부시 행정부는 북한의 핵 도전에 대한 대응으로 2003년 4월에 6자 회담을 출범시켰다. 그러나 미국은 2005년 12월까지 4차례의 6자 회담을 거치면서도 북한으로부터 핵무기 개발을 포기하겠다는 어떠한 구체적 약속도 받아 내지 못했다. 오히려 미국의 완고함에 부딪힌 북한은 처음에는 무기급 플루토늄을 보유하고 있다고 시사하다가 나중에는 급기야 이를 무기화했다고 주장한다. 한편 미국은 북한과의 직접 양자 협상을 거부하면서, 중국을 비롯한 역내 국가들이 북한과의 핵 문제 협상에 적극적으로 나설 것을 주문했다. 그러나 초강대국인 미국이 사실상 기권하자, 즉 북한과의 직접 협상을 회피하자 역내 국가들도 북한과의 협상에 적극적인 움직임을 보일 수 없었다. 이는 북한으로서도 마찬가지였다. 미국이 나서지 않는 상황에서 나머지 국가들과의 협상은 커다란 의미가 없었던 것이다.

2003~2005년 동안 6자 회담에서 아무런 실질적 성과를 내지 못한 채 말뿐인 외교 협상에 집착해 온 점은 미국 핵 헤게모니가 최저점에 이르렀음을 보여 주는 사례이다. 이는 동북아시아 역내 국가들에게 미국

이 북한의 비핵화를 추동할 진정성을 가지고 있지 않은 것으로 비춰졌다. 그리고 이번 북한 핵실험은 사실상 미국이 비핵화를 강제할 능력도 없다는 것을 명백히 보여 주었다. 한편, 미국의 '레드라인'은 '핵 보유 금지'에서 '핵 확산 금지' 쪽으로 은근슬쩍 경계를 옮긴 것으로 보인다. 미국의 부시 대통령이 2003년 5월 "북한의 핵을 용인할 수 없다"고 강조한 지 2년 5개월 만인 지난 9일에 발표된 새로운 '레드라인'은 "핵무기와 핵 물질의 이전은 미국에 대한 중대한 위협"이라는 것이었다. 북한에 대한 일관된 외면정책을 취한 부시 행정부는 북한을 고립시키는 데 성공했을지 모르지만 비확산 정책이라는 큰 목표에서 실패했다.

역내 주도력을 시험받는 중국

중국이 북한의 핵실험을 강력히 비난했던 것은 동북아시아의 국제정치 지형을 고려할 때 충분히 예측 가능한 것이었다. 북한의 핵보유가 불러일으킬 파장과 폭풍은 직접적으로 중국의 안보를 위협할 수 있기 때문이다. 한·미·일 동맹 강화와 미사일방어MD체제의 구축, 일본의 핵무장 움직임 등은 중국의 전략적 안보에 분명한 위협 요소로 작용하게 될 것이다. 따라서 이를 자극할 수 있는 북한의 핵실험은 중국의 입장에서 볼 때 명백히 잘못된 선택이다. 그러나 핵 위기가 심화될 경우 중국이 미국과 마찬가지의 강도로 대북 제재에 동참할 것인지는 단언할 수 없다. 중국이 만일 강력한 대북 제재 조치를 취한다면 북한 체제의 내부 붕괴는 급속히 가속화될 것이다. 이러한 상황으로부터 초래될 예측 불가능성을 관리할 수 있는 능력을 갖추기 이전에 중국은 극단적인 선택을 할 수 없다. 일본이나 한국의 핵무장도 중국 안보에 위험이 되지만 북한의 예측 불가능한 붕괴 역시 중국의 안보를 위협할 수 있는 변수이기 때문이다.

중국의 대응 폭이 제한적일 수밖에 없다는 판단을 내렸기에 북한 당국은 핵실험을 단행할 수 있었을 것이다. 그러나 사태의 전개가 북한의 예상과 달라질 가능성도 전혀 배제할 수는 없다. 일단 중국은 국제사회의 흐름에 어느 정도 보조를 맞추면서 적정한 수준의 압력을 북한에 행사하고 이번 사태에서 주도력을 발휘하려고 할 것이다. 미국은 오래전부터 북한 핵 문제의 해결에 있어서 중국의 역할이 결정적이라는 점을 인식하고 있었고 중국에게 그와 같은 영향력의 발휘를 주문하고 있었다. 따라서 중국은 이번 북한 핵실험 사태 이후의 해법에 있어서 그 어느 때보다도 주도력을 발휘할 수 있는 위치에 있다.

사태의 전개 방향과 각국의 대응책

미국은 유엔을 등에 업고 대북 압박 정책을 더욱 가속화할 것이다. 미 고위 관리가 이미 밝혔듯이 당장은 미국과 북한 사이의 대화 가능성이 더욱 옅어진 것이 사실이지만, 미국 내 정치 지형의 변화에 따라, 그리고 시간이 지남에 따라 대화와 협상의 숨통이 트일 가능성 또한 여전히 존재한다. '레드라인'과 관련하여 핵 물질 이전에 대한 강력한 경고는 미국이 북한 핵실험에 대해 취할 조치의 내용을 짐작하게 해준다. 현실적으로 군사적 공격이 어려운 이상 미국은 북한에 대한 전 방위적 봉쇄에 나설 것으로 보인다. 북한의 제삼국이나 테러단체에 대한 핵 물질

이전에 대한 경고는 대량살상무기확산방지구상PSI를 강화하고, 한국 정부에게는 가입 압력을 행사할 것이다. 부시 대통령은 북한 핵실험 사태와 관련하여 '외교적 해법 약속을 지킬 것'이라고 언급한 바 있다. 그러나 여기서 말하는 외교적 해법이란 당장 북한과의 대화와 협상에 나서겠다는 것이 아니라 다양한 비군사적 방법에 의하여 북한을 압박하겠다는 것으로 이해해야 하겠지만, 그 결과 6자 회담의 재개도 염두에 둔 발언이라 하겠다. 미국은 유엔 안보리에 대북 제재안의 내용을 제출했고, 거기에는 북한을 출입하는 모든 선박에 대한 검색, 군사적 물품의 무역 금지, 핵무기 프로그램과 관련된 모든 해외자산의 동결 등이 포함되었다.

중국은 북한의 핵실험을 명시적으로 비난했다. 그러나 중국은 또한 북한에 대한 군사적 제재 움직임에 대해서는 명백한 반대 의사를 밝혔다. 그러나 분명한 것은 북·중 관계의 악화가 일정 정도 불가피하다는 것이다. 하지만 이러한 관계 악화가 매우 심각한 수준으로 발전하는 것은 중국으로서도 원하는 바가 아니기 때문에 적당한 정도로 유엔의 흐름에 동참하는 선에서 결정될 것이고, 사태의 해결에 있어서 중국 정부는 적극적인 외교적 노력을 기울일 것이다. 그러나 아무튼 중국은 군사적 제재가 빠진 유엔 결의안에는 찬성할 가능성이 높기에, 중국의 대북한 생존 지원형 투자의 지속은 난항을 겪게 될 것이다. 만일 이것이 현실화된다면 북한 전역의 공산품과 생필품의 거의 90%를 차지하던 부분이 사실상 극적으로 줄어들게 되는 것이고 북한 인민들의 물자난에 치명타가 될 것이다.

고난의 행군 이후 배급 체제가 붕괴되면서 북한 사회에서는 장마당이 사실상 인민 생존의 토대가 되어왔지만, 도매시장으로서의 역할을 하던 중국산 물품 공급이 끊기게 된다면, 북한에서 식량뿐만 아니라 생필품의 유통도 막히게 됨으로써 심각한 위기가 도래하게 될 것이다. 그러나 북한으로서는 사실상 이를 대체해 줄만한 국가가 없기 때문에 중국의 이러한 조치는 북한에게 사활적 압박으로 작용할 것이다. 실제로 중국이 중유 공급과 몇 가지 교역품에 대한 수출입만 중단해도 북한은 심각한 어려움에 봉착할 것이고, 북한 체제의 존립이 위태로워지게 된다. 그러나 북한 정권이 붕괴의 위험에 내몰리게 될 경우 난민 문제를 떠안는 것은 물론, 중국의 안보 또한 전략적으로 불투명해지기 때문에, 이와 같이 강력한 경제 재제 조치를 단행하는 것은 중국의 국익에 도움이 되지 않을 것이다.

핵실험 직후, 일본은 인도적 대북 지원 이외에도 북한에서 수입하던 어류 등의 수입을 전면 중단했다. 북한의 핵 폐기가 북일 관계에서 전제 조건으로 전환될 가능성이 더 커짐으로써 북한으로서는 곤란한 상황을 맞이하게 된다. 당장 일본은 유엔을 비롯한 국제사회의 움직임과 호흡을 함께하면서 대북 제재에 가장 적극적으로 동참할 것이다. 이 과정에서 미국과 일본의 동맹은 미사일 방어 체제의 추진과 함께 더욱 공고해질 것으로 보인다. 그리고 북한 핵실험 사태를 계기로 일본의 우경화와 군비 증강 움직임, 평화헌법 수정, 핵무장에의 열망은 더욱 탄력을 받을 것으로 예상된다.

한국은 더 큰 목소리를 내어야 한다

핵 위기가 심화되면, 이산가족 상봉, 대북 인도적 지원, 개성 공단,

철도 개설, 금강산 관광 등이 중단될 가능성이 커짐으로써 남북 관계에 악영향을 끼치게 되리라는 것은 불문가지다. 북한이 항상 외쳐 왔던 남북 공조의 가능성은 북한이 핵무기 보유를 고집하는 한에서 한국 여론의 지지를 받을 여지가 없다. 핵 위기가 심화되면, 한국은 미국과 유엔, 그리고 국제 여론에 더욱 떠밀릴 수밖에 없는 처지로 내몰리고, 그만큼 독자적인 목소리를 낼 가능성은 줄어들게 된다. 그럼에도 불구하고 한국 정부는 자신의 독자적인 목소리를 냄으로써 한반도의 전쟁 위기를 극복하는 데 앞장서야 할 책무가 있다. 한국은 만일의 경우 '한반도 핵 전장'의 직접적인 피해자가 될 수 있는 당사자이고, 그래서 응당 더욱 큰 목소리를 낼 자격이 있다. 한국은 이와 같은 당사자임을 근거로 미국을 비롯한 국제사회를 설득하고 최소한 6자 회담이라는 틀을 복원해 내야 한다.

『프로메테우스』, 2006년 10월 12일.

  평화주의의 선택

지구상에서 가장 인구가 밀집된 지역 중 하나이며, 지구상에서 가장 강력한 나라들이 국경을 맞대고 패권 대결을 벌이고 있는 곳이 있다. 바로 동북아시아이다. 이 한가운데에 지구상에서 가장 폐쇄적이고 비타협적인 나라에서 핵무장을 선언하고 핵실험을 단행했다. 이 핵무기를 두고 가장 가까운 곳에 있고 가장 영향을 크게 받을 한국은 어떤 입장을 취해야 하며, 어떤 해결 방안을 추진해야 하는가? 이 글에서는 북한 핵에 관련된 우리 사회 내의 여러 가지 담론을 비판하고, 가장 현실적이고도 유일한 해결 방안으로 '3+3 비핵평화체제'를 제시할 것이다.

한반도에 핵을 허하라: 핵 용인론

핵 용인론에는 여러 가지의 스펙트럼이 존재한다. 우선 북한이 핵무기를 가지는 것은 단순한 억지력의 확보이기 때문에 실제적인 위험을 느낄 필요는 없다는 주장이 있다. 그러나 현실은 이와 다르게 전개될 것이 뻔하다. 한반도를 비롯한 동북아시아의 군사적 긴장과 대결이 심화될 것은 분명한 사실이기 때문이다. 북한 핵무기의 실질적인 위협 정도와 북한 핵실험이 가져올 향후의 파장은 서로 다른 문제라는 점을 주의해야 할 것이다.

통일 이후 핵보유국의 지위를 누릴 수 있기 때문에 북한 핵을 용인할 수 있다는 입장도 있다. 그러나 이러한 주장은 북한 핵 자체가 통일 과정의 걸림돌이 되리라는 것을 고려하지 못하는 견해다. 평화가 불가능하다면 통일도 불가능하다.

마지막으로 북한이 미국의 압박에 대한 자위의 수단으로 핵을 가질 수 있고, 이는 주권 국가의 권리이기 때문에 용인되어야 한다는 입장이 있다. 일부 민족주의 단체들은 이 입장에 서서 보편적 관점에서의 반핵 주장을 북미 간의 대립 관계의 현실을 무시한 관념적 주장이라고 공격한다. 그러나 이러한 관점이야말로 동북아시아에서의 국제정치 현실을 도외시한 관념적인 주장이다. 또한 북미 간의 대립 관계가 북한의 핵을 정당화하는 근거가 될 수도 없다. 앞에서도 언급한 것처럼 북한의 핵실험은 분명히 대내 정치적 효과를 노린 측면이 있기 때문이고, 북미 관계의 개선에서도 전혀 효과를 보지 못했기 때문이다.

눈에는 눈, 이에는 이: 군사주의

현재의 시점에서 명시적으로 북한에 대한 군사적 제재 조치의 필요성을 언급하고 있는 국가나 정치 세력은 없다. 이는 직접적인 군사적 제재 조치가 몰고 올 파장을 감당하기 힘들다고 모두가 판단하기 때문이다. 미국 또한 여러 국내외 여건상 이러한 군사적 제재 조치를 취하기가 현실적으로 어렵다는 것이 대체적인 분석이다. 문제는 이 사태가 핵무장의 확산을 포함한 군비경쟁을 불러올 수 있는 환경을 제공하고 있다는 것이다. 직접적인 대북 군사 조치에는 찬성하지 않지만, 자위 수단으로서 자신도 핵무장을 하고 군비를 증강해야 한다는 논리가 설 땅이 더욱 넓어졌다는 것이다. 당장 일본과 대만의 핵무장 움직임이 가시화될 가능성을 배제할 수 없다. 이는 중국을 더욱 자극하고 동북아 전역에서 군사주의의 강화를 부추기길 것이기에, 안보 정세는 더욱 벼랑 끝으로 내몰리게 될 것이다.

북한 핵실험 직후 실시한 한 여론조사에서 "남한도 자체의 핵을 보유해야 한다"는 응답이 67%에 달했다는 것은 눈여겨 볼 대목이다. 이와 관련하여 주한 미군의 전술 핵무기 한반도 재배치 문제도 다시 거론될 수 있고, 한국의 미사일방어체제 참여 문제도 적극적으로 검토될 가능성이 있다. 이는 결국 동북아시아에서의 군비 증강 움직임을 부추기고 안보 불안을 심화시키게 될 것이다. 따라서 군비 증강과 군사주의에 대한 비판은 북한의 선군정치에 대한 비판과 더불어 성역이 없이 전개되어야 한다.

모든 책임을 미국에게: 반제 · 민족지상주의

10월 9일, "이제 '핵실험'과 함께 미제 놈들과 사생결단을 내자!"라는 제목의 호소문을 발표한 주한미군철수운동본부의 입장은 최소한의 정치적 이성도 마비된 극단적 수사로 가득하기에 논의할 가치도 없다. 통일연대의 경우, 10월 10일 발표한 성명에서 북한 핵실험 사태의 원인 제공은 분명히 미국의 대북 압박 정책이라는 것을 지적하고 있다. 통일 연대는 북한의 핵실험 및 핵보유에 대한 가치 판단을 유보함으로써 북한의 핵실험이 자위적 성격을 지닌 정당한 행위임을 간접적으로 표명하고 있다. 민중연대 또한 성명서에서 마찬가지의 입장을 밝혔다. 민주노동당의 이용대 정책위의장은 최근 한 언론과의 인터뷰에서 "민주노동당이 대치 국면에서 북한 핵무기의 자위적 성격을 인정한다"고 밝혔다. 한편, 북한 핵실험 직후 민주노동당의 논평에는 북한이 이날 〈조선중앙통신〉을 통해 발표한 내용 중 "핵실험은 조선반도와 주변 지역의 평화와 안정을 수호하는 데 이바지하게 될 것"이라는 주장에 대해 "민주노동당은 동의하지 않는다"는 내용이 포함되었는데, 이 내용의 삭제 여부를 놓고 발표 직전까지 논쟁을 벌인 끝에, 이 문구가 삭제되는 일이 있었다. 결국 민주노동당은 북한 핵실험에 대한 "유감"을 표명하고, 사태의 일차적 책임은 미국에게 있다고 지적하는 수준으로 의견 차이를 봉합하고 절충했다.

이러한 일련의 입장과 흐름은 사태의 반의 반쪽만을 지적할 뿐이다. 일단 이들이 주장하는 것처럼 사태의 일차적 책임이 미국에게 있다고 가정하더라도, 이들은 북한의 책임에 대해서는 아무런 언급도 하지 않았다는 점을 비판할 필요가 있다. 보편적 평화주의의 관점에서 이는 용납될 수 없는 것이다. 민족, 통일, 반제 등의 지상주의에 입각한 이러한 입장은 사태의 한 측면만을 바라볼 뿐 사태에 대한 총체적인 접근과 이해를 거부하고 있는 것이다. 미국의 책임을 묻는 것만으로는 이번 사태를 객관적으로 바라볼 수 없다. 이들은 북한의 입장을 이해하려고만 하지 사태의 중심축 가운데 하나인 북한 내부의 문제에 대해서는 눈을 감고 한국전쟁의 경험이라는 특수성만을 강조하고 있다.

남북은 물론 공조해야 한다. 그러나 공조는 비핵화를 위한 공조여야 한다. 북한 핵무기를 용인하기 위한 공조는 공멸을 위한 공조일 뿐이다. 북한에 핵무기가 용인된다면 일본과 한국 등 동북아 전체의 핵무장은 불을 보듯 뻔하다. 북한의 자위가 동북아 전체의 공멸을 담보로 한 것이라면 일국의 자위를 빌미로 삼은 핵무기는 동북아 공동 파국을 위한 핵무기에 불과할 것이다. 현 상태에서 이와 같은 핵 파국을 회피하기 위한 첫 번째 조처는 북한 핵의 폐기일 뿐이다. 남북 공조는 북한 핵의 폐기를 위한 공조여야 한다.

평화주의의 선택: 3+3 비핵평화체제

결론부터 말하자면, 북한 핵 문제를 해결할 수 있는 현실적인 대안은 바로 역내 핵보유국과 비보유국 사이의 3+3 비핵평화체제를 수립하는 것이다. 3+3 비핵평화체제는 다음과 같은 방식으로 이루어진다.

첫째, 한반도의 남북 양국과 일본 등 3국(비핵선언 3국)이 '앞으로 영구히 핵무기를 보유하지 않을 것'이라고 공동선언을 한다.

둘째, 미국, 중국, 러시아 등 3국(비핵화 유지 보증 3국)이 비핵선언 3국의 비핵화 유지를 보증한다.

셋째, 비핵화 유지 보증 3국은 비핵선언 3국에 대해 핵 공격을 감행하지 않을 것을 약속한다.

넷째, 위의 두 가지 약속을 비핵화 유지 보증 3국이 상호 감시한다.

이 체제의 핵심은 한국, 일본, 북한의 상호 안전보장을 미국, 중국, 러시아가 공동 보증하고, 핵보유 3국 중의 1국으로부터의 안전보장을 핵보유국 3국의 상호 감시 체제를 통해 보증한다는 것이다. 이 과정에 북미, 북일 수교는 자연스럽게 포함될 것이고, 대만해협에서의 평화 유지도 향후 자연스럽게 이 체제에 포함될 것이다. 나아가서 3+3 비핵평화체제는 미국, 중국, 러시아의 비핵화, 즉 전 세계의 비핵화를 위한 일보가 될 수 있다.

한국의 평화 세력은 3+3 비핵평화체제를 5자 합의의 목표로서 제시하고 한국 정부의 적극적 역할을 강제해야 한다. 비록 북한은 6자 회담의 틀에서 벗어났지만 그 외의 5국은 북한 핵의 폐기와 동북아 평화 체제의 구축이라는 6자 회담의 본래 목표를 포기해서는 안 된다. 북한 핵무기를 용인하는 것은 결국 일본과 한국의 핵무장을 용인하는 꼴이 될 것이다. 러시아, 인도, 파키스탄, 한국, 북한, 일본, 나아가서 대만까지 핵무장을 한다면 주변이 모두 핵보유국이 될 중국이 이와 같은 사태 전개를 환영하지 않을 것이다. 중국은 3+3 체제 수립에 관심을 가질 수밖에 없다. 중국만큼 급할 이유는 없지만 핵무기비확산체제를 통하여 핵 주도권을 유지해 온 미국도 마찬가지일 것이다. 그러나 일본의 우파는 자국의 핵무장을 위하여 북한의 핵무장을 내심 환영하고 있을 수 있다. 부분적으로는 한국의 우파도 비슷한 생각을 가질 수 있다. 하지만 그와 같은 생각은 북한의 핵실험만큼이나 위험한 생각이다. 북한의 핵무기는 폐기되어야 하며, 폐기는 검증되어야 한다. 그런데 폐기의 방법은 무엇이며 무엇이 되어야 하는가?

앞으로의 협상은 1 대 5의 협상일 수밖에 없다. 여기에서는 우선 북한을 제외한 나머지 5자가 북한 핵 폐기의 방법에 대하여 어떻게 합의

할 수 있는가가 관건이 된다. 즉, 무력 제재의 배격, 대량살상무기확산 방지구상PSI처럼 긴장을 고조시킬 기타 극단적인 제재 수단의 보류 등에 5자가 합의할 수 있는가가 중요한 문제가 된다. 그런데 한국 정부는 5자 간의 그와 같은 합의를 추진할 수 있는 능력과 의지를 가지고 있는가? 당장의 파국을 피하고, 궁극적으로 동북아에서 3+3 비핵평화체제의 수립을 위해서는, 한국 정부의 적극적인 외교 능력이 우선적으로 요구된다.

한국의 평화주의 세력은 무력 제재론과 북한 핵 용인론 양자를, 일관된 평화주의의 관점에서 모두 배격하는 것을 개입의 출발점으로 삼아야 한다. 그리고 3+3의 비핵평화체제를 실현하기 위해서 한국과 일본의 평화 세력이 우선적으로 결집하고 공동 행동을 통해 현 국면에서 공통의 목소리를 내어야 한다. 그리하여 전 세계의 시민사회 역량의 결집시키고 각 나라 당국자들에게 사태의 평화적 해결을 강력히 요청해야 한다.

평화주의자의 선택이란 매우 분명하다. 그러나 이 분명한 길은 실로 지난한 길일 수 있다. 그러나 이 지난한 길은 핵 파국을 막을 수 있는 유일한 길이다. 한국의 평화 세력은 국민 대중의 정치적 이성에 대한 굳은 확신을 가져야 한다. 국민 대중은 분명 평화주의의 선택을 지지할 것이다.

『프로메테우스』, 2006년 10월 12일.

정당한 것과 강한 것!
일본과는 다른 한국을 꿈꾼다

가장 정당한 것은 궁극적으로 가장 강하다. 그러나 유감스럽게도 한국의 20세기는 식민지 시대는 물론이요 지금까지도 "강한 것이 정당하다"라는 정반대의 명제를 명시적으로 혹은 묵시적으로 강요받고 있다. 그리하여 한국 사회의 구성원들은 알게 모르게 강한 것에 대한 콤플렉스를 가지게 되었다.

최근 일본의 식민 지배를 미화하는 일련의 망언들은 한국의 극우파가 얼마만큼 강한 것에 대한 콤플렉스에 시달려 왔는가를 역설적으로 보여 준다. 그들의 논거란 강한 일본이 없었다면 조선은 근대화되지 못했다는 것 이상도 이하도 아니기 때문이다. 그들은 사회 구성원들에게 그런 콤플렉스를 주입함으로써 이 사회를 지배하고 규율해 왔다. 그리고 이제 사회 구성원들이 점차 그로부터 벗어나려 하자 그런 시도란 위험천만의 일이라고 경고하고 있는 셈이다. 그들이 내세우는 대단히 비非학문적이고 반反사실적인 논거 하나하나를 여기에서 따지는 일은 부질없고 무의미한 짓이다. 그런 논박 자체가 이미 강한 것은 정당한 것이라는 그들의 전제를 암묵적으로 받아들이는 셈이기 때문이다. 오히려 여기서 주목할 점은 최근 일련의 망언들은 그 주장의 내용에 있어서만 친일적인 것이 아니라 그 전제와 구조에 있어서 근본적으로 일본적이라는 점이다.

서구의 강함을 동경해 온 일본 근대화의 역사

일본 사회의 주류의 의미론에서 '강하다'는 말은 여전히 가장 중심적인 술어이다. 개항이 그랬고, 태평양전쟁의 종식이 그랬고, 재건 과정이 그랬다. 개항 이후 일본은 강해지고자 했고, 인권과 민주주의란 강해지기 위하여 도입된 것이며, 더욱 강해지기 위해서는 폐기되어도 그만인 것이었다. 일본의 20세기는 그렇게 출발했고, 그렇게 발전했으며, 그렇게 태평양전쟁과 전후 부흥이라는 몰락과 재건의 과정을 거쳤다. 전후의 평화헌법조차 일본의 근대화 과정에 뿌리박힌 강한 것에 대한 콤플렉스를 극복하게 해 주지는 못한 것 같다. 식민 지배와 전쟁범죄에 대한 인정, 사과, 보상에 인색한 것, 그런 요구를 내심으로는 약한 자의 억지와 떼로 간주하는 경향 등은 역설적으로 강한 것에 대한 콤플렉스에 뿌리를 둔다. 일본 근대화의 정신적 뿌리는 서구에 대한 콤플렉스이며, 그 실체는 근대 인권과 민주주의에 대한 동의라기보다는 서구의 기술적 합리성과 물질적 능력에 대한 동경이었다. 태평양전쟁 패전 이후에 이것은 미국의 힘에 대한 콤플렉스로 지속된다.

1990년대의 민주당-사회당 연정을 제외하면 거의 예외 없이 국가기구를 장악해 왔던 일본 우파의 목표는 미국에 대하여 대등한 파트너의 자격에서 발언할 수 있는 종합적 국력이었다. 이제는 일본이 안보리 상임이사국의 지위를 요구할 만큼 어느 정도 그런 위치에 올라선 셈이다. 이렇듯 일본 시민사회는 여러 세세한 측면에서는 고도로 발전하였으나 국가 사회의 근본적 가치 지향을 결정할 정도의 능력은 아직 획득하지 못한 것 같다. 즉 100년 이상 지속되어 온 강한 것에 대한 콤플렉스를 극복하고 아시아와 세계 속의 일본의 위치와 영향력을 보편적인 정당성에 근거하여 재구성할 전반적 능력 말이다. 얼마 전에 일본 여당의 간사장이 "일본은 천황의 국가"이며 국민은 천황을 중심으로 단결해야 한다고 말했다 한다. 미국인들은 일본의 대아시아 정책을 곧잘 영국의 대륙 정책에 비유하곤 한다. 그런데 만약 일본과 비슷하게 입헌군주제인 영국에서 보수당 수상이었던 대처나 메이저가 "영국은 여왕의 국가"라고 말했다면, 국민들은 그런 말을 국민과 의회의 주권에 대한 중대한 모독으로 판단하거나 아니면 별로 우습지도 않은 농담으로 간주했을 것이다. 중요한 지위에 있는 정치가가 그런 발언을 하고도 현해탄 건너서나 파장을 일으키는 사회는 벌써 우려할 만한 사회이다.

일본 사회의 최근 경향은 급격히 우경화되고 있는 미국 사회와 비교할 때에도 그 양상이 매우 일본적이고 매우 특수하다. 미국 사회의 양면을 분석적으로 대면할 수 없는 단순한 친미주의자, 마음 속 깊은 곳에서는 강한 것에 대한 맹목에 지배되는 사람들에게 무엇 때문에 그런 견해를 가지게 되었는가라고 묻는다 해도, 그들은 미국이 강하기 때문이라는 이유에서만 근거를 찾지는 않을 것이다. 그들은 분명 미국적 가치로서 인권과 자유의 보편성에 대해 말 할 것이다. 기독교 근본주의가 사회에 깊숙이 뿌리박혀 있다는 점에서 미국도 매우 특수한 사회이며 일방주의적 외교정책으로 욕을 많이 먹고 있긴 하지만, 미국 사회는 적어도 일본 사회와 비교할 때는 덜 특수하며 덜 종족적이다. 미국의 보편성 역시 그 사회의 고유한 맥락을 갖고 있겠지만, 적어도 미국에서 보편성이라는 범주 자체는 어떤 종류의 특수한 정체성보다는 더 우월한 것으로 취급된다.

반면에 일본은 그저 특수할 뿐이다. 일본을 통합하는 가치가 전범戰犯을 군신軍神으로 섬기는 행위로 표현될 때 다른 나라의 구성원이 그런 가치를 자신의 가치로서 받아들일 여지는 전혀 없다. 일본의 이토록 강력한 종족 정체성과 충돌한 다른 민족들은 자신들만의 종족 정체성으로 회귀할 수밖에 없다. 그들 역시 일본이 그러하듯 자신들만의 신화를 구성하고 그런 배타적 특수성에 근거하여 강성대국을 추구할 충동을 느낄 뿐이다. 일본의 종족주의는 동아시아의 다른 종족주의의 자양분이 될 뿐인 것이다.

일본의 강함을 동경하는 한국

그러나 사실 한국 사회도 아직은 일본 사회를 우려할 만큼의 자격을 갖추고 있지 못하다. 냉정히 살펴보자면 한국은 그저 무능한 일본에 불과하다. 한국은 일본만큼 부강하지도 않지만 일본과 동일하게 "강한 것은 정당하다"는 콤플렉스에 여전히 찌들어 있기 때문이다. 그리고 이 맥락에서 일본이란 미국 다음으로 강한 것으로 파악된다. 식민 지배의 불가피성을 피력하는 일련의 발언들이 그렇고, 다른 한편으로는 박정희 향수조차 그러하다. 게다가 이런 흐름들에 대한 한국 시민사회의 대응 양식도 강한 것에 대한 콤플렉스로부터 완전히 벗어나 있지 못하다. 왜냐하면 아직도 한국 사회의 일본 비판의 기저에는 한국 역시 일본만큼 강한 민족이고자 하는 열망, 정당성보다는 힘에 대한 맹목적인 열망과 같은 종족주의적 전제로부터 자유롭지 않은 단면들이 나타나기 때문이다.

그와 정반대로 과거에 한국 민족주의가 최소한 진보적일 수 있었던 이유는 한민족을 다른 민족의 우위에 두거나 특정 민족을 폄하하는 종족주의적 발상에 근거하지 않고 한민족의 권리에 대한 주장을 모든 민족이 동의할 보편적 가치에 근거하여 펼쳤기 때문이다. 그 점에서 조선 민족 지상주의는 민족주의 담론의 파탄을 보여 주는 것이며, 또한 민족이나 종족을 실체화하는 담론은 언제든지 배타적이 될 위험을 안고 있음을 실증해 주는 예라 할 수 있다. 하물며 엉뚱하게 몽골 제국까지 거슬러 올라가는 조갑제류의 종족주의적 발상이란 강한 것에 대한 콤플렉스, 더 정확하게 말하자면 일본 콤플렉스이며, 강한 것에 굴복하며 강한 것을 추구하는 우스꽝스러움의 극치라 할 수 있다. 천황이 없고, 신사에 섬겨야 할 군신이 없기에 일본식 사회를 만들기 위하여 종족의 신화까지 만들어 내야 한다면, 한국은 일본을 도저히 극복할 수 없을 것이다. 여기에서 정말 역겨운 일이란, 그와 같은 종족주의는 동시에 더 강한 것을 정당한 것으로 섬기는 사대주의, 주체 상실, 보편적 판단력 상실이라는 점이며, 그래서 철두철미하게 그 사유 구조에 있어서조차 나쁜 의미에서 철저히 일본적이라는 점이다. 어쩌면 그런 사람들이 일본의 식민 지배를 옹호하는 발언을 하는 것은 오히려 수미일관하다고 하겠다. 부국강병을 앞세우는 자칭 애국자들이 왜 친일적이었으며 어떻게 친일적으로 귀결되는가의 비밀은 바로 거기에 놓여 있다. 그렇다면 그들에 대한 비판, 나아가서 과거사 문제를 둘러싼 일본의 태도에 대한 비판도 당연히 한민족이라는 특수한 정체성이 아니라 어떤 민족이든지 동의할 보편적 가치와 권리에 입각하여야 할 것이다.

'과거'라는 이름의 거울을 똑바로 보지 않는 일본

한국을 포함한 동아시아 전체의 미래에 있어서 20세기 역사의 청산은 매우 중요한 문제이다. 궁극적으로 태평양전쟁의 정신적 청산은 일본 사회가 적어도 독일이 유럽에서 수행한 것과 동일한 수준의 반성을 수행할 경우에만 이루어질 것이다. 그리고 이 과정에서 일본의 비판적 사회 세력은 가장 중요한 위치를 차지한다고 말할 수도 있다. 무엇보다도 반성은 외적 강요나 상황적 필요에 의한 것이 아니라 인류의 보편적 가치에 대한 확신에 의거하여 이루어진 것이어야 값진 것이며 또한 그럴 경우에만 역사는 반복되지 않을 것이다.

이 점에서 한일의 과거사 문제는 독도 영유권 분쟁과는 수준이 다른 문제이다. 독도는 실효적으로 대한민국 영토이다. 그것이 역사적으로도 대한민국 영토인가라는 문제 제기의 논증 부담을 안고 있는 측은 한국이 아니라 일본이다. 왜 한국 정부가 과거사 문제를 언급하자마자 3·1절을 즈음하여 일본이 독도 문제를 거론했는가를 유심히 살펴야 한다. 일반적으로 영유권 분쟁과 관련하여 이해 당사자 양측은 제삼자에게 배타적 민족주의의 의심을 받을 수밖에 없다. 독도를 둘러싼 영유권 분쟁은 민족주의, 그것도 가장 좁은 의미의 특수한 민족적 정체성들 간의 투쟁으로 이해될 수밖에 없다. 어떤 경우이든 영유권 주장은 해당 지역의 역사나 주민 구성에 의거한다. 국가 간 조약은 역사적 영유권을 확증 또는 수정하는 방식으로 분쟁을 해결한다. 평화적 해결에 도달하는 가장 탈역사화된 방식이란 주민 투표를 통한 해결이다. 그런데 독도가 유의미한 규모의 인구가 거주할 수 없는 섬인 한에서 독도를 둘러싼 분쟁이란 고지도를 뒤적거리는 역사 논쟁일 수밖에 없다. 일본의 의도는 바로 거기에 놓여 있다. 한일 간에 청산하고 극복해야 할 역사적 문제를 무인도의 영유권에 대한 것으로 변질시키는 것. 다시 말해서, 과거사 문제가 제기될 때마다 일본이 독도 문제를 제기하는 배경에는 한일의 과거사와 관련한 논쟁에서 정당성의 문제를 희석시키고 그것을 단순히 서로 다른 민족 간의 특수한 역사와 정체성에 입각한 갈등으로 재구성하고자 하는 의도가 있다. 이와 같은 중대한 효과에 비하자면, 어업권이라든지 여타 자원에 대한 권리, 군사적 의미 등도 부차적이라고까지 말할 수 있겠다.

유감스럽게도 일본의 의도는 잘 맞아떨어졌다. 북방과 남방에서 중국과 러시아와의 영토 분쟁과 마찬가지로 독도 문제는 우파들이 일본 국내 여론을 주도할 수 있도록 해 준다. 그것은 일본 국민들에게 독도 영유권 문제가 패전의 결과로 묶여서 이해되도록 만들며, 이제 미국과도 어깨를 겨눌 만큼 강력해진 일본이 주변국에게 당연히 제기해야 하는 강자의 요구로서 이해되도록 만든다.

나아가서 독도 영유권 주장의 효과는 일본 국내에만 한정되지 않는다. 그것은 한일 관계가 제삼국에 어떻게 이해되는가의 방식을 결정한다. 예컨대 미국 의회에서는 한일 관계의 문제가 그저 무인도를 둘러싼 특수한 민족주의 간의 우려할 만한 갈등으로 보고된다. 나아가서 일본의 독도 영유권 주장은 일본에 대한 한국 사회의 반응 양태조차 결정한다. 독도는 분명 대한민국 영토이다. 그러나 독도 영유권에 대한 대중적 감정이입은 철저히 일본적이고 또한 일본의 의도에 말려드는 일이다. 그런 문제는 정당성을 논할 수 있는 문제가 아니라 역사적 사실 관계를 따져야 할 문제이기 때문이다.

반면에 한일 근대사의 문제는 단순히 우리가 당했기 때문에 억울하고 사과 받아야 하고 보상 받아야 하겠다는 문제를 넘어선다. 그것은 일어나지 말았어야 할 인류적 범죄이기에 사과와 보상에 대한 촉구는 인류 보편의 가치에 입각한 정당성에 근거한다. 한일 근대사 문제는 한국만의 문제가 아니고 동아시아 일반의 문제, 그것은 나아가서 인류 공통의 문제이다. 그것은 일본이 평화 속에서 공영하는 동아시아의 정신적 일원이 되기 위하여 반드시 해결해야 할 과제이며, 동아시아가 다시 하나의 문명으로 수립되기 위하여 반드시 극복해야 할 문제이다. 그리고 여기에서 한국 사회의 책무는 그 스스로 먼저 종족주의적 폐쇄성을 넘어서는 일이며, 인류 보편적 관점에서 일본이 잘못된 과거를 반성하기를 촉구하는 일이다.

박정희 향수, 한국은 일본을 닮아 가는가?

더 강한 것에 대한 숭배, 정당한 것이 궁극적으로 가장 강한 것이라는 진리에 대한 불신, 이것이야말로 한국 사회가 극복해야 할 일제 식민 잔재, 아직도 한국 사회에 잠복해 있는 지극히 일본적인 요소이다. 이주 노동자에 대한 처우나 동남아에서 반한 감정을 일으키는 관광 행태라든지, 자긍심을 온통 한국산 전자 제품이나 자동차에서 찾는 좁은 식견이라든지 많은 점에서 한국 사회는 일본 사회를 그대로 닮아 가고 있다.

무엇보다도 외환 위기 이후, 하나의 코드가 되어 사회 내부에 깊이 잠복하고 있는 박정희 향수가 일본을 빼닮은 것이다. 일제의 식민 지배에 대해서 공과 과를 나누어 살펴야 한다는 발언에 분노하는 사람들조차, 더 나아가서는 박정희 시대에 대하여 대체적으로 비판적인 사람들조차, 그 인물의 공과 과를 나누어 살펴야 한다고 말한다. 그런데 중요한 점은 그렇게 말하면서 사람들이 정작 수행하고 있는 것은 1960년대와 1970년대에 대한 객관적인 역사 평가가 아니라는 점이다. 그렇게 말하면서 사람들은 오히려 현재 이 시점에서 한국 사회가 나아가야 할 방향에 대한 정치적 견해를 표명하고 있거나 특정한 정치적 견해에 압도되어 있을 뿐이다.

그들이 말하듯이, 경제성장을 시대와 무관한 그 개인의 공로라고 일단 가정하자. 그리고 인권 탄압을 그의 과오라고 하자. 역사학은 그 공로에 대해서조차 다른 방식의 경제성장 가능성을 제시할 수 있고, 경제개발 계획은 이미 제2공화국 때에 윤곽이 잡힌 것이라는 사실을 반증 논거로 지적할 수 있을 것이다. 그러나 그런 지적조차도 주어진 문제의 성격에 비추어 보건대 매우 부차적이다.

한반도의 20세기 역사에 대한 평가가 지금 중요한 이유는 한반도의 미래가 어떤 발전 방향으로 틀이 잡힐 것인가를 결정할 수 있기 때문이다. 산업 현실을 조금 이해하는 사람이라면 누구나 박정희 시대의 경제성장 방식을 되풀이하는 것은 더 이상 불가능하다고 생각할 것이다. 그렇다면 그 인물과 그 시대의 '공로' 조차 극복해야 할 과거일 뿐이라고 말해야 한다. 그 시대에 민주화 운동을 했다는 장년층이 이 점을 분명 알고 있으면서 그렇게 말하지 않는다면, 그것은 한국 사회가 아직 강한 것에 대한 맹목으로부터 완전히 벗어나지 못했다는 증거일 뿐이다.

"기어 다니지도 못하면서 날아 다니려 한다"는 면박이나 "억울하면 출세하라"는 조롱은 박정희 시대에 성장기를 거친 사람이라면 누구나 한 번쯤 들어 봄직한 말이다. 그렇게 그 시대는 인간이 그 고유한 개인성을 발휘할 능력을 계발하는 것을 제한했고, 국민을 질서 잡힌 산업 군대로서 편제하고자 했다. 그 시대는 연구 개발이 아니라 숙련과 통제 그리고 거대 재벌로의 집중이 경쟁력이었다. 그 시대의 한계와 파국 역시 국민 모두가 함께 겪어야 했던 역사였다. 그리고 파국의 경제적·사회적 후유증이 현재 한국 사회가 안고 있는 심각한 문제가 되었음에도 불구하고, 한국 사회는 아직 그 시대의 향수로부터 완전히 벗어나지 못했다. 그 이유는 무엇보다도 대다수의 국민들이 비록 지난 20년간 경제성장이 보다 많은 민주주의에 대한 요구로 귀결되는 과정을 체험하기는 했으나 거꾸로 보편적 민주주의가 국민적 부의 원천이 되는 과정을 실감하지 못했기 때문이다.

한국 경제의 현 국면에서 자본주의적 성장 가능성은 오직 보편적 민주주의, 각인이 다양한 개인성을 발전시키고 사회적으로 소통하며 의견을 수렴할 제도의 수립, 각인이 더 창의적일 수 있도록 조력하는 교육, 사회 모든 분야에 있어서의 기회균등, 기본적 사회보장 등을 통한 중장기적인 기술혁신 이외에 어떤 다른 요소로부터 발견될 수 없다. 그리고 그것은 단지 원칙의 문제만이 아니라 현실의 조건이다. 한국 경제는 기술 수준이나 경제 규모에 비하여 유례없이 금융적으로 취약하여, 이미 집중된 부문의 자본은 해당 분야에서의 기술혁신을 추진할 수는 있는지 몰라도 다른 부문으로의 대규모 투자를 수행할 수 없는 여건이다.

박정희 향수의 원인은 단순히 지난 몇 년간의 경제 침체에 놓여 있는 것이 아니다. 그것은 한국 경제의 발전 과정에 뿌리를 두고 있으며, 그 한계가 노정되었음에도 불구하고 대안적 발전을 위한 제도들이 아무것도 수립되어 있지 않다는 점과 연관된다.

정당한 것은 강하다

자본주의적 성장 경로에 있어서 북한을 제외한다면 지금까지의 동아시아는 매우 닮아 있다. 한국이 일본을 모방했으며, 중국이 1980년대와 1990년대에 부분적으로 한국을 따랐다. 그래서 동일한 현상이 여러 사회에서 반복되기도 한다. 일본 우익을 모방한 한국 극우파의 종족주의, 또는 지난날 한국에서처럼, 국가적 통일을 위해할 정도로 심각한 중국의 지역 간 발전 격차 등, 유사성을 발견하자면 매우 많을 것이다. 그러나 그 과정에서 각 사회가 겪은 경험들은 모두 고유하고 특수하다. 그런데 과연 무엇이 한국 사회의 고유하고 특수한 경험일까? 그것이 일본 극복의 문제, 박정희 극복의 문제, 보편적 민주주의와 닿아 있는 것 아닐까!

이제 한국은 정당한 것이 강한 것이지 강한 것이 정당한 것은 아니라는 사회적 확신을 필요로 하는 시점이 되었다. 그리고 이 점에서 한국과 일본은 당분간 단지 다른 것만이 아니라 정반대의 길을 갈 수밖에 없다. 그래서 한국 사회의 구성원은 전범을 군신으로 섬기는 행위가 일본의 전통이니 일본인이 알아서 판단해야 할 일이라 말할 수 없다. 오히려 동아시아에서 한국의 역할이란 일본과 다른 성공적인 사회 발전 경로를 통하여 일본이 종족주의로부터 벗어나도록 돕는 것이다. 정당한 것은 궁극적으로 강하다!

『프로메테우스』, 2005년 3월 12일.

일본 군사 대국화의 아르키메데스 포인트

2005년 3월 일본의 평화헌법 개정 움직임에 대하여

"일본 국민은 정의와 질서를 기조로 하는 국제 평화를 성실히 희구하고, 국권의 발동에 의거한 전쟁 및 무력에 의한 위협 또는 무력의 행사는 국제분쟁을 해결하는 수단으로서는 영구히 이를 포기한다. 이러한 목적을 성취하기 위하여 육해공군 및 그 이외의 어떠한 전력도 보유하지 않는다. 국가의 교전권 역시 인정치 않는다."

일본 헌법 9조.

일본의 평화헌법 개정 움직임

며칠 전 『아사히신문』은 일본의 집권 자민당에 의하여 추진되고 있는 헌법 개정 계획에 대하여 논평하고 있다. 자민당은 모리 요시로 전 수상을 위원장으로 하는 신헌법기초위원회를 구성하고 그 산하에 10개의 소위원회를 두고 활동을 개시했다. 소위원회의 위원장들은 여전히 막강한 발언권을 가지고 있는 자민당 원로들로 구성되어 있다.

예컨대 '전문에 관한 소위원회'는 86세의 나카소네 전수상이 위원장이며, '천황에 관한 소위원회'의 위원장은 85세의 미야자와 전수상이며, 자위대와 관련된 조항인 '9조 위원회'는 전 관방장관 후쿠다 야스오가 맡았다. 자민당은 오는 11월의 창당 50주년 기념식에서 개헌안을 확정할 것이라고 한다. 이를 위하여 신헌법기초위원회는 3월 한 달 동안 토론을 거쳐 4월까지는 시안을 제출할 것이라고 한다.

이미 고이즈미 내각은 유사 입법안을 통해서 자위대의 해외파병의 길을 열었고, 방위청도 방위성으로 격상하는 등, 헌법 9조 개정에 준하는 실질적 조치들을 차근차근 수행하였다. 그러나 헌법 9조라는 정신적 구조물은 이와 같은 실질 조치들에 대한 제한으로서 여전히 남아 있다. 헌법 개정은 군사 대국으로 가는 이와 같은 일련의 과정이 완결됨을 의미한다. 이제 평화라는 가치는 더 이상 절대적 구속이 아니라 선택 사항으로 변하게 될 것이다.

1997년 개헌 논쟁에서 나카소네가 헌법 9조의 수정을 요구하는 개헌론의 대표였다면, 미야자와는 자민당 내의 호헌론을 대표했다. 미야자와는 태평양전쟁의 역사적 경험에 비추어 보건대 헌법 9조는 그대로 유지되어야 한다는 입장이었다. 반면에 나카소네는 샌프란시스코 조약 이전의 군사 주권을 회복하는 것이야말로 국가로서의 일본의 정상화라고 주장했다.

그 당시에는 미야자와가 이겼다고 볼 수 있으나 8년 만에 상황은 역전되었다. 호헌론자였던 미야자와를 소위원회의 위원장으로 참여시키고 그에게 개헌의 요체와 별로 관련이 없는 '천황에 관한 소위원회'를 맡긴 점은 지난 선거에 개헌을 공약으로 내걸었던 고이즈미 수상의 정치적 수완이라고 『아사히신문』의 논평은 전한다. 그래서 1956년에 스스로 '헌법 개정의 노래'를 만들어 유포시키고 평화헌법의 철폐와 일본의 군사 대국화를 위하여 꾸준히 노력해 온 나카소네 전수상은 지난 3월 3일 소위원회의 첫 회의를 개최한 후에 감회를 굳이 숨기고자 하지 않았다 한다. 가장 중요한 소위원회라 할 수 있을 '9조 위원회'의 위원장인 후쿠다 야스오에 대하여 아사히 신문은 개헌론자이지만 나카소네와는 달리 중도파라고 평가한다.

자민당 전체의 분위기는 아직 개헌론이 압도적이다 또는 아니다 라고 말할 수 없는 상태라고 평가되고 있다. 또한 설사 자민당이 제9조 개정으로 당론을 정한다고 하더라도 중·참의원 합동회의의 3분의 2의 지지를 받아야 하고, 국민투표에 붙여 과반수의 지지를 받아야 하는 등, 일본 극우파가 넘어야 할 산은 여전히 많다. 한국에서 주목해야 할 점은 바로 이것이다.

일본이 독도를 건드리는 진짜 이유

2월부터 일본은 동아시아의 주변 국가들 모두에 대하여 분쟁을 일으키고자 하는 듯 보인다. 일본이 독도, 북방 도서, 남방 도서 등등에 영유권 주장을 한 것은 어제 오늘 일이 아니다. 그러나 어떤 특정 시점에 전방위적으로 외교 분쟁을 일으키는 것에는 분명히 이유가 있을 것이다.

개헌 문제와 연관하여 생각해 본다면, 새삼 도발적으로 변하고 있는 일본의 독도 영유권 주장은 평화헌법 개정을 최종 목표로 하는 일련의 기획에서 지렛대 역할을 하고 있음을 알 수 있다. 대외 충돌을 통하여 심리적 고립을 자초하고 영토주권에 대한 상실감과 고립감에 기대어 헌법 개정으로 여론을 움직여 나가는 긴 과정이라는 것이다. 반대로 한일 과거사 문제는 군국주의의 반인륜성을 드러내고 일본의 헌법 개정과 군사 대국화에 있어서 걸림돌로 작용한다. 과거사 문제가 불거지자 독도를 분쟁 지역으로 만들고자 하는 이유도 아마 거기에 놓여 있을 것이다.

일본은 과거사와 독도, 이 두 가지 문제가 각기 다른 의미론에 의하여 구성됨을 잘 알고 있다. 하나는 보편적 정당성의 문제이다. 그것은 인류가 공통적으로 인정하는 보편성에 근거하여 무엇이 정당한 것이며 무엇이 반인륜적 범죄인가를 나눈다. 다른 하나는 개별 국민국가의 영토주권 문제, 특수한 소속성의 문제이다. 전자가 국가라는 심급 이전의 문제라면, 후자는 국민국가라는 심급을 반드시 전제한다.

한국 사회는 이 두 가지 문제를 구별하고 각각에 대하여 나누어 대응해야 한다.

일본에 대한 한국의 요구는 식민 지배와 전쟁범죄에 대한 인정, 사과, 보상을 중심에 두어야 한다. 이와 같은 보편적 정당성에 근거한 요구를 중심으로 일본에서 진행되고 있는 일련의 사회적, 정치적 과정에 한국 사회가 개입할 수 있어야 한다.

반면에 독도 문제와 관련해서는 정부 수준에서 영토주권의 침해라고 외교적으로 항의하는 일과 그 실효적 지배권을 강화하고 대내외적으로 보여 주는 일, 독도 주변 수역의 어업권을 보호하는 일 등등, 일상적인 영토주권의 보호와 행사 이외에 달리 할 일은 없다. 아울러 대중적 반일 감정의 중심이 한일 과거사 문제나 이와 관련된 교과서 왜곡이 아니라 독도 영유권 문제에 놓이는 일은 결코 바람직한 일이 아니다.

일본 극우파는 헌법 개정으로 나아가는 일련의 과정에서 독도 문제를 아르키메데스 포인트로 이용하고 있을 수 있다. 만일 한국 극우파가 보편적 상식에 어긋나는 발언을 하고 종족주의적 반일 감정이 격동된다면, 북한 핵, 일본인 납치 문제 등 일본 극우파에게 국내 여론을 유리하도록 만들어 주는 외적 여건이 완성되는 결과를 낳을 뿐이다. 당연하게도 한국 우파는 벌써 이런 의도에 잘 협조하고 있다. 식민 지배를 찬미하고 친일이 친북보다 낫다던 우파는 이제 독도를 북한에 임대하여 대포동미사일을 배치하여야 한다고 주장한다.

두 가지 이야기가 한 사람의 입에서 나온 것이 아니라는 사실이 그나마 다행일 뿐이다. 식민 지배를 미화하는 망언들을 통하여 한국 우파는 그 스스로 얼마나 구조적으로 친일적인가를 친절하게 알려 주었다. 이제 독도 영유권에 대한 발언에서 한국 우파는 그 스스로가 얼마나 일본 우파의 계획에 잘 협조하고 있는가를 또 한 번 잘 보여 주고 있다. 그러나 진정 한국 사회가 동아시아에서 가질 수 있고 당연히 가져야 할 발언권은 인권, 민주주의, 평화의 보편성에 근거한 것이다.

『프로메테우스』, 2005년 3월 17일.

인권 전쟁은 가능한가

04

미국의 폭정 타도론과 이라크 전쟁

보편적 인권의 옹호, 내정 불간섭과 개별 국가의 주권 존중, 그리고 세계 평화. 언뜻 보기에 조화롭고 마냥 좋게 들리는 이 세 가지는 현재 세계 곳곳에서 갈등을 일으킨다. 가장 전형적인 갈등 형태는 자국민의 인권과 기본적 권리를 명백하게 짓밟고 있는 '폭정'이다. 국제사회가 그 같은 '폭정'에 대해 어떤 태도를 취할 것인가라는 문제를 둘러싸고 격렬한 논쟁이 벌어진다. 폭정! 이 말은 "(북한은) 폭정의 전초기지"라는 표현으로 우리나라 사람들에게도 꽤 익숙해진 미국 네오콘의 개념을 떠올리게 한다.

네오콘의 폭정 개념

네오콘의 입장에서 '폭정'을 판단하는 기준은 국가에 대한 방어권, 곧 고전적 자유권을 중심으로 하는 인권의 개념이다. 부시 행정부 2기의 정신적 대부로 떠오른 이스라엘 국회의원 나탄 샤란스키에 따르자면, 그 최소한의 기준은 광장에서 정권을 규탄해도 체포되지 않을 자유, 즉 표현의 자유이다.

이 점에서 네오콘의 폭정 개념은 고전고대적 아리스토텔레스주의의 '폭군정' 개념과 분명히 구별된다. 예컨대 절대 군주나 20세기적인 개발 독재자가 비록 핵심 자유권마저 탄압하지만 그 통치의 목적에 있어서는 국가 공동체의 공동선을 추구할 경우, 아리스토텔레스는 그런 경우를 마땅히 '합헌 정체'(폴리테이아)라 부를 수밖에 없고 '폭군정'이라 말할 수 없기 때문이다. 아리스토텔레스에게 '폭군정'이란 국가 공동체(폴리스)를 자신의 '가계'(오이코스), 즉 사유재산으로 간주하며, 특수 이익을 추구하는 지배일 뿐이다. 정치 공동체와 '가계'의 구별, 공익과 사익의 구별에 근거한 아리스토텔레스주의적 '폭군정' 개념에는 인권이라는 근대적 척도가 들어설 자리가 없다. 그로부터 얻을 수 있는 것은 단지, 공동선을 추구하는 정치와 부패한 정치의 구별일 뿐이다. 반면에 네오콘의 폭정 개념에는 핵심 자유권이라는 근대적 가치가 '좋은 정치'에 대한 최소 준별점으로 등장한다. 그 결과, 네오콘의 폭정 개념은 인권을 유린하는 정권을 설령 그 정권이 전반적으로 국익에 봉사하고 다수의 지지를 받는다 하더라도 '폭정'으로 규정하게끔 한다. 네오콘의 폭정 개념에 따르자면 박정희 체제는 '폭정'으로, 박정희 향수는 '폭정에 대한 향수'로 판단될 것이다.

문제가 출발하는 지점은 다음의 질문이다. 네오콘의 폭정 개념은 평화와 인권에 기여하는가? 과연 우리는 네오콘의 폭정 개념을 받아들일 수 있는가? 일단 네오콘의 폭정 개념을 '좋은 정치 체제'의 보편적 최소 기준으로 받아들이자. 그렇다면 그 같은 폭정 개념은 폭정에 시달리는 인민들에게 도움이 되는가?

　여기에서 주의해야 할 점은 네오콘이란 단지 정치철학의 한 사조가 아니라 미국 사회를 근본으로부터 바꾸려는 정치 운동이며 초강대국 미국의 현실적인 대외 정책이라는 점이다. 결국, 팔루자와 관타나모를 떼어놓고 네오콘의 폭정 개념을 생각할 수는 없다. 전쟁터와 수용소, 이 두 가지는 '폭정 타도'라는 네오콘의 깃발이 지나간 자리에 남겨지는 두 종류의 공간이다. 내전과 수용소, 그것은 보편적 인권에 입각한 군사적 개입주의가 보여 주는 결과물이다. 타국의 주권을 부정하는 인권 개입주의의 군기軍旗에 보편적 인권의 빛이 내려 쪼일 때, '폭정 타도'의 깃발 아래에서 발견된 것은 그저 어두운 그림자, 전쟁터와 수용소이었을 뿐이다. 그러면 이 어두운 그림자는 비판적 지성에게 과연 무엇을 시사하는가? 그로부터 얻어낼 수 있는 것은 그저 폭정을 일삼는 국가의 '주권의 신성함'이란 뻔한 결론뿐일까?

　폭정이라는 타자에 대해 내재적으로 접근하는 것은 폭정의 구조를 이해하는 데 도움을 줄지도 모른다. 그러나 특수한 타자에 대한 내재적 이해나 존중 못지않게 중요한 것은, 그러한 타자가 보편적 가치 체계 안으로 들어오게 이끄는 일이다. 결국 남은 문제란, 어떤 특수한 타자에게는 지극히 외적일 수밖에 없는 보편성이 어떤 방식으로 그 같은 특수성과 소통하며 대화할 것이며, 타자의 변화를 이끌어내기 위하여 어떻게 어떤 방식으로 작용할 것인가의 문제인 것이다.

이라크 전쟁의 정당화 논리들

이라크와 관타나모의 예는 이 문제에 의미심장한 교훈을 준다. 왜 그와 같은 일이 일어났는가? 네오콘의 폭정 타도론은 왜 문제인가?

이라크 전쟁과 미군주둔의 정당화 논리는 시기와 국면에 따라 변모해 왔다. 변화의 최종적인 형태로 등장한 것은 물론 폭정 타도론, 이라크 민주화론이다. 일단 이것의 등장 과정과 논리적 구조를 간략히 살펴보자.

후세인 정권은 분명 폭정이었다. 후세인은 이라크 국민의 인권을 탄압했다. 그러나 제1차 걸프전의 명분은 폭정 타도가 아니라 이라크에 의한 쿠웨이트 주권의 침해이었다. 쿠웨이트의 주권이 회복되자 이 전쟁은 끝났다. 종전 후에 후세인은 시아파와 쿠르드족을 철저히 짓밟는다. 미국에서 폭정 타도론에 입각한 이라크 침공 주장은 이 시절에도 분명 있었지만 주권 존중 원칙이라는 한계를 넘어설 수 없었다. 주권국가에 대한 침공은 내전에 개입하는 것과는 분명 다른 성격의 문제로 이해되었다. 그래서 종전 이후에 채택된 것은 비행 금지 구역과 미국을 중심으로 조직된 국제적인 경제 봉쇄 조치였을 뿐이다. 후세인은 시아파와 쿠르드를 계속 탄압했으며 경제 제재도 산유국 이라크에게 큰 타격을 입히지 못했다. 후세인은 대량 살상 무기의 제조를 통해 국제적 고립 상황에 대결하고자 했다.

이라크 전쟁의 재개는 후세인 정권이 대량 살상 무기를 제조하고 있다는 추측을 명분으로 하였다. 강대국 자신들은 핵을 비롯한 대량 살상 무기를 여전히 보유하면서도 핵 확산을 억제하려고 했다. 그러한 제한적 억제책이 평화에 얼마나 공헌하는지에 대해서는 분명 되물어 보아야 하겠지만, 약소국의 핵무장이 평화에 기여하지 않는 점도 마찬가지로 자명하다.

그러나 이라크 전쟁에서 더 눈여겨 보아야 할 점은 핵확산금지조약과 세계 평화의 관계와 같은 잘 알려진 문제가 아니라 선제공격의 정당화의 문제였다는 것이다. 유엔과 같은 국제기구가 아무런 의미를 가지지 못했고, 무엇보다도 평화 보장이 전쟁 명분으로 둔갑했다. 좀 더 정확하게 말하자면, 영미 연합군의 선제공격은 미국과 동맹국의 사전 조치적 안전보장을 통해 정당화되었다는 것이다.

문제는 국제기구에 의한 사찰이 이라크에서 대량 살상 무기의 부재를 확인했지만 전쟁 결정에는 아무런 영향을 미치지 못했다는 점에 놓여 있다. 이라크 전쟁을 계기로 하여 유엔과 같은 국제기구의 역할은 부정되었고 세계는 미국과 '불량 국가들' 이 알몸으로 맞서는 자연 상태로 후퇴했다. 자연 상태에서는 상대 국가를 선제공격하는 예방전쟁이 허용될 수 있는가? 근대의 정신사에서 예방전쟁의 거부는 매우 오랜 전통을 가지고 있다. 17세기의 사상가들인 그로티우스, 푸펜도르프, 로크는 —— 자연 상태에서의 예방전쟁을 인정했던 홉스에 반대하여 —— 가상의 침해를 예상한 방어권을 자연 상태의 개인들에게도 부여하지 않는다. 매우 긴 전란의 시대를 거치고 두 세기가 지난 다음에는 거의 모든 나라의 헌법이 방어 전쟁만을 인정하게 되었다. 한국전쟁의 경우에도, 전쟁의 성격 규명 못지않게 누가 전쟁을 먼저 일으켰는가라는 문제가 중요해지는 이유도 예방적 전쟁 행위의 금지가 정당성의 척도로 작용하기 때문일 것이다. 그러나 대량 살상 무기의 확산, 아울러 9 · 11 사태와 같은 테러리즘의 등장은 예방전쟁 허용론에 명분을 제공하게 된다.

마침내 인권 전쟁으로 진화하다

이라크에서는 물론 대량 살상 무기가 발견되지 않았고, 그래서 적어도 미국에 대한 안보 위협은 원천적으로 존재하지 않았다. 영미 연합군은 이라크 전쟁의 명분을 잃게 되었다. 결국 부시 대통령도 미국 정보 당국의 실수를 인정하지 않으면 안 되게 된다. 미국 행정부와 네오콘은 전쟁의 정당화 논리와 주둔 명분을 바꾸게 된다. 인권 전쟁론, 곧 국가 간 전쟁을 통한 폭정 타도론이 바로 그것이다. 후세인 정권이 패배한 직후부터 이미 유럽 동맹국들의 반대와 이라크 내부 상황의 악화는 미국 내에서도 광범위하게 철군 여론을 불러일으켰다. 당시에 좌파 경력을 가지고 있음에도 국방부 부장관이 되었고 작년에 세계은행 총재로 자리를 옮긴 네오콘의 야전 사령관 월포위츠는 공화당과 부시 행정부 내의 철군론자들에 반대하며 이라크에 자유와 민주주의를 제공할 수 있을 때까지 미국에 어떤 비용이 발생하더라도 결코 철군할 수 없다고 강변했다. 얼마 전 부시 대통령은 이라크에서의 잇따른 상황 악화로 인하여 정보 당국의 실수뿐만 아니라 자신의 판단 착오도 시인하지 않으면 안 되는 상황에도 불구하고, 그 배경이 어쨌든 월포비츠와 동일한 논리로 철군에 반대하였다. 네오콘의 대외 정책은 현실적인 국익의 추구만으로 설명할 수 없다는 점에서 공화당 대외 정책의 전통적인 현실주의 노선과 분명 구별된다. 물론 그와 같은 대외 정책이 산업과 여론의 지지를 받을 수 있는가는 국익이 결정하겠지만, 이 글에서 일단 더 따져 보아야 할 것은 네오콘의 '정당한 전쟁론' 일 것이다.

인권 개입주의를 네오콘이 처음 시작한 것은 물론 아니다. 카터 행정부의 예를 들 수 있다. 그러나 양자는 중요한 차이를 보여 준다. 카터 행정부의 경우에는 미국의 동맹국인 독재 정권을 인권 정책의 대상으로 하였으며 미국의 경제적, 군사적 지원을 철회하는 방식으로 제재를 가했던 반면에, 네오콘의 인권 개입주의는 적대 국가들을 외교가 아닌 군사 개입 방식으로 제재하고자 한다. 양자는 분명 개입의 방식에서 대립적이다.

전쟁의 정당성을 인권에서 찾은 것도 네오콘이 처음은 아니다. 인권을 명분으로 삼아 네오콘이 이라크 전쟁을 옹호하기 이전에도 클린턴 행정부가 수행한 코소보 전쟁이 있었다. 두 전쟁 모두 유엔의 동의를 얻지 않은 선제공격이었으며, 차이가 있다면 단지 코소보 전쟁의 경우에 미국이 그나마 나토 회원국의 동의를 얻었던 반면에 이라크 전쟁에서는 프랑스와 독일을 비롯한 동맹국들의 반대에 직면해야 했다는 것일 뿐이다. 코소보 전쟁의 논리에서도, 그리고 네오콘이 이라크 전쟁을 이해하는 방식에서도 인권은 보편적이고 개별 국가의 주권에 우선한다. 그래서 코소보 전쟁에 대하여 하버마스가 모든 외교 수단이 무의미할 경우라는 단서를 두고 제한적 찬성을 하였던 반면에 우파 아리스토텔레스주의 철학자 로베르트 슈페만Robert Spaemann은 원칙적으로 반대했었다는 사실은 더 이상 별로 이상한 것이 아니게 된다.

주권에 대한 인권의 우위는 나아가서, 300년의 시공을 뛰어넘어 자유주의의 시조, 로크와 조우한다. 로크에게서 인권유린에 저항할 권리는 침해를 당한 사람만의 권리가 아니다. 『통치론 2부』 §9에 따르자면, 자연 상태의 모든 사람은 권리를 침해받는 사람을 도울 수 있으며 침해한 자에 대한 일반적 처벌권을 가진다. 그것은 인류 보존의 의무에 근거하여 모든 제삼자에게도 허용된 권리이다. 로크는 선제공격이나 예방전쟁을 허용하지 않지만 폭정에 대한 저항의 문제에서 당사자주의를 고수하지도 않는다. 그는 일반적 처벌권을 인정한다. 이라크 전쟁에 대한 인권론적 정당화도 동일한 구조를 보여 준다. 네오콘은 더 이상 대량 살상 무기라는 잠재적 위협에 의지하여 예방전쟁을 옹호할 필요가 없게 된다. 왜냐하면 이라크 전쟁을 더 이상 예방전쟁의 개념으로 설명할 필요도 없기 때문이다. 그것은 더 이상 잠재적 위협의 제거를 위해 영미 연합국이 이라크에 선제공격을 가한 전쟁이 아니고, 이라크 주민에 대하여 후세인 정권이 먼저 개시한 전쟁에 영미 연합군이 만인에게 부여된 일반적 처벌권을 근거로 하여 이라크 주민을 돕기 위해 개입한 것에 지나지 않게 되기 때문이다.

난국에 몰린 이라크 문제, 철군만이 능사가 아니다

이라크 민주화를 위한 폭정 타도론은 이라크 주민의 인권 신장을 위해 과연 얼마나 효과적이었는가. 사태는 정반대로 전개되었다. 전쟁의 두 얼굴은 팔루자와 관타나모이다. 팔루자는 전쟁을 통해 주민들의 인권을 신장되지 못함을 웅변적으로 보여 주는 반면에, 관타나모는 인권 개입 전쟁은 개입 국가의 인권 상황의 후퇴도 초래할 수 있음을 암시한다. 이라크에서 미국은 종족 및 종파 간 갈등을 이용하여 분할통치를 취했고, 수니파의 저항은 언제든지 내전으로 비화할 수 있다. 대량 살상 무기의 제거를 목적으로 하는 전쟁에서 종족 및 종파 갈등을 전쟁 전략에 이용한 것은 목적에 합당했을 것이다. 대량 살상 무기만 제거하고 나면 나머지는 주권국가의 내부 문제일 뿐이니까. 그러나 당연하게도 전쟁 전략은 점령 전략마저 규정하게 된다. 내부 갈등의 조장은 점령을 유지하기 위한 방도로 여전히 유혹적이다. 그리하여 역설적으로 미국이 지지한 헌법안에서도 세속적인 수니파와 쿠르드의 입장이 아니라 좀 더 근본주의적인 시아파에 의해 이슬람적 요소가 강화되게 된다. 결국 인권과 민주주의, 연방제와 지역적 자치에 입각한 이라크공화국의 통합은 요원한 목표이거나 공허한 명분에 불과하게 된다. 물론 그간의 사태 진전에서 가장 큰 발전은 연방제의 도입이다. 그러나 그것이 종족 및 종파 간 평화의 기틀이 될지 또는 새로운 내전의 촉발제가 될지는 현재로서 아무도 알 수 없다. 전쟁을 사후적으로 정당화하는 명분만이 바뀌었을 뿐, 사태가 달라진 것은 없다.

이제는 대다수의 미국인조차 이라크 전쟁이 석유 전쟁이었다고 받아들이는 시점이 되었다. 그러나 미국 민주당의 유력 정치가 어느 누구도 선뜻 철군을 말하지 못한다. 개전에 찬성했다가 이제 와서 철군을 주장하는 것이 비일관적이기 때문만은 아니다. 미군의 주둔이 인권을 신장시키지도 못하며 그저 내전을 미봉책으로 방지하는 역할 이상을 하고 있지 못하지만 철군은 이제 내전을 초래할 수도 있는 상황이 되었다. 이라크 문제의 해결 주체를 이라크로 세우는 일은 당장 실현되기 힘든 목표가 되어 버렸다. 이 상황에 대한 해결책은 미국에 많은 비용을 발생시킬 것이다. 그것은 미국과 영국이 신생 이라크 정부에 전쟁배상을 하고 이 비용에 기초하여 유엔 책임 하에 다시 다국적 평화유지군을 조직하는 일이다. 유럽의 평화운동 세력은 오랫동안 이와 같은 주장을 제기해 왔다.

이러한 논리는 어쩌면 한국 입장에서 경청해 볼 필요가 있을지도 모른다. 한국은 쿠르드 지역에 군대를 주둔시키고 있다. 얼마 전에 국회는 주둔 연장안을 의결했다. 일부 국회의원이 제기한 철군 논리는 과거에 파병반대론이 그러했듯이 반미 민족주의와 평화주의의 혼합이었다. 그러나 평화주의의 입장에서 상황적 진리는 무책임한 철군이 아니라 전쟁배상과 유엔 관할로의 전환일 것이다. 참전국이 아니면서 군대를 주둔시키고 있는 한국 정부가 이 문제에 매달릴 정도의 외교적 여유를 가질수 있다면 당연히 그런 해결책을 제안해야 할 것이다. 그러나 한국군은북한 핵 위기 속에 쫓기듯 파병되었고 지금은 주둔 지역의 석유 자원을염두에 두고 눌러앉아 있다. 정부의 입장이 무엇이든지, 한국의 평화운동 세력은 철군 요구만큼 내전 방지를 위한 해결책도 중요하게 생각해야 할 것이다.

인권을 구하되 전쟁에 반대하고, 주권을 존중하되 폭정에 저항한다

평화주의자는 모든 종류의 국가 간 전쟁에 반대해야 한다. 인권 개입전쟁도 예외가 될 수는 없다. 전쟁 없는 세상에서 평화롭게 살 권리도인권이며, 전쟁은 폭정에 전쟁 피해를 덧붙일 뿐이기 때문이다. 국가 간전쟁의 형태에서 외국 군대는 폭정에 저항하는 주민들의 인권을 지키기위해 달려온 의용군일 수 없다. 그러나 평화주의자가 모든 종류의 대항폭력에 반대한다면, 평화주의자는 폭정에 대한 저항에 대해서도 연대하지 못하게 된다.

평화주의자는 폭정이 자행되는 국가도 주권국가임을 인정한다. 그러나 이로부터 모든 종류의 내정간섭을 배제해야 한다는 결론이 나오는것은 아니다. 국가 간 전쟁이라는 수단을 제외할 경우, 다른 나라의 폭정에 대한 반대는 오직 평화주의자에 의해서만 수행될 수 있다. 그래서

인권을 위한 개입은 평화주의적 개입이어야 하며 국가 간 전쟁 이외의 개입 수단이 강구되어야 한다.

이와 같은 관점은 한반도의 평화, 북한 주민의 인권, "조선민주주의 인민공화국"의 주권의 관계에 대해 생각할 거리를 많이 던져 준다. 한국의 진보 세력은 북한 주민을 폭정으로부터 해방시키려는 전쟁에 반대해야 할 것이지만, 북한 주민의 인권에 대해 무관심해서는 안된다.

『프로메테우스』, 2006년 1월 19일.

 # 인권은 주권보다 우월하다

'조선민주주의인민공화국'에서 일어난 인권침해에 대한 국제사회의 관심은 그동안 꾸준히 증대되어 왔다. 유엔인권위원회는 수차례 북한 인권 결의안을 채택했다(2003년 4월 16일(2003년 10호), 2004년 4월 15일(2004년 13호), 2005년 4월 14일(2005년 11호)). 제60차 유엔 총회의 북한 인권 결의안은 "조선민주주의인민공화국Democratic People's Republic of Korea에서의 조직적이고 광범위하며 심각한 인권침해systemic, widespread and grave violations of human rights"에 대하여 "우려"를 표시하고 "조선민주주의인민공화국이 유엔 특별보고관의 임무를 인정하지 않았으며 협력하지도 않았다"는 점에 대해서 항의한다. 유엔총회의 북한인권결의안은 유럽연합, 특히 영국과 프랑스가 주축이 되어 제출되었으며 표결에서 대한민국은 기권하였다.

유엔의 인권 개입주의와 평화

유엔은 북한인권결의안에서 조선민주주의인민공화국의 인권 상황에
개입할 수 있는 법적 근거를 들고 있다. 그것은 조선민주주의인민공화
국이 유엔 회원국으로서 다른 모든 유엔 회원국들과 마찬가지로 "인권
과 기본적 자유를 보호하고 증진"할 일반적 책무를 짊어질 뿐만 아니
라, '시민적 · 정치적 권리에 관한 국제규약' , '경제적 · 사회적 · 문화적
권리에 관한 국제규약' , '아동권리협약' , '여성차별철폐협약' 의 회원국
으로서 "국제 협약에 따라 부여된 의무"를 이행해야 한다는 점이다.

개별 국가의 인권 상황에 대한 유엔의 '인도주의적 개입' 은 국제형
사재판소의 상설화와 함께 21세기 국제정치의 고정적인 틀로 자리 잡
을 것 같다. 이미 유엔의 '간섭과 국가주권에 대한 국제위원회International
Commission on Intervention and State Sovereignty' 는 2000년 보고서에서 개별 국
가가 인권 보호에 실패했거나 수행 의지가 없을 경우 보호의무의 국제
적 공유를 인정해야 한다고 권고했으며, 무력 사용을 제한하면서도 국
제사회의 '도덕적 의무' 를 실현할 규범과 절차에 대한 국제적 합의를
도출할 것을 요청한 바 있다.

이 점에서 본다면, 인권 보편성의 관철을 위한 '제한 주권론' 은 이미
21세기 국제정치의 전개 방향이 되었다고 할 수 있다. 여기에 대한 반
대는 20세기적 주권이나 민족자결권 옹호의 형태를 반복한다. 물론 민
족자결권 역시 1993년 1월 3일에 발효된 '경제적 · 사회적 · 문화적 권
리에 관한 국제규약' (소위 A규약) 제1조에 따라 인권의 한 항목으로 볼
수 있다. 그러나 개별 국가 당국이 '시민적 · 정치적 권리에 관한 국제
규약' (소위 B규약) 상의 개인적 권리들을 유린하고 인권 보호의무를 수

행할 의지가 전혀 없을 때에도 그 같은 국가 당국이 민족자결권이나 주권에 의거한 정당성을 보유하는가? 북한 주민의 인권 문제에 대해 구체적인 판단이나 입장을 정하기 이전에 우선 대답해야 하는 질문은 바로 이것이다. 여기에 대해 3개의 명징한 테제로 정리하고자 한다.

인권은 주권에 우선한다

테제 1
주권과 자결권은 보편적 인권에 대한 보호의무 수행을 거부하는 국가 당국을 정당화하지 않는다. 그러한 국가는 '불법 국가'이다. 개인들이 누려야 할 보편적 인권은 국가주권에 우선한다.

여기에서 무엇이 보편적 인권의 내용이냐고 묻는다면, 인권 개념의 확대와 발전에 있어서 현재 도달한 최소한의 내용은 이미 '포괄적으로' 유엔헌장의 인권 조항, 세계인권선언, 국제인권규약에 담겨 있다고 대답해야 한다. 어떤 국가의 법제도가 여기에 치명적으로 저촉된다면, 그 국가는 분명 '불법 국가'이며, 어떤 국가가 비록 인권을 보장하는 법제도를 수립하고 있음에도 불구하고 실질적인 인권유린이 자행되고 있다면, 그 국가도 마찬가지로 '불법 국가'이다.

두 번째의 경우의 '불법 국가'에 대하여 물론 많은 사람들은 그 구체적인 판단이 자의적일 수 있지 않은가라고 의심하며 국제사회에 의한 인권 개입의 위험성을 경고할 수 있겠다. 그러나 여기에 대한 대답은 원론적일 수밖에 없다. 자의성의 위험이 개입 문제에 대한 찬성과 반대의 준거가 될 수는 없다. 찬성이건 반대이건 근거는 다른 곳에서 찾아져야한다. 자의성을 완전히 배제할 수 있는 제도는 없기 때문이다. 그래서 제기된 질문에 대한 대답도 유엔의 인권 모니터링과 판단은 공정해야할 것이며, 강대국의 입장에 휘둘리지 않아야 하며, 투명한 검증 절차를 통해 이루어져야 한다는 것밖에 있을 수 없다. 물론 유엔에 의한 개입을 인정한다고 해도 구체적인 인권 실태의 판단에서 이견이 있을 수 있고 다툼이 일어날 수 있다. 그러나 그러한 이견이나 다툼의 가능성 때문에 인권 상황에 대한 모니터링 제도나 검증 절차를 수립하고 발전시키는 일 자체를 반대할 수는 없다.

중요한 것은 '개입'의 기준과 방식이다. 개입은 해당 국가 당국에 의해서는 더 이상 돌이킬 수 없는 '심각한 인권침해'가 '광범위하고 지속적'으로 발생할 경우라고 한정해야 할 것이다. 또한 개입의 방식에 대해서 사람들은 그와 같은 '개입'이란 혹시 '인권 개입 전쟁'을 의미하는 것 아니냐고 되물을 수 있다. 과연 전쟁이 인권을 구할 수 있는가?

전쟁은 인권을 구할 수 없다

테제 2

전쟁은 개인들의 인권을 유린한다. 인권을 위한 전쟁은 무엇보다도 개인들의 평화권, 곧 '전쟁 없는 세상에서 평화롭게 살아갈 권리'를 유린하기 때문에 원칙적으로 허용될 수 없다.

인권에 대한 주권의 우위는 물론 인정될 수 없다. 왜냐하면 주권의 절대성을 인정한다면 어떤 종류의 개입도 허용될 수 없을 것이기 때문이다. 주권 불간섭의 원칙을 절대화한다면, "북한 민중을 도와주기 위하여 발언"(서준식, 「인권운동 하루소식」, 2002년 2월 22일)하는 것조차 금지되어야 할 것이기 때문이다.

물론 인권 개입은 평화적 방식으로 이루어져야 한다. 이와 같은 제한은 주권의 우위 때문에 생기는 것도 아니고, 인권과 주권 사이의 '절충'에서 나오는 것도 아니다. 역사적으로 인권이란 17세기 자유주의가 제기한 질문, 즉 국가주권으로부터 침해될 수 없는 개인의 권리가 무엇인가라는 질문으로부터 출발한다. 이 질문에 대한 대답은 개인의 자유권이었고, 방어적 자유권의 불충분성으로부터 18세기에는 정치적 참여의 권리가 추가되었으며, 19세기 말부터 20세기에 이르러 제2시기와 제3시기 인권이라는 더욱 확장된 개념으로 발전했다. 그래서 개별 국가주권의 우위는 모든 인간의 보편적 권리라는 인권 사상을 뿌리에서부터 전복하는 것이며 인권 개념의 발전 방향에도 근본적으로 어긋나는 것이 된다. 그러므로 "인권유린에 전쟁이라는 방식으로 개입할 수 없다"는 주장의 근거는 주권 존중에서 나오는 것이 아니라, 오히려 인권 개념 그 자체로부터 나온다. 전쟁은 평화 보장의 수단이 될 수 없고, 전쟁이야말로 인권에 반한다.

그러나 인간 존엄의 가치를 회복 불가능할 정도로 침해하는 인류적 범죄가 자행되고 있고 모든 평화적인 수단이 더 이상 통용되지 않는 경우라면, 유엔헌장 제2조 3항과 4항의 평화 해결과 무력 불사용 원칙에 대한 예외를 허용해야 할 것이라는 주장은 앞으로 유엔에서 더 큰 설득력을 얻게 될 것이다. 그래서 유엔이 유엔헌장 제51조나 제7장에 규정된 무력 사용 규정을 인권 문제까지 확장하는 방향으로 나아가게 될 수도 있다. 그러나 그럴 경우에도 무력 사용의 요건은 명확하게 규정되어 야 하고 판단의 과정은 투명해야 할 것이며 의결 절차는 엄격하게 제한되어야 한다.

유엔은 분명 인권 문제에 대한 개입에서 무력 사용을 허용하는 방향으로 나아가고 있지만 요건과 절차에 대한 규정은 아직 확정되지 않았다. 중요한 점은, 유엔이 설사 앞으로 이와 같은 방향으로 나아가게 된다 할지라도 평화와 인권을 옹호하고자 하는 세력은 앞으로의 논의에서 무력 사용의 승인의 요건과 절차는 매우 엄격하게 제한되도록 하기 위한 노력을 기울여야 할 것이라는 점이다. 예컨대 안보리의 만장일치 찬성뿐만 아니라 유엔 총회에서 당사국이나 극소수의 기권국가를 제외하고 회원국들 절대 다수의 찬성을 얻는 경우 등의 엄격한 의결 요건을 요구해야 할 것이다.

테제 3

국제 질서의 현재 발전 수준에서 인권 개입 전쟁은 절대 용납될 수 없다.

무엇보다도, 유엔에 무력 사용을 포함하여 포괄적인 인권 개입을 할 수 있는 권한이 부여되려면, 특정 강대국에 의한 개입 전쟁을 실질적으로 제재할 수 있어야 한다. 이런 전제 조건이 충족되지 않는 한, 즉 부시 미대통령의 "신으로부터 부여받은 소명"에 의한 전쟁과 같은 일이 벌어지는 한, 현재 국제 질서에서의 무력 개입은 용납될 수 없다.

특히 유엔의 결의를 얻지 못한 개입 전쟁, 결국 주권국가 간의 전쟁에 불과한 개입이라면 '평화롭게 살 권리' 뿐만 아니라 주권도 침해한 것이 된다. 예컨대 유엔의 결의에 의거하지 않은 이라크 전쟁은 이라크인의 '평화롭게 살 권리'를 침해했을 뿐만 아니라, 이라크의 국가주권도 침해했다. 명목상으로라도 어디 하나 정당한 근거를 찾아볼 수 없는 추악한 이유만이 포장이 벗겨진 채 잔뜩 쌓인 전쟁이다.

『프로메테우스』, 2006년 1월 31일.

 전쟁은 결코 인권을 구할 수 없다

이 글에서는 북한의 인권과 주권, 한반도 평화에 대하여 평화와 인권을 옹호하고자 하는 사람들(이하 '평화인권세력')이 가져야 할 관점을 6개의 테제로 정리하고 해설할 것이다. 특히 인권으로서의 '평화의 권리'를 좀 더 명확히 서술하고자 한다.

인권 보편주의를 옹호한다

테제 1 인권 보편주의

진보세력은 평화 인권 세력이어야 하며, 평화 인권 세력이라면 원칙적으로 인권 보편주의에 입각해야 한다. 인권 상대주의는 결코 진보 및 평화 인권 세력의 입장이 될 수 없다. 인권이란 세계 모든 곳의 모든 인간들이 인간이기 때문에 가져야 하는 당연한 권리일 뿐이다.

따라서 평화인권세력은 '일관된 인권 보편주의' 입각하여 극우파의 '예외주의'와 대결하고 속류 진보파의 '인권 상대주의'와 각종 '특수주의particularism'

를 비판해야 한다.

　해설 1　관타나모를 유지하고자 하는 미국 네오콘과 국가보안법을 온존시키고자 하는 한국 극우파, 반북 '인권' 단체들은 인권의 보편성을 거론할 자격이 없다. 그들은 인권 보편주의자들이 아니다. 그들의 인권관은 제1시기 인권 개념인 시민적·정치적 권리를 넘어서지도 못한다. 관타나모와 국가보안법을 통해 알 수 있듯이, 그들은 결코 보편적 자유권을 옹호하지도 않는다. 그들은 그저 예외주의자들일 뿐이고, 비상사태의 지속을 통해 인권의 일반적 효력을 정지하려는 세력이다. 예외주의에 대한 효과적인 비판은 인권 상대주의가 아니라 인권 보편주의로부터 제출된다.

　해설 2　미국 극우파와 반북 인권 단체에게 인권 보편주의의 칭호를 기꺼이 선사한 다음에 그들을 비판한답시고 인권의 보편성을 부정하는 세력은 진보적 인권 세력일 수 없다. 인권 상대주의는 민족주의, 종족주의, 토착 애국주의 등을 비롯하여 각종 특수주의와 불결한 공모 관계를 맺는다. 인권 상대주의는 북한 주민의 인권 문제를 도외시할 뿐만 아니라, 국내 인권 문제에 대해서도 발언권도 상실하게 만든다. 인권 보편주의가 직면해 있는 이론적, 정치적 상황은 각종 특수주의의 국제 연대라고 말할 수 있다. 특수주의 국제연대에는 포스트모던 담론, 차이와 정체성의 담론, 오리엔탈리즘 비판, 포스트식민주의 담론, 오스트리아 극우파 외르크 하이더Jörg Haider류의 문화 자결권, 토착 애국주의, 민족주의, 종족주의, 이슬람 근본주의, 기독교 근본주의 등이 왼쪽으로부터 오른쪽으로 일렬횡대로 결집한다. 인권 보편주의의 이론적 근거는 오직 이러한 일렬횡대 전체에 대한 비판으로부터 얻어질 뿐이다.

　해설 3　극단적 보편주의와 극단적 상대주의를 피해야 한다는 주장, 인권과 주권을 절충하려는 시도, 또는 인권 개념의 포괄성과 불가분성을 개인적 권리와 집단적 권리 간의 절충 문제로 돌리려는 입장은 한국의 많은 진보적 인권 단체들에게서 엿보이는 입장이다. 진보 정당의 경우 민주노동당은 오랫동안 북한 주민의 인권 문제를 제기하는 것 자체를 불쾌하게 생각해 왔고 이 상태는 지금도 달라지지 않았다. 2001～2002년에 반테러 전쟁과 아프가니스탄 사태에 직면하여 평화와 인권의 보편주의에 입각한 분명한 태도를 밝혔으며, 한반도 평화 체제 구축을 중요 의제로 삼으면서도 동시에 성명을 통해 탈북자에게 난민 지위를 부여하라고 중국 당국에게 촉구했던 사회당은 3년 후 "극단적 보편주의는 기각되어야 한다"(한국사회당 2005년 9월호 당보)고 슬며시 물러서면서 "극단적 보편주의도 극단적 상대주의도 인권을 정치적으로 활용하고 있다는 비판에서 자유로울 수 없다"고 비판한다. 이러한 절충주의는 인권 개입 전쟁의 가능성이 상존하는 가운데 한반도 평화를 옹호해야 하는 진보파의 궁지를 반영한다. 그러나 그것은 고작 비일관성과 애매모호함의 표현일 뿐이며, 인권 개념의 역사와 발전 방향에 대한 착각과 무지에서 비롯된 것이다. 절충주의를 진보파의 기본 입장의 수준으로 끌어올린다면 모든 진보파는 국내 인권 문제에 대해서도 절충해야 할 것이다. 절충주의자는 인권 상대주의의 문턱에서 서성거리는 소심한 탈주자들이다. 극단이란 원래 보편성으로부터 벗어나는 개별성에 속하는 개념이며 보편성에는 극단의 개념이 들어설 수 없기에, '극단적 보편주의'라는 개념은 성립할 수 없고 보편성에 대한 절충도 있을 수 없다. 보편성이란 받아들여지거나 기각되거나 확장되거나 전복되거나 갱신될 뿐이다. 문제는 보편성의 내용이 무엇인가에 놓여 있을 뿐이다. 보편성의 내용을 X, Y, Z 라고 보는 사람과, X뿐이라 여기는 사람, 또는 Y와 Z라 주장하는 사람들의 입장 차이에서 보편성의 내용에 대한 다툼이 있을 따름이다. 최소한 아우슈비츠와 같은 인류적 범죄는 방지해야 한다는 주장과 같은 가장 상식적인 시민적 최소 보편주의가 인권 상대주의나 절충주의 보다 훨씬 더 진보적이다. 인권 개입 전쟁의 시대에 "일관된 인권 보편주의는 위험하다"는 주장은 '전쟁 없는 세계에서 평화롭게 살 권리'를 인권 항목으로 파악하지 않기 때문에 제기되는 항의일 뿐이다.

인권은 '보호된 권리'로 실현되어야 한다

테제 2 인간의 보편적 권리와 보호의무 개념

평화인권세력의 목표는 일차적으로, 인권이 단순한 가치 지향이 아니라 법 형식을 통해 보장되는 '보호된 권리'가 되도록 하는 데 놓여 있다. 가장 많이 '보호된 권리'는 모든 타자를 보호의무의 담당자로 하는 '개인의 권리'이다. 집단의 권리, 또는 국가주권이나 민족자결권도 개인의 시민적·정치적 권리나 사회적·경제적 권리를 토대로 하며, 개인의 권리들을 매개로 하여 구성된다. 따라서 대개의 경우 그런 권리들은 단지 집단이나 국가의 권리일 뿐만 아니라 동시에 개인의 권리로서도 파악될 수 있다.

인권의 주체를 떠나서 인권을 생각할 수 없는 것과 마찬가지로 인권 보호의무의 담당자가 없는 인권도 생각할 수도 없다. 개별 국민국가의 인권침해가 국제사회에 개입할 권리를 부여하는가라는 질문은 잘못 제기된 것이며 인권 개입주의에 대한 비판도 될 수도 없다. 국제사회가 개입할 수 있는가의 문제는 인권 보호의무의 담당자는 과연 국민국가일 뿐인가 또는 국제사회도 담당자일 수 있는가라는 질문으로 돌려져야 한다. 즉, 국제사회가 과연 무력 사용을 통해 개입할 수 있는가의 문제는 보호의무 담당자의 의무 수행 방식에 관한 질문으로 파악되어야 한다.

해설 1　'보호된 권리'란 국가나 제삼자, 또는 국제사회의 보호의무가 대응하는 권리만을 말하며, 그렇지 않은 경우에 권리는 단순한 가치 지향에 지나지 않는다. 인권은 반드시 '보호된 권리'로 실현되어야 하며, 비준된 국제법, 헌법의 기본권 조항, 기타 법률 등에 의하여 실정법 형식으로 보장되어야 한다. 평화인권세력의 의무는 인권을 '보호된 권리'로 만드는 데 있다.

해설 2　정치적·시민적 권리를 중심으로 하는 제1시기 인권 개념과 사회적·경제적 권리를 중심으로 하는 제2시기 인권 개념은 모두 국가에 대한 개인의 권리로 이해된다. 누구나 당연히 개인의 권리로 이해하는 자유권, 참정권, 사회권이 그것이다. 이와 달리 자결권이나, 또는 제3시기 인권 개념이라 불리는 권리들 중의 몇 항목들, 예컨대 환경권이나 개발권 등은 흔히들 개인의 권리로 이해하기 힘든 경우라고 말한다.

그러나 개인이 아니라 집단이 권리주체로서 등장하는 경우는 다음의 두 가지 이유에 기인할 따름이다. 첫째는 국가주권, 또는 주권의 대외적 표현으로서 자결권처럼 여러 개인들의 동등한 권리에 근거하여 구성되는 경우이며, 두 번째는 해당 권리를 개인의 '보호된 권리'로 파악할 경우에 심각한 사회적 갈등이 초래 될 수 있기 때문에 집단의 권리로 남겨 두어 개인들의 산발적인 권리 행사를 제한하려는 경우이다. 두 번째의 경우, 해당 권리는 아직 권리적 성격을 완전히 보장받지 못한 상태에 있다고 말할 수 있으며 발전 과정 중의 권리라고 할 수 있다. 두 경우 모두에서, 개인적 권리를 무턱대고 혐오하는 일부 좌파들이 생각하듯이, 집단주의적 권리관과 개인주의적 권리관 간의 심오한 구별이나 대립이 발생하는 것은 전혀 아니다. 노동자계급 운동이 추진 기구가 되었던 사회권의 예에서 알 수 있듯이 집단의 요구로 출발한 것도 사회적으로 승인되어 개인의 권리로 확립될 때에만 권리로서의 발전을 완결한다.

권리와 이에 대응하는 보호의무는 하나의 짝을 이루는 개념으로서 개인과 개인, 개인과 전체, 집단과 집단, 집단과 전체 간의 관계를 형성한다. 이 중에서 그 권리적 성격이 가장 완전하게 전개된 권리는 개인이 그 자신 이외의 모든 주체에 대해 가지는 권리, 그 자신 이외의 모든 주체의 보호의무를 발생시키는 권리이다. 물론 인간과 인간의 관계의 모든 영역이 권리-의무 관계로 형성되어야 하는가라는 문제는 개인의 권리가 우선이냐 집단의 권리가 우선이냐의 문제와는 직접적 관계가 없는 사항이라는 점도 유의해야 할 것이다.

해설 3 사회권을 '보호된 권리'로서 확립시킨 제2시기 인권 개념의 발전에서 나타난 또 다른 특징은 자결권이다. 유엔의 '경제적·사회적·문화적 권리에 관한 국제규약' 제1조의 경우처럼 자결권도 인권으로 파악된다. 그러나 이 경우에도 —— 비팃 문타폰이 작성한 특별 보고서(E/CN.4/2005/34)가 지적하듯이 —— 개인의 "정치적 참정권은 자결권에 내재된 요소"이고 자결권은 "민중의 의지에 기반을 둔 것이어야 하며", 군주나 국가 당국이 개인의 참정권을 배제하기 위한 주장이나 "국가를 인격화하기 위한 주장"이 되어서는 안 된다. 자결권은 개별 국가의 정치에 있어서 그 나라 국민만이 참정권을 가진다는 당연한 사실의 확인일 뿐이지, 국민의 참정권을 부인하거나 참정권의 민주주의적 공화주의적 구성의 결여를 정당화하는 논리가 될 수는 없다. 이미 위에 여러 차례 밝혔듯이, 어떤 경우에도 인권유린은 주권과 자결권에 입각하여 정당화될 수 없다. 남는 문제는 정당성을 결여한 불법 국가에 대하여 국제사회가 얼마만큼 그리고 어떤 방식으로 개입할 수 있는가의 문제일 뿐이다. 국제사회의 개입 방식에 있어서의 제한, 예컨대 무력 수단 사용의 배제나 전쟁의 금지와 같은 제한은 불법 국가라도 자결권에 입각한 정당성을 가지기 때문에 생기는 것이 아니고, 개인의 평화권을 존중해야 할 국제사회의 보호의무로부터 발생하는 것이다.

해설 4 최근 들어 발전권, 환경권, 평화권, 인류 공동의 유산에 대한 소유권, 의사소통권 등을 일컬어 제3시기 인권 개념이라 하는데, 여기에 제20차 유네스코 총회의 결정에 따라 논의된 '차이를 존중 받을 권리' 와 '인도적 조력에 대한 청구권' 등을 포함시킬 수도 있을 것이다. 이와 같이 확대된 인권 개념이 등장하게 된 배경은 전쟁, 빈곤, 기아, 환경 파괴, 기후 변화, 생명공학과 같은 과학 기술의 발전이 초래할 결과에 대한 예측 불가능성 등의 전 지구적 위기 상황이라 할 수 있다. 새로 대두한 인권 항목들 중에서 많은 것들은 국가 기구가 아니라 사회 구성원의 연대성이나 국가를 넘어서는 전 인류적 연대성을 통하여 보장받는 권리이며, 또한 흔히들 '개인의 권리' 라기보다 지역 집단, 민족, 국가와 같은 '집단의 권리' 로서 이해한다. 이러한 제3시기 인권 개념과 관련하여 다음의 두 가지를 언급해 둘 필요가 있다.

첫째, '연대권'의 개념은 제1시기 인권 개념에 이미 내포된 개념이었다는 점이다. 흔히들 국가에 대한 방어권으로서 "생명, 자유, 재산"(『통치론 2부』, §123)의 삼권만을 인권으로 보았다고 해석되는 존 로크도 사회 연대성을 인간의 보편적 의무로 간주하며 '타인으로부터 부조를 구할 (만인의) 권리'에 대하여 말한다(『통치론 2부』, §70. 그 이외에 §6, §7, §135, §171과 『통치론 1부』, §5를 참조하라). 로크는 '조력을 구할 권리'를 곤궁에 처한 사람들이 다른 모든 사람들에게 대하여 가지는 당연한 권리로 이해함으로써 '빈자를 도와야 할 덕성'만을 강조했던 중세 기독교 윤리를 '권리의 관점', 의무와 권리의 대응 관계의 관점에서 근대화한다. 로크에게서는 주권에 대한 개인적 권리의 우위라는 공통성 속에 '공동체 자유주의'와 '소유권 자유주의'가 혼재되어 나타난다고 말할 수 있다. 그 후 '조력을 구할 권리'가 자유권의 목록에서 완전히 제외되고 자유권이 국가에 대해 "생명, 자유, 재산"을 방어하는 권리로 이해되게 된 배경은 18세기 영국에 나타난 경제적 자유주의, 시장 자유주의의 대두에서 찾아야 할 것이다. 제2시기 인권 개념의 사회권은 '조력을 구할 권리'에 국가라는 확실한 보호의무 담당자를 묶어 둠으로써 초기 자유주의의 '조력을 구할 권리'를 더욱 확실하게 '보호된 권리'로 만든다. 이 경우에 국가는 조세를 통한 재분배 기능을 수행하게 된다. 초기 자유주의에 있어서도, 그리고 사회권의 경우에도 '조력을 받을 권리'는 개인의 권리로 이해되었다. 제3시기 인권 개념의 '연대권'은 앞으로 개인의 권리로 발전할 것이며, 국가와 사회구성원 전부, 나아가서 국제사회도 보호의무의 담당자가 되게 될 것이다.

둘째, 제3시기 인권 개념은 한국의 일부 진보 세력에게 잘못 이해되고 있다. 오해는 특히 왜 이 권리들이 국가의 보호의무와 대응하지 않고, '집단의 권리'로 이해되는가 하는 문제를 둘러싸고 발생한다. 위에 밝혔듯이 발전권이나 환경권과 같은 경우에는 해당 가치가 권리로서 수립되는 과정 중에 있기 때문에 아직 개인적 권리로 파악되지 않는 것이다. 반면에 평화권, 인류 공동의 유산에 대한 소유권, 의사소통권 등과 같은 다른 많은 항목들의 경우에는 집단의 권리일 뿐만 아니라 개인의 권리로도 파악될 수 있다. 나아가서 국가의 보호의무를 초과하는 전 인류적 연대 보증이라는 관점은 인권 개념이 개인적 권리로의 확립이라는 문제, 즉 권리주체의 관점에서뿐만 아니라 의무의 담당자의 관점에서도 앞으로 더욱 발전할 수 있음을 보여 준다.

해설 5　권리는 물론 권리주체를 전제하지 않고서는 생각할 수 없다. 그러나 권리주체의 능력과 힘에 의해서만 보호될 수 있는 권리는 '보호된 권리'라 할 수 없다. 인권 개입주의의 문제는 인권침해가 침해 당사자가 아닌 제삼자에게 '개입할 권리'를 부여하는가라는 질문으로 다루어질 수 없다. 그것은 보호의무의 담당자가 의무를 수행하지 않을 때 제삼자가 인권 보호의 의무를 넘겨받는가의 문제이다.

즉, 개인의 인권이 보호의무의 담당자인 개별 국가로부터 보호받지 못하고 거꾸로 침해받을 때, 외국이나 외국 단체, 국제사회 등이 보호의무를 지는지, 만약 그렇다면 어떤 방식으로 의무를 수행해야 하는가의 문제일 뿐이다. 많은 좌파들이 이 문제를 혼동한다. 예컨대 프랑스의 자크 랑시에르 Jacques Ranciere는 대표적으로 개입의 권리와 보호의 의무라는 중요한 차이를 뒤섞으며, 사회진보연대(정희찬, 「북한 인권과 미국의 대북정책」)는 랑시에르를 따라 인권은 "자신들의 이름으로는 그 어떠한 권리나 요구도 주장할 수 없는 희생자들의 권리로서 나타나고, 결국 이들의 권리는 타인에 의해 뒷받침되고 인도주의 간섭이라는 새로운 권리, 즉 (다른 국가를) 침략할 권리로서 드러난다"고 말한다.

여기에서 국제적 개입의 문제를 분명히 보호의무의 이전과 확대의 문제로서 다루어야 할 필요성이 존재한다. 즉 이를 통해서 개입 방식의 제한을 논증할 수 있다. 평화의 권리에 대한 보호의무는 개입 방식에서 전쟁이라는 수단을 제외시키게 만들 것이다.

개입의 문제를 보호의무 담당자의 확대 문제로 이해해야 한다는 점과 인권 운동에 있어서의 당사자주의의 중요성은 상호 배타적이지 않다. 역사적으로 인권 개념의 확장은 여성, 식민지의 해방된 민족들, 소수자와 같은 많은 새로운 권리주체에 의해 이루어졌으며, 새로운 주체의 등장은 시민적 주체 개념의 확장과 시민권의 확장으로 귀결되었다. 그러나 새로운 권리에는 언제나, 보호의무의 담당자와 의무 수행 방식에 대한 규정도 포함되어 있다. 누구에게 요구하는 권리이며, 어떻게 보호받을 권리인가는 누구의 권리인가의 문제와 떼어놓고 생각할 수 없다. 사회진보연대의 발표문은 국외자가 타국의 인권에 개입하는 것 일체를 금기시한다. 주권과 자결권을 신비화하지 않는다면 이 문제에 대한 항변은 다음으로 충분하다. 생물학적으로 여성이 아니라면 여성권 보장을 위해 개입할 수 없는가? 개입할 수 없다고 대답하는 순간, 그는 정체성의 물신주의에 빠져 있는 것이다. 그러나 모든 주체 규정은 근대 최초의 주체인 '추상적 개인'이라는 범주부터 이미 관계 범주였으며, 인간들 간의 교류 형식 규정이었고, 권리-의무의 쌍방 관계이었을 뿐이다. 새로운 주체의 등장은 인간들이 맺는 관계의 변화를 낳고, 권리-의무라는 쌍방의 재편성을 의미하는 것이지, 단지 요구를 제기하고 관철할 수 있는 어떤 집단의 등장만을 뜻하는 것은 아니다.

평화권은 최우선 순위의 인권

테제 3 개인의 권리로서의 평화권

평화와 인권은 경합하지 않는다. 평화는 인권의 중요한 항목이다. 평화권은 집단의 권리일 뿐만 아니라, 모든 개인에게 부여된 '전쟁 없는 세상에서 평화롭게 살아갈 권리'이기도 하다. 인권 보편주의는 한편으로는 개별 국가의 인권 상황에 세계의 누구든지 개입할 수 있다는 입장이고, 다른 한편으로는 개입의 방식은 절대로 인권을 침해하는 방식이어서는 안 된다는 입장이다. 인권 보편주의는 평화권의 보편성을 인정하고, 그래서 무력 사용을 통한 개입에 원칙적으로 반대한다. 인권 보편주의는 평화주의이며, 무엇보다도 국가 간 전쟁에 대한 반대이다. 국제 질서의 현재 발전 수준에 비추어 볼 때, 유엔에 의한 무력 사용도 아직 시기상조의 문제이다.

해설 1　평화권은 제3시기 인권 개념에서 중요하게 대두된다. 이는 전란으로부터의 교훈이기도 하다. 1948년 12월 국제연합의 세계인권선언이 발표된 후에만 대략 150번이 넘는 전쟁에서 2천만 명에 가까운 사람이 목숨을 잃었다. 특히 정전협정 체제가 평화 체제로 전환되지 않았으며 1990년대 이래로의 북한 핵 위기도 여전히 해소되지 않은 한반도에서, "평화권은 인권"이라는 인식은 매우 소중한 상황적 진리이다. 정욱식 평화네트워크 대표가 인권 단체 토론회에서 짧게 발언한 것 이외에 한국의 인권 단체 중에서 이와 같은 인식을 체계적으로 제출한 곳은 아직 없다.

해설 2　평화권은 개별 국가들의 권리일 뿐만 아니라 모든 개인에게 부여된 보편적 인권으로 이해되어야 한다. 평화권을 개인의 권리로 파악해야 할 적극적 근거는 개인의 권리로서 보호되는 경우가 가장 완전하게 보장된 인권이라는 점뿐만 아니라, 그것이야말로 한반도의 상황적 진리에 입각한 요청이라는 점에도 놓여 있다. 평화권을 개인의 권리로 볼 때에만 평화주의를 수미일관한 인권 보편주의의 입장에서 말할 수 있다. 개인의 권리로서 평화권은 "북핵은 자위를 위하여 존재한다"(『프로메테우스』, 전국연합 오종렬 의장 인터뷰)는 인식이 핵보유에 대한 규범적 정당화로 나아가지 못하게 만든다. 개인의 권리로서의 평화권 또한 대량 살상 무기의 제거를 위한 폭격의 도상연습圖上練習을 하는 미국 강경파의 행태도 인권침해적인 태도로 규정할 수 있게끔 한다. 따라서 북한 핵 위기 자체가 한반도 남과 북에 거주하는 모든 개인들의 평화권을 이미 침해하고 있는 것이다.

해설 3 개인의 권리로서의 평화권은 인권의 역사에서 새로운 발명이 아니다. 평화권은 이미 17세기 영국 정치사상에 등장한다. 권리는 개인의 권리일 뿐이라는 관점은 사회계약론의 공통적 전제이다. 사회계약론이란 자연 상태라는 추상 모델을 통해 현존하는 정치 질서를 '개인'으로 해소하고, 그로부터 출발하여 국가 공동체의 원리를 제시하는 사유의 실험이었기 때문이다. 홉스는 자연 상태에서 인간을 구속하는 모든 자연법을 부정하고 개인을 모든 자연적 의무로부터 해소시키지만 인간이 쌍방적인 "평화의 의무"(『리바이어던』, 제14장, 자연법의 제1공리와 제2공리)를 가지고 있음을 인정하지 않을 수 없었다. '평화의 의무'는 '조건부 의무'로서 타인도 동일한 의무를 수행함을 전제로 한다. 홉스에게 쌍방적인 '평화의 의무'는 무제한적 자기 보존권을 보유하는 자연 상태의 인간들을 국가주권에 의해 통제되는 평화 상태로 흡수하기 위한 장치이다.

홉스의 절대주권론에 반대하며 주권에 대한 인간의 자연적 권리의 우위를 주장했던 로크는 '평화롭게 살 권리' 라는 발상을 최초로 전개한다. 『통치론 2부』§4, 특히 §8의 구절들, 예컨대 "인간 상호간의 안전을 도모하기 위한 규칙인 이성", "인류의 평화와 안전에 대한 침해" 등의 구절은 로크가 평화를 적극적으로 개인의 권리로 파악했음을 보여 준다. 그러나 로크에게서 엿보이는 평화권은 오히려 '정당한 전쟁의 권리' (§§8~21)로 탈바꿈한다. 제삼자도 침해 당사자를 도와 처벌권을 행사할 수 있다는 §9의 구절은 오히려 인권 개입 전쟁마저도 정당화하고, 작금의 이라크 사태처럼 유엔 기능이 정지되어 국제적 자연 상태라고도 말할 수 있는 시점에서는 미국의 네오콘에게 정당성을 제공해 줄 수도 있다.

그러나 이와 같이 호전적인 인권 사상은 당시 맥락에서는 정반대의 방향의 목표를 지향하고 있었다. 즉 §13에서 로크는 자연 상태라는 모델을 도입하는 이유를 부당한 통치와 자유롭고 평등한 자연 상태를 대비시키기 위함에 있다고 밝히면서, 『통치론 2부』의 중요한 목표가 인권을 침해하는 절대주권에 대한 침해 당사자의 저항권을 입론하려는 것임을 공공연하게 말한다. 저항권은 『통치론 2부』의 가장 중요한 부분(§§168, 203~208, 209, 211~212, 220, 222, 230, 232, 235, 239, 240~243)을 차지한다. 이는 『통치론 2부』의 전체 구성에서 평화권이 평화주의로 전개되지 않고 '정당한 전쟁' 의 이론적 근거를 제공하는 방향으로 전개되도록 만든다.

나치즘이 주장한 '게르만 민족의 생활공간' , 계급 해방 전쟁, 식민지 해방 전쟁, 그리고 이제는 '평화 보장을 위한 전쟁' , '인권 보장을 위한 전쟁'에 이르기까지, 지난 역사는 '정당한 전쟁' 이론의 전개 과정이라 말해도 크게 틀리지 않을 것이다. 바뀐 것은 그저 정당성의 요건에 대한 부분일 뿐이다. 그러나 현대 전쟁, 특히 국가 간 전쟁은 더 이상 강도로부터 옆집 사람을 구하는 일과 비교할 수 없게 되었다. 그래서 평화주의적 인권 보편주의는 개인의 권리로서의 평화권도 강조해야 하겠지만, 이 권리에 대한 국제적 보호의무의 수행 방식에 대한 제한 논거도 밝혀야 할 것이다. 전쟁을 통한 인권 옹호는 목적-수단-합리성에 어긋나며 궁극적으로는 인권침해일 뿐이다.

　해설 4　인권 보편주의는 일국이 세계 경찰 기능을 수행하는 것에 반대한다. 국제사회의 인권 보호의무를 수행하기 위해 부득이 무력 사용이 허용되어야만 한다고 할지라도, 요건과 절차가 유엔의 틀 안에서 분명히 규정되어야 할 것이며, 반드시 유엔의 결의에 의해서만 허용되는 것으로 보아야 할 것이다. 설사 유엔에 의한 무력 사용이라 하더라도 요건은 엄격하게 제한되어야 할 것이고, 의결 절차에 대한 규정은 세계인의 동의에 가장 가깝게 갈 수 있는 것이어야 한다. 유엔의 결의를 얻지 않은 강대국의 일방주의적 개입 전쟁을 제재하지 못하는 국제 질서의 현재 발전 수준에 비추어 볼 때 유엔조차 아직 무력 사용의 정당성을 가지지 못한다. 그래서 인권 보편주의는 평화주의이며, 무엇보다도 국가 간 전쟁에 대한 반대이다.

북한 인권에 대한 NGO 차원의 전 방위적 공조가 시급하다

테제 4 법률적 기초에 대한 판단과 인권 실태에 대한 모니터링

조선민주주의인민공화국에 헌법과 기타 법률을 비롯하여 인권 보장을 위한 법률적 기초가 존재한다는 점은 분명하다. 북한의 헌법상 '공민의 권리와 의무'의 기본 원칙이 '집단주의 원칙'이라는 점은 개인의 권리에 대한 축소와 침해가 언제든지 발생할 수 있음을 시사한다. 이로부터 인권유린은 항상적일 것이라는 추측성 결론을 내리는 일도 북한 주민의 인권 실태를 이해하는 데 도움이 안 되겠지만, 집단적 권리를 신비화하고 북한에는 그 나름대로의 권리관이 있다고 강변하는 것도 잘못된 일이다. 오히려 평화 인권 단체는 북한 주민의 인권 실태 파악을 위한 모니터링을 강화해야 한다. NGO 차원의 모니터링 공조와 정보 자료의 공유가 긴급한 문제이다.

해설 1　유엔 인권위 보고서(E/CN.4/2005/34)는 "조선민주주의인민공화국은 많은 국가들과 마찬가지로 인권의 증진과 보호를 도울 수 있는 법적으로 운영되는 기반", 즉 "헌법과 기타 국내법"을 가지고 있음을 지적한다. 실제로 조선민주주의인민공화국 헌법은 공민으로서의 권리와 자유(제64조), 행복한 물질문화생활의 실질적 보장'(제64조), 권리 실현에 있어서의 평등(제65조), 동등한 선거권과 피선거권(제66조), 특히 '성별에 관계없는 참정권 보장'(제66조), 언론·출판·집회·결사의 자유(제67조), 신앙의 자유(제68조), 일자리를 보장받을 권리(제70조), '노동의 양과 질에 따른 분배'(제70조), 무상 치료권(제72조), 교육을 받을 권리(제73조), 과학과 문학예술 활동의 자유(제74조), 남녀동등권(제77조) 등을 보장하고 있으며, 제79조에는 인신 및 주택의 불가침과 서신의 비밀은 보장되며 법에 근거하지 않고는 공민을 구속하거나 체포할

수 없다고 밝히고 있다. 1998년에 개정된 헌법은 ── 기아 사태로 초래된 주민의 생활상을 반영하여 ── 기존의 기본권 목록에 거주 이전과 여행의 자유(제75조)를 새로 추가하였다. 그래서 조선민주주의인민공화국에서의 인권침해는 무엇보다도 그 나라 헌법에 대한 위반이기도 하다.

해설 2 북한에서의 인권침해가 헌법 규범과 현실의 괴리를 뜻하지 않을 수도 있다. 규범 해석이 다를 경우에 괴리는 발생하지 않는다. 그래서 조선민주주의인민공화국 헌법 제64조 '공민의 권리와 의무'의 기본 원칙이 '집단주의 원칙'이라는 점은 이미 북한 주민의 인권 실태와 관련된 주의를 요한다. '테제 2. 인간의 보편적 권리와 보호의무 개념'에서 밝혔듯이, 개인적 권리를 배제하는 집단적 권리는 아직 권리적 성격이 덜 발전한 것이거나, 참정권이나 단체교섭권 등의 경우처럼 민주주의적 구성을 전제로 하는 권리들일 뿐이다. 모든 집단적 권리란 개인적 권리에 기초를 두거나 개인적 권리로 발전하는 과정에 있는 것이라는 관점에서 본다면, "전 세계 국가 간의 완전한 합의가 없는 상황에서 유엔인권규약의 기준으로 각국의 인권 상황을 재단하는 것은 반발의 여지"가 있으며 "집단주의 원리"를 고려하여 북한 인권 문제를 판단해야 할 것이라는 주장(김동한, 「남한의 북한 인권 논의 현황 연구」, 법과 인권 연구소)은 인권 실태를 파악하는 일을 할 필요 없다는 주장이나 마찬가지이다. 그것은 로마에는 로마법이 있듯이 비잔틴에는 비잔틴법이 있지 않겠느냐, 비잔틴에서 벌어진 일은 아마도 비잔틴법에 따른 것이니 전혀 관여할 이유가 없다는 이야기가 되고 만다. 인권의 보편성을 부정하는 것 그 자체도 이미 인권침해이다(박순성, 「북한의 인권: 어떻게 보고, 어떻게 개선할 것인가」).

해설 3 북한 주민의 인권, 한국 이외에 거주하는 탈북자 실태 등에 대한 모니터링을 강화하고 '새터민'의 인권 상황을 개선해야 한다. 식량권과 관련된 실태는 인도적 지원 문제를 중심적 활동 영역으로 삼는 중도적 인권 단체인 '좋은 벗들' (노옥재, 「북한 인권의 성격과 개선을 위한 접근 방식」, 2005년 11월 21일 발표문)에 의하여 비교적 많이 알려졌다. 탈북자 실태는 BASPIA의 이혜영/서대교의 글, 「탈북자 실태의 변화 추이와 합리적 해결 방향: 관점의 확대와 접근의 세분화」를 참조할 수 있을 것이다. 그러나 전반적으로 '북한 인권'의 어떤 분야이든 자료는 부족하고 정보는 총체적이지 않다. 부족한 자료는 해석의 자의성을 낳게 된다. NGO 차원의 자료 공유와 모니터링의 공조가 요구된다. 국가 기관이 수집한 자료를 —— 논란의 여지를 없애기 위하여 일체의 해석을 달지 않고 단지 항목 별로 분류하고 자료의 출처만을 표시한 채—— 사회적으로 공개하는 방법도 고려할 수 있을 것이다. 해외 자료에 대해서도 무조건 배타적으로 대할 일이 아니다(예컨대 미 의회도서관 연방조사부의 각국 자료 중 북한 편 또는 미 국무부의 보고서인 「북한 난민의 지위와 미국 정부의 정책」). 이와 같은 경우에도 조사자나 기관의 선입견까지도 고려하여 적절히 해석할 수 있는 문제일 것이다. 무엇보다도, "사실 확인이 어렵다는 이유로 인권침해에 대한 증언 자체를 부정하려는 태도는 올바르지 못하다"(박순성).

시민사회는 포괄적으로, 정부는 단계적으로

테제 5 포괄적 접근 원칙과 단계적 로드맵

평화인권세력은 북한 주민의 인권에 대해 '포괄적 접근'의 원칙에 의거하여 발언해야 한다. 반면에 국가 당국들의 접근 원칙은 로드맵에 의한 '단계적 접근'이어야 한다. 평화인권세력은 평화권과 식량권을 제1순위, 핵심 자유권을 제2순위, 기타 사회권을 제3순위로 하고, 참정권과 민주주의를 가장 마지막 순위로 두는 단계적 접근의 로드맵을 국가 당국들에게 요구하여야 한다.

해설 1 북한 주민의 인권에 대해 발언할 때에 평화인권세력은 포괄적 접근의 원칙에 입각해야 한다. 포괄적 접근이란 모든 인권 항목에 대해 전반적으로 발언하고 각각의 항목에 적합한 방식으로 접근해야 한다는 것이다. 포괄적 접근 원칙이란, 진보 세력이 평화권, 식량권, 핵심 자유권, 보편적 참정권, 제반 사회적 권리, 환경권 등의 모든 인권 항목에 대하여 각 항목의 보편적 의의에 합당한 만큼의 관심을 가져야 하며, 북한의 인권 실태가 보여주는 심각성 정도에 따라 강조점을 분명히 하면서 북한 당국에게 자신의 입장을 포괄적으로 표명할 수 있어야 한다는 뜻이다.

유엔 인권위 보고서는 정당하게도 "조선민주주의인민공화국의 인권 상황을 이해하려는 어떠한 시도도 이 지역의 탈군사화와 군비축소 문제와 전적으로 분리될 수 없다"고 지적한다. 옳은 이야기이다. 그러나 이를 근거로 한반도 평화 정착이 이루어지지 않았기 때문에 진보 세력이 북한 인권 문제를 거론해서는 안 된다는 주장을 끌어낸다면 잘못된 것이다. 이런 주장은 군사력 행위자인 국가 당국에게는 해당되지만, 평화인권세력에게는 해당되지 않는다. 평화인권세력은 모든 항목에 걸쳐 북한 주민의 인권에 대해 포괄적으로 발언할 수 있는 유일한 세력이다. 진보 세력이 스스로 평화 문제 때문에 인권 문제에 개입할 수 없다고 말한다면, 한반도 평화가 정착되기 이전에는 국가보안법이 철폐될 수 없다는 논리와 동일한 논리를 사용하고 있는 셈이 된다.

해설 2 정부 당국들은 로드맵에 의거하여 단계적으로 접근해야 한다. 포괄적 접근이란 오직, 민간단체나 사회단체, 정당이나 노조 등에 있는 평화인권세력이 북한 주민의 인권 상황에 입장을 표명할 때 취할 수 있는 원칙일 뿐이다. 반면에 조선민주주의인민공화국과의 관계를 정상화하고 있지 않은 미국, 일본, 한국의 정부 당국에 대하여 평화인권세력이 요구해야 할 원칙은 역설적으로 단계적 접근의 원칙이고, 한반도 모든 사람의 평화권을 포함하여 모든 인권 항목을 북한 주민에게 보장해 줄 수 있는 로드맵의 제시이다.

국가 당국은 한반도 평화 정착과의 연계 속에서 인권 개선의 로드맵을 제시하고 모든 활동은 이 로드맵에 따라야 할 것이다. 물론 한반도 평화 체제가 수립되고 전쟁의 위협이 제거된다면, 정부 당국들도 언제든지 포괄적 접근 원칙을 채택할 수 있다. 그러나 정부 당국의 경우, 당국이 평화 체제 구축을 위해 노력하는 경우에도 대결 구조가 현실적으로 해소되지 않은 한에서는 단계적 접근을 원칙으로 삼아야 할 것이다.

해설 3 평화인권세력이 국가 당국들에게 요구해야 할 로드맵에서 평화권은 제1순위이다. 각국의 정부 당국이 북한 주민의 인권 개선을 위해 단계적으로 접근하고자 할 때에 어떤 로드맵을 따라야 할 것인지의 문제는 단순히 정부 당국 만의 문제는 아니다. 평화인권세력은 정부 당국을 행위자로 하는 로드맵을 구상하고 권고하고 요구해야 한다.

정부 당국에 요구할 로드맵에서 평화권과 식량권은 제1순위이며, 인신의 자유, 표현의 자유, 양심의 자유 등의 핵심 자유권은 제2순위이며, 기타 사회권은 제3순위가 될 것이고, 정치적 참정의 권리는 가장 마지막 순서가 될 것이다.

제1순위의 개입은 정전 체제 및 북한 핵 위기의 해소, 북미 및 북일 수교, 한반도 평화 체제의 구축, 대한민국 헌법상 영토 조항 수정 등을 통한 조선민주주의인민공화국의 실체 인정, 인도적 식량 지원 등의 의제와 불가분의 관계를 맺고 있다. 참정권을 가장 마지막에 돌려야 하는 이유는 그것이야말로 주권 침해라는 반응을 통해 여타 인권의 개선에 역효과를 줄 것이기 때문이다. 북한 민주화를 개입 근거로 삼고 그것도 전쟁 수단까지도 동원하려는 극우 예외주의 세력이나 반평화 세력의 인권 개입론은 정당성도 없지만 실질적 개선의 효율성도 없다.

비민주적인 북한의 상황을 고려하면 진보 세력이 자유권 중심으로 인권 비판을 하는 것은 곤란하다는 통념이 있다. 그러나 역사적으로 군주 체제에서도 핵심 자유권이 보장되었던 사례가 있으며, 북한 현 체제에서도 인권 개선의 가능성은 충분히 먼저 타진해 볼 수 있다. 물론 "조선민주주의인민공화국의 인권 상황을 이해하려는 어떠한 시도도 조선민주주의인민공화국의 민주화 문제와 전적으로 분리될 수 없다"라는 유엔 인권위 보고서의 판단은 모든 인권 항목의 포괄적 보장이라는 측면에서는 타당하다. 그러나 모든 종류의 인권침해를 민주주의의 결여에 돌리는 것은 타당하지 않다. 민주주의가 결여되었다 해도 최소한 방어권적 자유권은 보장될 수 있다.

Washington D.C to Pyongyang, 평화 정착 후 인권 개입

테제 6 미국의 대북 정책에 관한 입장

미국은 6자 회담을 통해 북한 핵 위기를 해소하고, 정전 체제를 평화 체제로 전환한 이후에만 비로소 북한의 인권과 민주주의 문제에 대해 발언할 수 있다. 아울러 무력 사용은 결코 인권 개입의 수단이 될 수 없다.

해설 1　미국의 대북 정책에서 북한 핵 문제와 인권 문제는 두 개의 축을 이루고 있다. 물론 2005년 10월 18일부터 효력이 발생한 북한인권법North Korean Human Rights Act을 —— 당시에 권영길 의원이 주장했듯이 —— 반군 지원이나 군사 자문 조항까지 포함하고 있는 이라크해방법과 동일하게 볼 수는 없다. 북한인권법은 국내외의 다양한 비판에 직면하여 통과되지 못한 '북한자유화법'과는 달리 —— 국제문제조사연구소 조성렬이 『미국의 개입주의 정책과 대북 특별 법안: 쿠바, 이라크, 이란 관련 특별법과의 비교』에서 매우 정당하게 지적하고 있듯이 —— 인권 문제와 다른 현안을 분리해서 접근한다. 법 자체는 비군사적 개입에 중심을 두고 있으며 탈북 난민이나 망명자들에 대한 미국 입국 허가 조건 및 영주권 부여 조건을 완화하는 것을 골자로 하고 있다.

그럼에도 불구하고 '북한인권법'은 미 행정부의 대북 정책을 규정하고 있는 법이 아니기 때문에, 미국은 언제든지 인권 문제를 기타 현안 타결의 전제 조건으로 들고 나올 수 있다. 또한 북미 간의 핵 문제 등이 해결되지 않고 있는 상황에서 '북한인권법'이 군사적 긴장을 유발할 수 있다는 점도 분명하다. 법안 자체가 문제가 아니라 법안이 발효된 시점의 한반도 상황이 문제였으며, 미국 행정부의 대북 정책의 성격이 무엇

인가가 더 큰 문제일 것이다.

　　해설 2　버시바우 대사의 일련의 발언에서 엿볼 수 있듯이, 최근에 미국은 이제 자유권 보장 중심의 개입에서 더 나아가서 북한의 민주화를 관계 개선의 전제로 삼고 있지 않은가라고 생각하게끔 만든다. "미국과의 성공적인 관계를 원한다면 그 국가는 자국 국민을 제대로 대접해야 하고, 단순한 양보 차원이 아닌 참여 정치와 반체제 인사의 완전한 자유를 인정해야 할 것"(부시 대통령)이라는 입장은 한국전쟁의 교전 당사국인 북미 간의 평화협정이 체결되지 않았고, 수교 관계가 없고, 북한 핵 문제도 해결되지 않은 상황에서 한반도에 전쟁 위기를 항상적으로 재생산해 낼 수 있다. 참정권과 민주주의를 수교의 전제 조건으로 하는 노선은 설사 북한 핵 문제가 해결된다고 해도 대결 국면을 재생산할 수 있으며 개입 전쟁으로 귀결될 수도 있다. 미국의 대북 정책에 대한 진보 세력의 비판은 ── 테제 6의 로드맵처럼 ── 평화권을 우선 존중하라는 주장, 즉 미국이 진정으로 북한 주민의 인권과 민주주의에 관심을 가진다면 우선 평화 정착에 착수하라는 요구가 될 것이다.

　　한반도에 평화 체제가 조성되고 북미가 수교한 경우라면 미국이 조선민주주의인민공화국의 인권 실태에 대해 어떤 발언을 하고 또 어떤 비군사적 수단을 통해 개입하든지 반대할 이유가 없을 것이다. 그러나 현 상황에서는 미국의 대북 강경 발언은 ── 위폐에 관한 것이든, 마약 유통에 관한 것이든, 설령 그런 주장이 진실이건 아니건 전적으로 관계없이 ── 모두 긴장 상태를 증폭시키고 한반도에 거주하는 모든 사람의 평화권을 침해할 뿐이다. 미국은 일단 6자 회담을 통해 북한 핵 문제부터 시급히 해결하고 한반도 평화 체제 구축의 당사자로 나서야 할 것이다. 이 과정에서 한국의 평화인권세력은 미 국방성과 국가안전보장회의, 미 국무성 핵 확산 방지 담당자들을 주축으로 한 강경파들의 대북 노선에 대해 지속적인 경계를 풀지 말아야 한다.

『프로메테우스』, 2006년 1월 31일.

인권 상대주의의 함정

글로벌화의 물결 속에서 문화적인 차이와 다양성이라는 주제는 이미 우리에게 친숙한 것이 되었다. 또한, 기존에 우리의 사고를 상당 부분 지배하고 있던 서구 중심주의에 대한 비판적 성찰도 어느 정도 이루어지고 있다. 역사적으로 근대화는 서구화를 의미하였다. 그러나 우리는 서구의 사회와 제도, 이념과 가치가 더 발전한 것이고, 우월하며, 보편적이라고 생각하던 경향에서 탈피하려는 노력을 최근 경주하고 있다.

그러나 과거에 보편성을 대표하던 서구를 극복하는 순간, 다양한 특수성들만이 남겨진 광대한 대륙에서 혼란스러운 사고의 징후들이 나타난다. 이제 다양한 문화들이 각자 고유한 권리를 가지게 되므로, 각 문화의 패러다임 바깥에서 서로에 대한 가치 판단은 성립할 수 없다는 주장이 그것이다. 이런 방식의 사고는 '우리만의 방식과 전통'이 있고 그 고유성만으로도 정당성이 보증된다는 점을 전제로 하고 있다. 싱가포르에서 태형을 하든, 이란 여성이 차도르를 착용하든, 한국에서 독재자가 한국식 민주주의를 하든, 우리에겐 우리의 길이 있을 뿐, 그것을 문제

삼는 것은 당신들의 도덕적 오만과 문화적 도그마에 불과하다!

인권 보편주의의 기각은 '이중의 도착' 이었다

인권이란 세계 모든 곳의 모든 인간이 인간이기 때문에 가져야 하는 당연한 권리이다. 물론 인권 개념의 등장은 매우 특수한 역사의 소산이다. 그것은 —— 특히 제1시기 인권 개념을 놓고 볼 때—— 서구 근대의 성립과 별도로 생각할 수 없다. 제1시기 인권 개념은 국가에 대한 개인의 소극적 방어권을 중심으로 하는 17세기 자유주의와 평등한 참정이라는 적극적 권리를 중심으로 하는 18세기 공화주의의 종합으로서, 제반 시민적·정치적 권리로 이해된다. 여기에는 영국의 명예혁명으로부터 프랑스대혁명까지의 서구 근대 정치사가 응축되어 있다. 그러나 인권 개념이 서구 근대의 역사적 형성물이라는 사실에 입각하여 인권을 역사적·문화적 특수성에 따라 가변적이고 상대적 개념으로 규정하는 것은 '이중의 도착倒錯' 에 불과하다.

서구의 지성은 새롭고 대안적인 보편성을 제시하지 못했다

첫 번째 도착은 서구의 비판적 지성 내부에 이미 내장되어 있다. 아우슈비츠, 굴락, 히로시마와 핵 확산, 문화혁명, 베트남 전쟁, 킬링필드 등과 같은 20세기적 극단성에 직면한 서구의 비판적 지성은 매우 당황하게 된다. 그러나 그들은 원인과 책임을 근대 이성에 돌리기에만 급급하였을 뿐이지, 근대 이성을 넘어서는 보편성을 재구성하기 위한 어떤 진지한 철학적 시도도 전개하지 못했다. 20세기 후반 50년의 서구 지식인들은 19세기 후반에서부터 20세기 전반까지의 서구인들이 질문의 형태로 제기한 인식 수준조차 결코 넘어서지 못했다. 개별성, 차이, 다양성의 '재발견'은 그들의 당황과 게으름의 대체물이었을 뿐이다. 여기에서 '재발견'이라고 강조할 필요가 충분히 있다. 그런 범주들은 17~18세기의 계몽기에서 '근대적 개인'이라는 보편 범주로의 환원 또는 추상화가 이루어지기 이전에 이미 있었던 것, 앞으로도 계속 있을 것을 새삼 끄집어낸 것에 불과하기 때문이다. 개별성, 차이, 다양성은 어느 시대 어느 곳에서나 마주하게 되는 사태일 뿐이다. 그래서 정치철학, 사회철학의 혁신이란 오직 새로운 통합의 문제이고 새로운 보편성의 문제일 뿐이다.

근대적 일반성, 그것은 인권 보장과 민주주의적 절차를 두 축으로 하여 조직되는 국민국가였다. 그것은 휘그와 자코뱅에 의하여 수립되었고, 노동자계급의 대두를 통해 확장되었으며, 파시즘, 스탈린주의, 냉전 체제라는 탈구를 겪었다. 그리고 대략 1990년대 이후로는 자본, 시장, 세계화에 의한 변형이 거대 정치 운동이나 정치 담론의 매개를 거치지 않고 근대적 일반성에 직접적으로 작용하게 되었다. 만약 처음부터 끝까지 일관되게 근대적 일반성이란 개별성에 대한 '배제적 포섭'의 프로그램이었으며 아우슈비츠로부터 관타나모로 이어지는 '수용소'(조르지오 아감벤Giorgio Agamben)야말로 그 참다운 모습이라고 생각한다면, 그래서 근대적 일반성이란 차이에 대한 '폭력적 동일화'에 불과하다고 생각한다면, 이제 문명과 사회를 구성할 대안은 무엇인가? 비판적 지성이 대답해야 할 문제란 단지 여기에 놓여 있을 뿐이다.

만약 그 대안이 차이의 존중으로부터 출발해야 한다면, 그러한 차이는 —— 해체의 철학자이며 '차이의 페미니즘'의 정치적 대변자인 주디스 버틀러Judith Buttler도 최근에 이르러 인정하게 되듯이 —— 차이들 간의 대화를 촉발하는 것이어야 하고, 그러한 대화가 '진정한 담화'일 수 있기 위해서는 담화를 통해 일반성이 혁신되고 새로운 일반성이 수립될 수 있는 담화이어야 한다. 그렇지 못하다면, 차이를 통해 시민적·정치적 주체 개념을 넘어선 보편 주체 개념에 도달할 수도 없지만 차이에 의하여 시민적·정치적 주체 개념이 해체되지도 않는다. 그럼에도 불구하고 현존하는 사회 형식 하에서 시민적·정치적 주체는 한편에서 늘 해체되며 한편에서 늘 재구성된다. 그러나 '부단한 해체'라는 측면조차 차이에 의하여 비롯되는 운동이 아니라 그저 자본에 의하여 맹목적으로 진행되는 운동, '이성의 간지'(헤겔)일 뿐이다.

20세기 후반 50년간의 프랑스 철학의 역사, 말하자면 시민적 일반성에 대한 비판이 여전히 가장 중요한 문제였던 제1기, 구조주의와 정신분석학의 시대로부터 출발하여, 포스트구조주의와 포스트모던 담론, 절반에 그친 해체주의, 그렇지만 초창기 텔켈Tel Quel 운동이나 데리다의 시간 철학에서 엿볼 수 있듯이 매우 중요한 지적 유산을 남긴 제2기, 그 이후에 다시 대두한 형이상학, 신新스피노자주의, '긍정의 존재론'(들뢰즈), 이윽고 '다중의 앙상블'(네그리)이라는 최종적 타락의 시기에 이르기까지의 과정을 이런 종류의 글쓰기에서 모두 일괄하고 시시콜콜 비판한다는 것은 당연히 불가능하다. 이런 종류의 글쓰기의 미덕은 일단 주장과 입장을 정확히 전달하는 것이니만큼, 그래서 무리를 무릅쓰고 문제를 좀더 극단화시키자.

지난 10월 27일부터 대략 3주에 걸쳐 프랑스 파리의 외곽, 곧 공화국의 심장이 아닌 '방리유banlieue'에서는 이주민 2~3세 청소년들의 소요가 있었다. 이런 종류의 소요라면 1968년 이후 시대의 통상적인 의미에서의 '좌파 지식인', 특히 기존의 통합 형태를 다문화주의와 다양성의 측면에서 비판하는 일에는 적극적이지만 대안적 통합과 새로운 보편성을 모색하는 일에는 관심이 없던 지식인들에게는 당연히 기대를 품게 하는 바가 있기 마련이다. 그것은 소요가 공화주의적 일반성, 시민적 통합 등에 대한 저항이어야 하고, 특히 구체적으로 시라크 대통령이 강제한 엄격한 세속주의, 공공건물과 학교에서의 히잡 착용 금지 조치 등에 항의하는 것이라면 딱 적당한 것이다. 만약 작년 10월의 소요가 무슬림 정체성이라는 차이를 인정하지 않는 낡은 공화주의적 통합에 대한 저항이었다면, 그들로서는 얼마나 할 말이 많았겠는가? 그러나 유감스럽게도 소요를 일으킨 사람들, 공화국에 배제적으로 통합당한 타자들, '호모 사커Homo sacer'들의 주장은 '차이의 인정'도 아니고 '사회 연대성에 대한 요구'도 아니었다. 그것은 평등에의 요구이었다. 유대계 폴란드인으로 태어나서 프라하 사태가 전개되던 1968년을 전후하여 영국에 망명하였고 서구 사회의 포스트모던 이행에 대해 관찰해 왔던 지그문트 바우먼은 이와 같은 사태 전개에 대하여 비교적 정직하게 말한다. 사태에 대한 최초의 당혹은 "종족적 종교적 차이는 현재 사회적 차별과 중첩되어 있으며, 만약 이민자의 불이익이 정치를 통해 해소된다면 그것은 부차적인 개인적 고유성이 될 뿐"(*Die Zeit*, 2005년 11월 17일의 인터뷰)이라는 예측으로 이어진다.

그런데 '낡은 공화국'도 공화국이기에 평등에의 요구라면 이미 준비된 답변을 가지고 있다. 예컨대 공화국 대통령 시라크는 "얼마나 많은 이력서들이 이름과 사는 동네를 이유로 휴지통에 내팽개쳐졌는가?"라

고 되물으며 "출처와 기원을 불문하고 (이주민 2~3세들도) 모두 '공화
국'의 자식들"이니 "기회균등이 실질적으로 달성"되어야 한다고 촉구
한다. 기회균등의 원칙, 물론 그것은 평등에의 요구에 대한 익히 알려진
답변임에 분명하다. 그것은 특히 존 롤즈 이후로의 사회적 자유주의자
들에 의하여 지난 1970년대 이후로 꽤 세밀하게 다듬어진 답변인데, 교
육권이며 동등한 접근권이며, 동일 노동에 대한 동일 임금, 차별 금지의
원칙 등으로 구체화될 수 있다. 그러나 과연 아웃소싱과 노동 유연화의
시대에서 그런 답변이 얼마나 유효할 수 있을지, 불붙는 평등에의 요구
를 얼마만큼 진정시킬 수 있는지도 의문스러운 일이다.

　이런 종류의 글쓰기에 부적절하게 길지만 결코 충분할 수도 없는 서
술을 여기에서 일단 중지하자. 그것은 그저 서구, 게다가 특히 최초의
근대 공화국을 수립했던 프랑스에서 지난 50년간 나타난 정체 현상, 낡
은 일반성의 혁신에 있어서의 지체를 알려 주는 몇 가지 풍경들이었을
뿐이다. 주어진 문제, 즉 인권 상대주의 비판과 관련하여 더 자세히 살
펴야 할 점은 오히려 이와 같은 정체의 이면이며, 정체의 효과, 곧 비서
구적 타자에의 투영의 문제일 것이다. 그래서 관점을 비서구 사회로 옮
길 때, 거기에서 발견되는 것은 —— 특히 예외적으로 일본과 한국에서 매
우 대단한 성가를 누린 —— '오리엔탈리즘 비판'과 비서구 사회의 민족주
의, 종족주의, 토착 애국주의, 특수주의 담론의 매우 역설적인 담합, 매
우 불결한 공모 관계이다.

오리엔탈리즘 비판과 특수주의 담론의 역설적 담합

인권 상대주의는 이중의 도착倒錯에 근거한다. 프랑스 철학에 의한 보편주의의 기각이 그 첫 번째 도착이라면, 이와 같은 담합과 공모 관계는 그 두 번째 도착이라 말할 수 있을 것이다. 다양성을 부인하고 서구의 보편성에 입각하여 비서구 사회를 이해하는 방식을 에드워드 사이드는 오리엔탈리즘이라 불렀는데, 그에 따르자면 서구는 스스로의 정체성을 수립하기 위하여 이성과 미신, 선과 악 등을 나누고 원래는 자신 속의 타자인 두 번째 항목들을 자신 밖의 타자인 비서구 사회에 투영한다고 한다. 투영의 효과는 물론 타자의 위계화와 지배의 정당화이다. 이와 같이 매우 지당한 반성, 서구중심주의에 대한 반성, 그렇지만 차이와 다양성에 대한 강조 이외에는 서구 근대의 보편성을 넘어설 수 있는 새로운 보편성에 대한 아무런 제시도 모색도 없는 반성은, 사이드가 반성을 촉구하는 대상인 서구 사회가 아니라 비서구 사회로 수입되고 비서구 사회에서 대중 정치의 화두로 되는 순간, 토착적인 것에 대한 재발견이나 긍정적 관심을 훌쩍 뛰어넘어 민족주의, 종족주의, 토착애국주의 담론과 담합한다.

'오리엔탈리즘 비판'은 서구적 일반성을 서구적 특수성으로 깎아내리지만 보편성을 특수한 문화 정체성으로 해소한다. 그래서 이 담론이 비서구 사회의 특수주의를 정당화할 목적으로 수입될 경우에는 매우 위험한 것이기도 하다. 문화의 상호 교류를 근본적으로 억제하는 것은 역사상 단 한 번도 실현된 적이 없다. '오리엔탈리즘 비판'이 말하고 있는 것이란 이와 같은 교류에서 상호 존중의 윤리에 대한 강조일 것이다. 그러나 그와 같은 상호 존중을 통하여 형성될 새로운 보편성에 대해 의도적이든 또는 무의식적으로든 침묵하는 한에서 '오리엔탈리즘 비판'을 받아들인 오리엔트 세계는 토착적인 것의 물신화, 위에서 말한 두 번째의 도착으로 치닫게 될 뿐이다. 문화 다양성 존중의 제도화, 예컨대 스크린쿼터 제도 같은 것은 비록 문화적 변화의 일방성을 억제하는 것임에는 분명하지만, 어차피 민간적이고 어차피 국제적일 수밖에 없는 문화 현상에 국가주권과 자결권이라는 낡은 개념을 들이댈 때 차단되는 것은 단지 이국적인 것뿐만이 아니라 출처와 기원을 불문하고 국민적·종족적·종교적 주류 문화에 이질적인 모든 것일 수 있다. 하물며 '오리엔탈리즘 비판'을 문화다양성의 옹호 문제와 같이 다소간 긍정적일 수 있는 영역을 뛰어 넘어 비서구 사회의 인권 문제에까지 적용한다면, 반인권적인 특수주의 이외에는 달리 나올 것이 없다.

특수주의 국제 연대에서는 서로 간섭하지 않기로 암묵적 합의

북한 주민의 인권 문제를 두고 미국 네오콘과 한국의 반북 인권 단체가 공모 관계에 있다고들 말한다. 물론 프리덤하우스가 후원하고 주한미대사가 한나라당 박근혜 대표에게 협조공문을 띄웠던 북한인권대회에서 적나라하게 드러났듯이 그들은 공모하고 있다. 기민당 출신 독일 수상 메르켈은 부시 대통령과의 회담 직후의 기자회견에서 첫 마디를 미국은 관타나모를 폐지해야 한다고 시작하는 반면에, 박근혜 대표는 국가보안법을 사수하기 위해 사학법 폐기를 관철해야 한다고 말한다. 보수주의도 모두 같은 보수주의인 것은 아니다. 가장 잘 밀착될 수 있는 것은 역시 관타나모와 국가보안법을 옹호하는 적극적 예외주의자들이

다. 그러나 예외주의자들만 공모하고 있는 것은 아니다. 모든 종류의 특수주의자들, 인권 상대주의자들은 상호 공모 관계에 있다.

비서구 사회의 지식인들이 서구 사회로부터 유포된 포스트모던 담론을 받아들임으로써 알게 모르게 빠져들고 있는 불결한 공모 관계의 함정을 극단적으로 드러내기 위하여, 여기에서 예를 하나 들어 보자. 옆집에서 '남편'이라는 작자가 '아내'라는 여성을 구타하고 있다. 이웃집 '남편'이 옆집 '부인'을 구한답시고 무턱대고 옆집 '남편'을 구타하고 가난한 살림살이에 힘들여 장만한 그 집 세간을 모두 부순다면 구타 당하고 있는 여성에게도 황당한 일일 테지만, 진짜 더 어이없는 일은 구타를 나쁜 것이라고 생각하는 것은 우리 집 풍습에 불과하니 남의 집안일에 참견 말라고 언성을 높이는 이웃집 '부인', 곧 포스트모더니스트의 행태, 또는 이 말을 그럴 듯하게 여겨 우리 일에 간섭 말라고 말하는 그 구타 당하는 여성일 것이리라. 이 경우에 구타 당하는 여성을 구하기 위해 달려가야 할 가장 적당한 사람은 이웃집 '부인'이 아니라 여성일 것이고, 구타는 보편적으로 잘못된 일이라고 가해자와 피해자 모두에게 당당히 말해야만 할 것이고, 특히 피해 여성에게 구타에 저항하라고 말해야 할 것이다.

제2차 세계대전 이후 1980년대 말까지 오랫동안 서구의 비판적 지성은 새로운 보편성에 대한 모색을 중단한 채 비서구 사회에서 대두된 민족해방운동과 민족자결의 요구에 기대고 기생해 왔다. 여기에 비서구 사회의 좌파 지식인들이 다시 서구 사회의 담론에 기생하는 '이중적인 기생의 관계'가 전개된다. 포스트모던, 오리엔탈리즘 비판, 다문화주의가 비서구 사회의 종족적 특수주의에 공모하며, 이와 같은 공모 관계가 거꾸로 서구 사회에서 기독교근본주의나 외국인 배척과 같은 특수주의를 재생산해 내는 관계는 이제 더 이상 별로 비밀스러운 것도 아니다. 담합과 공모 관계는 이제 더 이상 소곤거리는 귀엣말이 아니다. 공동체주의communitarianism 조류의 우익이 싱가포르의 태형 제도를 찬미하거나 (A. 에트치오니A. Etzioni), 반유대주의와 외국인 추방론으로 20% 이상을 득표했던 오스트리아 자유민주당의 하이더Haider가 아프리카 인민들의 자결권, 오스트리아 민족의 문화 주권과 자결권, 영토적으로 구획된 종족들의 공존을 외칠 때, 담합과 공모 관계는 더 이상 역설적이지도 비밀스럽지도 않게 된다.

그것은 상호 갈등적인 특수주의들 간의 일렬횡대 연합이며 상호 불간섭 선언, 곧 특수주의 우파들 간의 국제적인 담합일 뿐이다. 1980년대에 접어들면 민족해방형 국민국가는 더 이상 매력적인 '타자'일 수 없게 된다. 그 국가들은 경제적 복지를 제공하지도 못하면서 노골적으로 인권을 탄압하는 폭정으로서 그 진정한 실체를 드러내거나 아니면 자본주의적 근대화의 길로 접어든다. 문화대혁명에 열광했던 모택동주의자들은 전향하고 녹색운동에 뛰어 든다. 결국 서구 사회에 남겨진 것은 팔레스타인 머플러와 체 게바라의 티셔츠였고, 레게, 힙합, 랩, 라티노 음악 등의 대중화이었을 뿐이다.

인권 보편주의 입론이 걸어가야 할 길에는 수많은 특수주의들이 '보편성의 폭력'에 항의하며 약자의 얼굴로 등장한다. 그러나 그들이 결코 약자인 것은 아니다. 그들은 어쩌면 현실적인 힘을 가진 낡은 일반성과 공모 관계에 있을 수 있다. 억압적인 낡은 일반성과 대결구도를 형성하는 '새로운 보편성의 모색'을 낡은 일반성과 등치시키는 한에서 특수주의는 낡은 일반성의 공모자이고, 오히려 강자일 수 있다. '보편성에의 모색' 앞에는 수많은 특수주의들이 등장하지만 그들의 논점은 언제나 동일하게 반복된다. 보편주의의 대답도 언제나 동일하다. 정치철학이나 사회철학의 혁신이란 오직 새로운 통합의 문제이고 새로운 보편성의 문제일 뿐이라는 말이 그것이다. 그래서 낡은 일반성에 대한 태도에 있어서 보편성의 철학과 차이의 철학은 조우하기도 하지만 양자가 응시하고 있는 것과 문제 삼는 것은 전적으로 다른 방향일 수밖에 없다.

『프로메테우스』, 2006년 1월 31일.

파병에 짓눌린 헌법

김선일 씨 피살 사건은 2003년 제16대 국회가 얼마나 위험스러운 정책에 동의해 주었는지 깨닫게 했다. 국회가 파병안에 동의한 이후 지금까지, 이라크 전쟁에 대한 인식을 달리하기에 충분한 사태가 전개되었다. 개전 자체가 잘못된 정보에 근거했다는 사실, 미군 당국에 의한 포로 학대 사건 등 이라크 전쟁의 진상에 대한 좀 더 객관적인 정황이 알려졌다. 민간인에게 무차별적으로 테러 행위를 자행하는 신종 테러리즘의 등장은 파병 정책이 전 국민의 안전을 위협할 수도 있다는 사실을 깨닫게 했다. 파병에 대한 재논의가 불가피해짐에도 불구하고, 대한민국 국회의 시계는 아직도 멈춰 있다. 국회의 시계는 제16대 국회가 정부의 파병 정책에 동의한 시점에서 단 1초도 앞으로 나아가지 않았다.

국회의 시계는 멈춰 있다

제17대 국회는 파병 방침에 대한 재검토를 안건으로 상정조차 하지 않았다. 이는 매우 '당황스러운 사태'이다. 제17대 국회가 제반 사정의 변화를 인정한다면, 적어도 파병 정책을 현 시점에서 새로 심의하여야 한다. 국회는 헌법상 부여된 모든 권력과 권한의 행사에 있어서 이전에 행한 어떠한 결정 사항에 대해서도 스스로 구속되지 않기 때문이다. 국회는 국민의 입법 주권을 대표하며, 입법 주권은 헌법을 제외하고는 어떤 법에도 구속되지 않기 때문이다. 대의제를 전제할 때, 법률 개폐권을 가진 국회야말로 "법으로부터 자유로운 주권자"(장 보댕)이고, 그 이외의 의결에서도 국회는 과거의 결정에 구속될 필요가 전혀 없다. 그러나 국회의 시계는 멈춰 있고, 파병안과 관련해서 국민주권은 정지되어 있다.

물론, 파병 반대의 소신을 굽히지 않는 국회의원들이 돋보이는 것도 사실이다. 평화운동단체나 시민사회단체, 민주노동당이나 사회당과 같은 정당들이 꾸준히 파병 반대 운동을 지속하고 있다는 사실도 김선일 씨의 살해 이후로 파병에 대한 우려를 씻을 수 없는 국민들에게 위안과 용기를 준다. 그러나 이제 이라크 추가 파병은 기정사실이 되었다. 지난 3일 자이툰부대는 기습적으로 이라크 출병을 강행하였다. 헌법 제5조 위배 여부에 대한 일반적 의심을 일으키기에 충분한 이라크 출병은 단지 제16대 국회의 결정에 근거하고 있을 뿐이다. 김선일 씨의 피살을 비롯하여, 그 이후에 전개된 모든 사태, 새로 밝혀진 진실들이 제16대 국회의 결정을 번복할 만한 가치를 지니는지에 대해서는 국회에서 논의조차 되지 않았다. 이라크 파병과 관련해서, 대한민국을 지배하는 논리는 주권의 기본 원칙, 주권자는 모든 것을 새로 논의할 수 있다는 주권의 창설적 원칙을 명백히 위배하고 있다. 국회는 파병안을 재심의하지 않았으며, 국민주권은 장식물에 지나지 않게 되었고, 국민은 철저히 피동적 위치를 강요받았다.

물론 국회가 아무 일도 하지 않고 있는 것은 아니다. AP통신사의 비디오테이프 편집, 한국인을 대상으로 하는 테러 단체의 결성에 대한 첩보 등 새로운 사실들이 김선일 청문회를 통하여 터져 나오고 있다. 그러나 정작 국회가 해야 할 일은 파병 정책 그 자체를 새로운 상황에 입각하여 새로 심의 하는 것이다. 이라크 파병을 기정사실로 하고 김선일 씨 피살 사건을 단지 재발 방지와 예상되는 피해의 최소화라는 관점에서만 다룬다면, 그것은 분명 국회가 헌법이 자신에게 부여된 권한을 방기하는 일이 될 것이다. 김선일 씨 피살 사건은 전쟁, 평화, 인권에 대한 근본적인 질문을 대한민국 국민 모두에게 던지고 있다. 국회가 이 질문을 매우 부분적인 문제 영역에만 한정시킨다면, 국회의 입법 주권의 근거인 대의제와 국민주권의 일반 원칙 사이에 심대한 골을 만들고, 대의제 자체의 정당성을 흔드는 일이 될 것이다.

국민 대다수가 파병을 찬성하는지 혹은 반대하는지는 국민투표를 해보지 않는 한에서 누구도 미리 전제할 수는 없을 것이다. 그리고 모든 사안에서 다수가 늘 옳은 것은 아니다. 그러나 파병 문제가 제17대 국회가 새로 심의해야만 할 중대 사안, 국민 대다수의 안전과 국가 자체의 존립 목적에 관련된 사안이라는 점에는 누구나 동의할 것이다. 김선일 씨의 피살 이래로 사태는 새로운 국면으로 전개되었기 때문이다. 제17대 국회는 파병에 대하여 새로 심의해야 한다. 국민은 파병에 대한 찬성과 반대의 논거가 무엇인지 알 권리가 있고, 나아가서 파병 문제에 대한 정치적 의사를 형성할 권리가 있다. 무엇보다 우리는 파병을 둘러싼 찬성/반대의 논거들을 분석하고 그들의 주장이 과연 헌법에 부응하는지 위배되는지를 철저히 밝혀야 한다.

파병 찬성론과 반대론, 어떻게 분석할 것인가?

파병론자들의 논거는 매우 간단하다. "파병은 국익에 적합하다"는 것이다. 국익에 대한 논증 방식 역시 매우 간단하다. 첫째, 미국은 대한민국의 최대 우방이며, 둘째, 이라크 전쟁은 한국 경제에 도움을 줄 것이다. 그 이외에 다른 논거는 파병 찬성론자들에게조차 설득력이 없는 듯 보인다. 이라크의 재건과 평화 유지라는 파병 명분이 논거로서의 설득력을 상실한 것은 주지의 사실이기 때문이다. 그것은 미국에서도 절반 이상의 국민이 불신하는 거짓말이고, 김선일 씨 피살 사건은 한국 국민에게도 '전쟁―테러리즘―추가 파병'의 악순환을 깨닫게 했기 때문이다.

파병 반대론은 여러 가지 논거의 복합물이다. 파병 반대론은 파병 찬성 논거와 동일한 수준에서 반론의 형태로서 전개되기도 한다. 예컨대 "파병은 국익에 반한다"는 판단이다. 그러나 파병 반대론은 그 이상의 판단을 의미할 수도 있다. 그것은 국가 상호 간 전쟁에 대한 판단, 내전을 포함하여 국가 기구에 의해서 수행되는 모든 전쟁에 대한 가치 평가를 포함할 수 있다. 파병 반대론에는 다양한 층위의 논거가 '파병 반대'라는 하나의 정치적 입장으로 수렴되어 있다.

따라서 파병에 대한 우리의 판단은 찬성과 반대의 이분법으로 뭉뚱

그리는 데 그칠 것이 아니라, 더 세밀하게 각 입장들의 논거를 분석해야 한다.

이 글의 목표는 특정 정치인이나 특정 당파의 파병에 관한 입장을 동일한 층위에서 조목조목 반박하고자 하는 것은 아니다. 오히려 이 글에서는 찬성론/반대론의 상정 가능한 모든 논거들을 추상적 수준에서 분류하고 검토함으로써 파병 찬성 혹은 반대의 정당성이 어디쯤에 위치하고 있는지를 알아보고자 한다. 이를 위해 우리는 한국 정부, 미국 정부, 테러 단체, 한국인 희생자 간의 상호 관계를 통해 파병을 바라보고 분석할 것이다.

한미 관계를 고려하지 않고 파병을 말할 수는 없는가?

미국 정부는 후세인 정부가 대량 살상 무기를 비축하고 있다는 것을 개전 논거로 하여 현재 이라크를 점령하고 있다. 미국 정부는 후세인 정권을 제거했음에도 불구하고 이라크에서 광범위한 저항 세력에 직면해 있고, 한국 정부는 미국 정부의 요청에 의하여 이라크에 파병했다.

양국은 한미상호방위조약에 근거한 동맹 관계를 맺고 있다. 물론 이 조약은 한반도 문제에 국한되며, 이라크 파병 문제에 대해서는 구속력을 가지지 않는다. 그러나 분명 한미 관계는 한국 정부의 이라크 파병에 있어서 가장 중요한 배경을 이루고 있을 것이다. 파병 반대의 논거에도 한미 관계의 문제는 크게 작용하고 있을 것이다. 이하에서는 한미 관계에 대한 이해 방식으로부터 비롯되는 파병 찬성/반대의 논거들을 따져 본다.

파병 찬성론으로서의 국익론은 한미 관계와 무관한 별도의 논거로서 제출될 수도 있다. 즉 파병은 한미 관계를 고려하지 않을 때조차 국익에 부합된다는 논거이다. 이 논거는 국익을 입증할 여러 정치적 · 경제적 자료에 의지하려고 할 것이다. 물론 한국의 파병 찬성론자들은 그와 같은 입증을 충분히 행하지 않았다. 그런데 더 문제가 되는 것은 다음과 같은 질문일 것이다. 만약 국익에 부합된다면, 어떤 종류의 파병이든 할 수 있다는 것인가?

대한민국 헌법 제5조 1항이 버젓이 있는 한에서 이 질문에 "그렇다"라고 대답한다면 그는 '군국주의' 라는 반헌법적 사고를 가지고 있음에 틀림없다. 그래서 국익론은 하나의 논거로서 자기 충족적일 수 없고 그저 보조 논거가 될 수 있을 뿐이다. 헌법 제5조 1항의 효력 범위 안에서 국익론은 공적 담론의 주된 논거가 될 수 없고, 반드시 "이라크 파병은 평화를 위한 파병이며 국익에도 도움이 된다"라는 형태를 취해야 한다. 파병론자들은 '국익' 을 앞세우기 이전에 파병이 이라크 평화에 실질적으로 도움을 줄 것임을 입증해야 할 것이다. 무조건 '국익' 만 앞세운다면 암암리에 군국주의를 선동한 꼴이 될 것이다.

그래서 지난 제16대 국회가 파병 방침을 결정할 시점에서의 공적 담론에서 국익의 문제가 파병 여부를 결정하는 데 주된 쟁점이 된 것은 유감스러운 사태라고 아니할 수 없다. 파병 비용, 파병지 등을 근거로 하여 "파병은 국익에 반한다"고 주장하는 것도 마찬가지로 보조 논거일 뿐이지, 파병 반대의 핵심 논거가 될 수 없다. 국익론의 경우와 동일한 질문이 던져질 수 있기 때문이다. 만약 파병이 국익에 합당하다면, 평화 구축에 반할 경우에도 파병은 용납될 수 있는가?

북한 핵-파병 보상론

국익론은 한미 관계라는 요소와 무관한 형태로 제출될 수도 있고, 한미 관계에 근거하여 제출될 수도 있다. 후자의 경우에 "파병은 한미 관계를 고려할 때에 옳은 결정이며, 그래서 국익에 부합된다"는 주장처럼, 한미 관계가 주된 논거이고 '국익'은 보조 논거로 덧붙여 질 뿐이다. 한미 관계에 중점을 둔 파병 논거들로서는 '북한 핵-파병 보상론'과 '한미 동맹 중시론'을 생각해 볼 수 있을 것이다. 전자는 북한 핵 위기의 해소 과정에서 미국 정부가 유연한 태도를 취해 줄 것과 이라크 파병을 '보상의 관계'로서 연관 짓는 사고방식이다. 후자는 북한 핵 위기라는 특정 문제가 아니라 "한미의 역사적 동맹 관계"라는 50년간의 지속적인 사태로부터 파병 명분을 찾으려는 사고방식이다.

북한 핵 문제와 이라크 파병을 연관시키는 '북한 핵-파병 보상론'은 지난 제16대 국회의 파병 결정을 즈음하여 많이 유포되었던 논거이다. '국익론'의 경우와 마찬가지로 헌법 제5조 1항과 충돌한다. 아울러 '파병 보상론'은 자국의 안전과 평화의 문제를 자국의 안전과 평화에 직접적 관계가 없는 타국에의 파병으로 해결하려는 것이기에, 만약 미국 정부가 북한 핵 문제에 대하여 '파병 보상론'의 논리와 마찬가지의 논리로, 즉 자국의 안전을 빌미로 하여, 다시 강경한 방침으로 선회한다면, 한국은 미국의 정책 변경에 대하여 이를 제약할 아무런 윤리적·논리적 근거를 가지지 못하게 될 것이다.

'한미 동맹 중시론'은 이라크 전쟁의 정당성에 대한 판단과 과연 파병이 평화 구축에 효과적인 행위인지에 관한 판단 일체를 미국 정부에 일임하는 관점이다. 주권 국가가 그러한 태도를 취하는 것은 주권에 위배되는 행위이기에 이는 공적 담론의 논거가 될 수 없다. 그래서 파병론이 한미 관계에 의존할 경우에도 주된 논거는 '평화를 위한 파병'이라는 점에 두어지고, 한미 동맹은 단지 보조 논거로서만 등장해야 할 것이다.

'평화를 위한 파병'에 대한 입증을 회피하고 '한미 동맹'에 파병의 주된 논거를 둔다면, 한미 동맹을 헌법 제5조 1항보다 상위의 가치로 인정하는 것이 된다. 한미 동맹을 파병론의 보조 논거로 채택하더라도 이라크 파병과 한반도를 범위로 하는 한미상호방위조약은 상호 구속되지 않기에 '한미 동맹 중시론'은 논거로서의 자격을 잃는다. 그것은 단지 군사적 동맹 관계에 논거를 두는 것이 아니라 매우 일반적인 '한미 관계 중시론'이 될 수밖에 없을 것이고, 이 경우에도 파병의 주된 논거는 이라크 파병이 "평화를 위한 파병"임을 입증하는 것이 되어야 할 것이다.

위에서 살펴본 바와 같이 결코 주된 논거가 될 수 없는 논거들을 파병 찬성의 주된 논거로 삼는 이유는 헌법 제5조 1항에 입각할 때에 유일한 파병 명분인 평화 구축이라는 논거가 파병 찬성론자가 보기에도 별로 설득력이 없기 때문이다. 그러나 보조 논거는 그저 보조 논거일 따름이고 어떤 경우에도 '평화'라는 주된 논거를 대체하지 못한다. 이라크에 파병하려면 그것이 국제 평화를 위한 일임을 주장해야 할 것이다.

이를 입증하지 못할 때, 국익이나 한미 관계를 논거로 한 파병 찬성론은 단지 군국주의적 국익이나 주권 포기를 선동하고 있는 것에 지나지 않게 된다.

민족주의적 파병 반대론

한미 관계를 중심으로 하여 구성된 파병 찬성론이 있듯이 이 관계에 주목하는 파병 반대의 논거도 있을 수 있다. 파병 반대에 대한 많은 입장 중의 하나로서 '민족주의적 파병 반대론'이 있다. 그것은 "이라크 파병은 미국의 강요에 의한 것이기 때문에 반대한다"는 내용으로 압축된다. 이러한 주장은 물론 "이라크 파병은 민족적 이익에 상충하기 때문에 반대한다"는 내용을 내포한다. 국회의 청문회를 통하여 밝혀진 AP 통신의 비디오 테이프 축소 편집과 관련된 의혹도 '민족주의적 파병 반대론'을 증폭시킨다.

그런데 민족주의적 파병 반대론의 경우에서도 국익론이나 한미 관계를 중시하는 파병 찬성론의 경우에서와 동일한 문제가 발생한다. 만약 민족적 이해에 상응하고 타국의 강요에 의한 경우가 아니라면 우리는 이라크에 파병해야 할 것인가? 만약 그것이 평화를 위한 것이든지 아니든지 상관없이 "그렇다"라고 대답하는 사람이 있다면, 그 역시 헌법 제5조 1항에 반하는 사상을 가진 것이리라.

결론적으로 '민족주의적 파병 반대론', "이라크 파병은 미국의 강요에 의한 것"이라는 논리도 파병 반대의 주된 논거가 될 수 없다. 그것은 기껏 "이라크 파병은 국제 평화에 반한다"는 주장에 대한 보조 논거가 될 수 있을 뿐이다. 파병 반대의 주된 논거가 '자주의 문제'가 된다면 적어도 이 사태와 관련해서는 본말이 전도된 것이고, 평화주의를 파병 반대의 핵심 논거로 하지 않는 한에서 '민족주의적 파병 반대론'은 민족주의 정치 세력이 이라크 파병이라는 사태에 대하여 반응하고 활용하는 방식에 불과하게 될 것이다.

테러 희생자와 국민에 대한 보호의무를 저버린 한국 정부

이라크 파병과 관련된 논쟁에서 김선일 씨 피살 사건이 미친 가장 큰 영향은 감사원이나 국회에서 이 문제를 조사하면서 국민에 대한 국가의 포괄적 보호의무가 비로소 문제로 떠올랐다는 점이다. 물론 아직까지 이라크 파병 그 자체야말로 이와 같은 의무의 이행에 반하는 것이 아닌가라는 점은 국회에서 논의되고 있지 않다. 그것은 파병 방침에 대한 재심의를 의미하기 때문이다. 감사원과 국회에서 조사된 것은 주로 해외 공관이나 기타 국가 기구가 맡은 바를 다했는가라는 문제이며, 파병을 기정사실로 한 채 그저 재발 방지에 관한 사항에 머물고 있다. 한국 정부의 성급한 추가 파병 선언이 김선일 씨 석방을 위한 중재 노력을 물거품으로 만들었다는 이라크인 변호사의 증언은 국민들에게 매우 큰 충격을 주었다. 그러나 이미 지난 3일 추가 파병이 이루어진 시점에서 진정으로 논의해야 할 문제는 파병 정책이 국민에 대한 국가의 보호의무에 근본적으로 상충하지 않는가라는 문제이다.

이 문제에 대한 논증 부담은 당연히 파병 찬성론이 져야 한다. 왜냐하면 국민의 안전과 관련된 새로운 상황이 조성된 것은 다른 어떤 것이 아니라 바로 파병의 효과이기 때문이다. 그리고 이 문제와 관련하여 완

벽한 보장이 아니라 최선의 보장으로 만족해야 할 것이라는 주장이 파병을 찬성하는 논거가 될 수 있으려면, 이라크 파병이 국제 평화를 위한 것이고, 국민이 감당해야 할 일임이 먼저 설득되어야 한다. 파병 찬성론이 평화 논증을 회피하는 한에서, 국민의 안전에 대한 가능한 한 최선의 보장이란 기만적일 수밖에 없다. 그것은 교통법규를 무시하는 운전자가 피해를 최대한 줄여 보겠다고 말하는 것과 마찬가지이기 때문이다.

평화주의는 시민의 권리를 우선시하는 사고방식이기도 하다. 평화주의는 "자위의 경우가 아닌 한에서 타국에 대한 침략적 전쟁을 포기하고 타국에 군대를 파병하지 않는 경우에 시민의 권리가 가장 잘 보호될 것이다"라는 인식으로 나타나기 때문이다. 만약 어느 누가 파병에도 불구하고 시민의 안전이 보장될 것이라고 주장한다면, 평화주의자는 그런 방책이 혹시 시민적 권리의 제한을 수반하는 것이 아닌지에 대하여 유심히 따져 보아야 할 것이다. 파병 효과로서 발생하는 안전 위험을 또다시 권리의 제한을 통하여 상쇄하겠다는 발상, 테러방지법 제정 등과 같은 발상은 —— 파병 찬성론이 평화 논증을 결여한 경우에는 더욱이 —— 마치 교통 법규를 무시하는 운전자가 다른 모든 차들이 멈춰 준다면 피해가 최소화될 것이라고 말하는 것과 마찬가지일 것이다.

파병 찬성의 논거가 "파병은 국익에 부합되며, 국익을 위해서라면 개별적 국민의 희생은 감수될 수 있고, 파병으로 인한 안전 위험에 대처하기 위해서는 시민적 권리에 대한 제한조차 불가피하다"라는 형태를 띤다면, '시민권을 우선하는 평화주의'에 대한 극단의 대립물로 나타날 것이다. 그것은 공리주의적 논증 형태를 차용한 국가주의, 질서 맹목주의일 것이다.

파병은 전쟁-테러리즘의 악순환을 끊을 수 있는가

미국의 이라크 침공이 국제법적으로 정당한지 또는 점령 정책이 옹호 받을 만한가라는 문제와 김선일 씨를 납치하고 살해한 집단에 대한 정치적 판단은 전적으로 별개의 문제이다. 미국의 이라크 정책을 비난한다고 해서 테러 집단을 지지하는 것은 전혀 아닐 것이기 때문이다. 그래서 테러 단체와 김선일 씨라는 한국 국적의 희생자의 관계는 가해자와 피해자라는 관계 이상의 의미를 가진다. 이 관계를 어떻게 이해할 것인가는 민간인에 대한 테러를 저항 수단으로 삼는 세력을 어떻게 이해할 것인가의 문제와 직결된다.

1920년 니콜라예브스크 사건처럼 과거에 한국인 반일 단체도 700명 이상의 일본 국적의 민간인을 살해했던 적이 있다. 그러나 그 당시의 독립군 부대장이었던 박병길은 다른 독립 운동가들에게 처단되었다. 민간인에 대한 테러는 용납될 수 없었기 때문이다. '유일신과 성전'이라는 단체는 희생자 김선일 씨가 AP의 비디오테이프가 기록한 인터뷰에서 미국의 이라크 정책을 비판했음에도 불구하고 그를 무참하게 살해했다. 김선일 씨가 납치되기 이전에도 친구에게 보낸 이메일 등을 통하여 동일한 입장을 표현했던 것으로 미루어 볼 때, 이라크 전쟁에 대한 그의 판단은 납치자들로부터 강요받은 것이 아님을 알 수 있다. 결론적으로 '유일신과 성전'이라는 단체는 이라크 저항 단체의 처지에 심정적으로 동조하는 사람마저도 테러의 대상으로 삼은 것이다.

그가 테러의 대상이 된 이유를 그의 종교나 그가 일하던 회사와 미군정 간의 계약 관계 등으로부터 찾을 수도 있을 것이다. 그러나 테러 단체가 이러한 요소들을 중시한 것 같지는 않다. 학살의 가장 중요한 동기는 김선일 씨가 한국 국적을 가지고 있으며, 한국 정부는 이라크에 추가 파병을 계획하고 있다는 점이었다. 이는 누구도 부인할 수 없을 것이다.

물론 테러리즘은 그것이 어떤 종류이건 용납되어서는 안 된다. 게다가 9·11 사태 이후의 테러리즘은 개인을 그의 양심이나 신념과는 무관하게 특정한 국가나 종교 공동체의 소속원으로서만 파악한다는 특징을 드러낸다. 이런 종류의 테러리즘은 더더욱 용납될 수 없다. 평화주의자라면 주권국가 이라크가 현재 처해 있는 처지와 테러리즘을 구분하여 생각해야 한다.

이라크 전쟁의 명분은 대량 살상 무기의 은닉 여부였다. 영미 연합군은 이라크에서 대량 살상 무기를 발견하지 못했다. 전쟁의 명분을 찾는다면, 후세인 독재 정권을 몰아내고 이라크의 인권 상황을 개선시켰다는 논리가 될 것이다. 결국 이라크 전쟁의 정당성에 대한 논박에서는 국민주권과 인권 개입주의의 관계가 중요한 논점을 형성할 것이다.

이라크 전쟁의 명분은 9·11 사건 이후 아프가니스탄 전쟁까지의 전쟁 명분인 반테러리즘과는 처음부터 성격이 달랐다. 그러나 테러리즘은 정규전이 종결된 이후 가장 중요한 문제로 등장했다. 전쟁을 통하여 테러리즘을 종식시킬 수 있는가? 평화주의는 그렇지 않다는 직관을 하나의 정치적·윤리적 입장으로서 대표한다.

한국 정부는 이라크 특정 지역에서 치안을 담당한다고 한다. 한국군은 그곳에서 테러리즘에 직면할 것이다. 파병 찬성론은 한국군의 주둔이 테러리즘의 악순환을 끊고 전후 복구에 기여할 수 있을 것이며, 파병이 이라크 국민으로부터 지지받고 있다는 점을 증명해야 한다. 대다수 국민들은 미군정의 사례로부터 정반대의 직관을 얻고 있으며, 이 문제에 대한 논증 책임은 파병을 찬성하는 사람들과 한국 정부 당국에 있다.

평화주의만이 전쟁과 테러를 근절시킬 가장 유효한 수단

요약해 보자. 첫째, 파병 찬성론이든 반대론이든 그 핵심 논거는 "파병은 이라크 평화에 기여하는가"라는 질문에 대한 대답의 형태로서 구성되어야 한다. 그렇지 않다면, 예컨대 국익이나 한미 동맹, 국가 안보와 같은 그 어떠한 보조적 논거들도 헌법적 견지에서 파병을 정당화하지 못한다. 이라크 전쟁 이후 지금까지의 사태 전개는 파병 찬성론이 이 문제에 대해서 논증 부담을 지고 있다. 둘째로, 파병 반대론은 다양한 논거들로 이루어질 수 있지만 평화주의를 핵심 논거로 삼지 않는 한 파병 찬성론의 맹점을 되풀이할 뿐이다.

이라크 파병은 해외 나들이 가는 일이 아니다. 그것은 매우 중요한 선택의 문제이다. 전쟁이나 테러를 정상상태로 인정하고 사실상 이 전쟁 상태의 한 당사자가 되고자 하는 국가 기구를 통한 보호에 스스로를 의탁하고 권리의 제한을 달게 받을 것인가. 아니면 좀 더 평화롭고 안전한 세계를 위하여 노력하고 평화주의적 실천을 통해 권리를 보장받을 것인가. 평화주의자는 평화주의만이 전쟁과 테러를 근절시킬 수 있는 가장 유효한 수단, 시민의 권리를 보장할 가장 유효한 방법, 가장 효과적인 대외 정책이라고 생각한다.

『프로메테우스』, 2004년 8월 6일.

한국 사회를
말한다

논쟁과 반박

05

국민주권자의 눈으로 본 한미FTA

지난 2007년 4월 2일 한미FTA가 타결된 직후, 각종 보수 언론들은 일제히 노무현 정권의 업적을 칭송하며, 한국 경제가 한 단계 더 도약할 수 있는 조건이 마련되었다고 환영하였다. 한편으로는 한미FTA로 인해 직접적인 피해를 받을 수밖에 없는 사람들의 거센 저항이 이어졌다. 이러한 생존권을 위한 투쟁은 이념적으로나 정서적으로 반미로 수렴되는 경향을 보였다. 그동안 FTA를 둘러싸고 국익, 생존권, 반미의 문제가 얽혀서 첨예한 찬반 논쟁이 벌어졌던 바 있다. 하지만 한미FTA의 올바른 대안은 국익과 반미로 만들어질 수 없다.

한미FTA는 국내 자본과 해외 자본 간의 대결이 아닌 원-윈 합작품

한미FTA저지범국민운동본부는 협정문 공개와 함께 이에 대한 검증 작업을 벌이고 있다. 그런데 이는 개방에 따른 산업별 혹은 분야별 영향

과 피해 정도를 예측하는 수준에 머무르고 있다. 요컨대 FTA로 인한 한국 측의 산업별 피해가 매우 높다는 것이다. 그래서 노무현 정부가 미국 측 이익에 부합하는 내주기식 협상을 체결했다는 결론에 이른다. 4대 선결 과제까지 내주면서, 그것도 미국 측의 고무줄 협상 시한에 쫓겨 협상 체결에 급급해 왔다는 주장이다. 그러나 이처럼 모든 문제를 미국 대 한국, 또는 해외 자본 대 국내 자본의 대립으로 이해하는 방식은 한미 FTA 문제에 대한 올바른 관점일 수 없다.

이번 한미FTA 협정은 노무현 정부의 의지대로 체결된 협정이다. 좀 더 정확하게 표현하면 국내 자본과 초국적 자본의 공통적 이해관계를 노무현 정부가 정확하게 반영한 협정인 것이다. 더 나아가 박근혜 전 한나라당 대표는 협정 체결 직후 "한미FTA를 도약의 기회로 만들기 위해 다음 정부는 새로운 국가 전략을 채택해야 한다"며 "그러기 위해선 각종 규제부터 획기적으로, 과감하게 풀어야 한다. 모든 규제를 제로베이스에서 재검토해서 존재의 이유가 없는 규제는 모두 풀겠다"고 말했다. 그 의도는 한미FTA에서 도입된 '투자자-국가 소송제'를 국내 자본에 유리한 규제 철폐의 근거로 역이용하자는 것이다. 이는 FTA로 인한 제도적 변화가 자본 —— 국적을 불문하고 —— 에 이로운 환경을 조성할 것임이 분명하다는 것을 시사한다.

국민주권을 훼손하는 독소 조항들

그러므로 한미FTA에 관한 진짜 논점은 한국 자본 대 미국 자본의 대결이 아니라 양국의 자본이 동의하는 지점에서 축소되는 주권의 영역에

맞춰져야 한다. 공개된 협정문을 살펴보면 기업이나 투자자의 이해관계를 위해서 주권을 심하게 제약하거나 훼손할 수도 있는 독소 조항들이 있음을 알 수 있다. 무역 협정이 한 국가의 국민의 삶을 규정하는 입법, 사법, 행정의 체계에 심대한 영향을 미치는 주권의 상위 심급으로 작용하게 되는 것이다.

일례로 투자자-국가 소송제가 그러하다. 투자자-국가 소송제란 외국인 투자자가 자신의 수익이나 권리에 심각한 침해를 받았을 경우 그 책임을 상대방 국가에게 묻는 제도이다. 특히 자신이 당했다고 여기는 불이익이 국가가 취한 사법적 또는 행정적 조치와 관련 있을 때는 한국 정부를 국제 중재 절차로 끌고 나가서 보상을 요구할 수 있다. 문제는 국제 중재에 회부된 결정 사항에 대해서는 우리나라의 국가주권이 영향을 미치지 못한다는 사실에 있다. 물론 공중 보건, 안전, 환경, 부동산과 같은 예외 조항을 두었지만 '극히 드문 상황을 제외하고는' 이란 단서를 달아 그 실효에는 의문이 제기된다.

이에 더하여 래칫 조항은 FTA의 협정 내용을 뒤로 되돌릴 수 없게 한다는 측면에서 주권에 강력한 제약으로 작용하는 독소 조항이다. 래칫ratchet이란 한쪽 방향으로만 회전을 전하고 반대 방향으로는 운동을 전하지 않는 톱니바퀴를 의미한다. 이 조항은 역진 방지 조항이라고도 한다. 예를 들어 스크린 쿼터를 줄이면 앞으로는 절대 늘릴 수 없게 된다. 만약 공공재의 개방에 이 조항이 적용된다면 우리의 공공 정책은 국민주권자의 입장에서 통제할 수 없는 고삐 풀린 망아지가 될 것이다. 게다가 이 조항 때문에, 조약이 폐기된 이후에도 이미 투자된 부분에 대해서는 10년간 효력이 지속된다. 한미FTA 협정의 유효 기간이 10년임을 감안하면, 투자자-국가 소송제가 시행될 경우, 이는 최소 20년 동안 사

법 주권은 물론이고 입법 주권, 행정 주권의 실제적 한계로 작동하게 될
것이다.

대안은 국민주권자의 입장에서 초국적 자본을 규율하는 것

한미FTA는 반도체, 자동차, 조선, 섬유와 같은 주력 수출산업이 미
국 시장에서 어떤 조건에서 경쟁하게 될 것인가 하는 전략의 문제에 국
한되지 않는다. 또 한편으로 FTA협정은 가공할 미국 자본의 경제적 침
탈이라는 암울한 대공습 시나리오로 채색될 수도 없다. 분명한 것은 한
미FTA 체결이 국내 산업의 구조 조정과 노동시장의 유연화와 사회복지
체계 전반의 미국화를 불러오게 될 것이라는 점이고, 국민의 삶에 막대
한 영향을 미치게 될 것이라는 점이다.

한미FTA에 대한 대안은 '국민국가와 초국적 자본의 관계를 어떻게
풀어갈 것인가' 로부터 나온다. 진정한 대안은 바로 국민주권자와 초국
적 자본가의 관계를 국민주권자의 입장에서 규율하고 통제할 수 있는
체제일 것이다. 이러한 관점을 놓칠 때, 한미FTA에 대한 대안으로 거론
되곤 했던 동북아 호혜 경제와 같은 지역 경제 블록 구성도 변형된 민족
주의에 불과하게 될 것이다. 어떤 것이 경제적 국익에 부합되는가라는
문제 못지않게, 아니 그보다 더 본질적으로, 진보 정치 세력이 대답해야
할 문제는 지구화 시대에 국민국가는 어떤 역할을 해야 하는가라는 문
제이다.

우리는 한미FTA에 대한 대안을 국민주권자의 눈으로 수립해야 한
다. 그래서 투자자-국가 소송제와 같이 국민주권을 돌이킬 수 없을 정

도로 침해하고 있는 독소 조항 또는 사회복지 체계를 완전히 미국화하
여 국민주권의 실질적 행사를 불가능하게 만드는 조항에 우리는 명백히
반대해야 한다. 재협상 과정과 국회 비준 과정에서 이러한 독소 조항들
은 반드시 철회되어야 한다.

노동자운동은 시민운동이 되어야 한다

노동조합 운동의 과제는 생산 현장의 문제와 임금 문제에만 한정되는가? 노동조합 운동은 노동자의 삶의 질의 향상이나, 생활공간, 문화공간과는 무관한 운동인가? 노동조합 운동에 대하여 환경, 평화, 여성, 이주자, 빈곤 등의 의제는 단지 주변적인 것일 뿐인가? 우리의 대답은 '그렇지 않다' 이다. 게다가 우리의 대답은 여기에서 멈추지 않으며, 한 걸음을 더 내딛는다.

노동자운동은 가장 강력한 시민운동이 되어야 한다

노동자운동은 시민사회 의제에 관심을 가져야 할 뿐만 아니라 그 스스로도 가장 강력한 시민운동이어야 한다. 노동자는 노동자이자 시민이고, 노동조합 운동도 노동자운동이자 시민운동이어야 한다.

생산 현장에서 출발하여 분배 문제만을 맴도는 19세기 조합주의적

순환은 한국 노동조합 운동의 미래가 될 수 없다. 공장에 노동자가 투입되어 임금을 손에 쥐고 나오는 순환에만 노동조합 운동이 매몰되어서는 안 된다. 노동조합 운동의 순환은 생산과 임금의 순환뿐만 아니라 더 넓은 순환이어야 한다. 노동조합 운동이 공장과 공장 밖, 생산과 재생산, 소비의 각종 측면을 아우르는 순환 속에 서 있을 경우에만 최소한 노동조합 운동은 현대 자본주의 사회에 적응할 수 있을 것이다. 이 '최소 기준'이 충족되지 않는다면 현대 자본주의 넘어서기의 문제는 제기될 수조차 없다. 자본은 노동자가 태어나서 성장하는 시간에서부터 죽음에 이르는 시간까지 모든 시간을 포섭한다. 자본은 생산과 소비, 삶과 죽음의 영역까지 총체적으로 포섭한다. 공장의 울타리 안에만 갇혀 있는 노동자운동은 자신이 사회적 총체성을 획득하는 일을 이미 포기했음을 고백할 뿐이다.

조직 노동자, 대공장 노동자들이 자신의 일자리 보호와 임금 보호에만 급급할 뿐 사회 전반적인 불안정 고용과 실업 문제에 눈을 돌리지 않는다면, 궁극적으로 빈곤의 확대와 불안정 노동의 양산으로 인해 그들의 일자리와 임금마저도 위협받게 될 것이다. 단지 두 가지의 선택만이 우리 앞에 놓여 있다. 양적 유연화의 확대 속에서 언젠가 잃어버리게 될 일자리에 연연하고, 더 많은 잔업과 더 많은 임금을 고대하며 실리주의의 함정에 빠질 것인가? 아니면 사회 전반적인 문제에 눈을 돌리고, 빈곤 해소, 차별 철폐, 노동 교육의 향상 등을 통한 노동 사회 개편을 노동조합의 과제로 삼을 것인가? 노동조합이 두 번째 방식을 선택한다면, 노동조합의 개입은 노동 사회에만 국한될 수 없다. 개입은 환경, 평화, 여성, 장애인 노동권, 이주 노동자 권리 문제 등 시민사회 전반의 문제 영역으로 확대될 수밖에 없다.

노동조합의 과제가 확대되어야 할 이유는 매우 자명하다. 산업 체제의 생태 환경적 전환만이 환경적으로 지속 가능한 일자리를 보장할 것이며, 국가 간 전쟁을 종식시키는 평화 체제만이 노동권 보장의 전제이기 때문이다. 또한 고용 형태부터 임금까지 각종 수준에서 나타나는 여성 노동자의 불평등을 해소할 경우에만 남성 노동자를 포함한 전체 노동자의 임금 덤핑이 중지될 것이며, 노동 사회의 이면에 은폐된 인구 재생산 및 가사 노동의 영역이 양성 평등적으로 재편될 경우에만 전체 노동자의 복지 수준이 향상될 것이기 때문이다. 아울러 장애인 노동권이 보장되고 이주 노동자도 국적 노동자와 동등한 권리를 누릴 경우에만 전체 노동자의 제반 권리가 보장될 것이기 때문이다.

노동자운동의 시민사회 의제

가장 강력한 시민운동으로서 노동조합 운동은 무엇을 자신의 과제로 삼아야 할까? 환경, 평화, 여성, 장애인, 빈곤, 이주 노동자 등의 개별 의제에서 노동조합 운동은 과연 어떤 입장에 서야 할까?

노동조합은 노동자 자신을 포함한 전체 사회 구성원의 안전을 보장하고 생태 환경적으로 지속 가능한 사회를 형성하기 위한 대안적 발전 모델과 정책을 제시해야 하며, 생산, 교환, 소비의 모든 요소를 생태 환경적으로 전환하기 위한 전략을 수립해야 한다. 노동조합은 대기업 중심의 과도한 상품 소비에 의존하는 발전 모델이 협력적 생산 체계와 공동체적으로 조절되는 소비 형태로 전환되도록 하기 위해, 그리고 국토 개발과 산업 경제 정책에서 환경성이 우선적으로 고려되도록 하기 위해, 각종 시민사회단체와 연대하고 기업과 정부에 압박을 가해야 한다. 각종 환경 규제는 물론이고 환경오염 산업에 많은 세금을 부과하는 친환경 조세 개혁을 정부에 요구해야 할 것이다. 노동조합이 수행하는 환경 운동의 궁극적 목표는 산업 생산 시스템의 생태화에 맞춰져야 한다. 생산 과정에서 많은 환경오염을 유발하는 화석 연료를 지양하며 고효율 에너지 산업을 육성하고 폐기물이 생성되지 않는 생산 시스템으로 전환할 것, 환경 파괴가 없는 산업을 육성하며 대안 에너지 개발 산업 등 친환경적 일자리를 창출할 것을 적극적으로 정부에 요구해야 한다.

노동조합은 평화의 문제를 적극적으로 노동자 권리의 문제로 바라보아야 한다. 모든 노동자는 '국가 간 전쟁이 없는 세계에서 평화롭게 살 권리', 즉 평화권을 가진다. '일할 권리', 즉 노동권도 평화권 보장을 전제할 경우에만 가장 확실하게 보장될 수 있다. 따라서 전쟁 위협의 제거, 정전 체제에서 한반도 평화 체제로의 전환, 동북아 평화 체제의 수립은 한반도와 동북아 모든 나라의 노동조합 운동의 공통적 관심이 되어야 할 것이다. 노동조합은 정전협정 체제의 당국자들인 개별 국민국가들에 대하여 평화 압력을 행사해야 할 것이다.

그러나 노동조합이 수행하는 평화운동이 국가적 영역에서의 평화운동, 즉 정부 당국에 대한 압박에만 한정되지는 않는다. 평화를 주로 위협하는 것은 물론 국가 간 전쟁이지만, 전쟁을 생산해 내는 것은 단순히 행정부나 의회의 호전적 정치 세력만이 아니기 때문이다. 전쟁은 사회가 생산해낸다. 군수산업 위주로 편성된 경제, 호전적 민족주의와 군사주의 이데올로기가 무비판적으로 수용되는 사회에서 전쟁은 감행된다. 따라서 평화운동은 포괄적인 사회운동이어야 하고, 노동조합이 전개하는 평화운동도 이와 다르지 않다.

노동조합은 특히 한국 사회에서 비정규직 노동자의 70%가 여성이며, 여성 임금 하위 10%와 남성 임금 상위 10%의 격차가 7.5배에 달한다는 사실을 눈감아서는 안 된다. 고용 기회, 고용 형태, 직책, 임금 등 전반적 측면에서 나타나는 불균형과 불평등의 해소는 노동조합 운동의 과제가 되어야 한다. 기회균등의 원칙은 여성이 분담하는 출산과 육아 및 가사 노동 상황을 고려한 실질적 균등 원칙이 되어야 한다.

나아가서 노동조합은 가정 내 여성 불평등을 존속시키는 가족 형태가 국가의 각종 정책의 전제가 되지 않도록 하여야 한다. 노동조합은 노동과 일상의 성별 분리와 이에 기초하는 가부장적 가족주의의 극복을 위해 노력해야 하며, 이와 같은 가족 구성을 전제로 하는 복지 정책, 저출산 대책 등의 허구성과 반노동자성에 대하여 경각심을 가져야 한다.

장애인의 이동권, 교육권, 노동권의 보장을 위한 운동도 노동조합 운동의 일부가 되어야 한다. 노동 불능자의 복지 문제, 실업과 빈곤의 문제는 노동조합의 본래적인 영역인 노동 사회 개편의 과제이기도 하다. 노동조합은 노동시장 진입, 교육권, 건강권, 주거권, 가족주의적으로 편성된 재생산 구조 하에서의 가족 해체, 문화 결핍, 사회 서비스로부터의 배제 등 다양한 사회적 관계와 경로를 통해 발생하고 악순환되는 빈곤 문제에 대하여 탈빈곤의 길을 제시하고 시민사회와 정부에 대해 적극적 대응을 요구해야 할 것이다.

마지막으로, 이주 노동자의 권리에 대한 관심은 노동조합 운동이 협소한 국민성에 갇히지 않으며 인류적 보편성에 근거할 수 있도록 해 줄 것이다. 이주 노동자의 권리 보장은 국적 노동자의 장기적 이익에도 부합되지만, 무엇보다도 국적 노동자의 의무이기도 하다.

정리하자면, 노동조합은 생태 환경적 가치의 수호자이자, 사회권을 포함한 제반 권리의 옹호자, 사회적 관용과 연대의 담당자가 되어야 한다. 이를 위해 노동조합은 단지 환경 단체, 시민운동 단체, 인권 단체와 연대하는 것만이 아니라 그 스스로 가장 강력한 환경 단체, 시민운동 단체, 인권 단체이어야 한다. 이와 같은 주장은 이미 사회운동적 연대의 범위를 넘어선다. 그것은 노동조합이 스스로 사회 전 영역에 걸친 운동을 전개해야 한다는 주장이기 때문이다.

그런데 노동조합이 왜 생산 현장과 임금에 한정된 운동 방식을 벗어나야 하는 것일까? 간단히 말하자면, 그렇게 하지 않으면 노동조합 운동은 노동자 실리주의에서 헤어날 방도가 없기 때문이다. 특정 시기의 특정 노동자의 실리가 전 인류의 역사적 이익과 동일한 것이 아니다. 좀 더 설명을 붙이자면, 노동자는 노동자일 뿐만 아니라 그 스스로 시민이며, '시민 되기'를 통해서만 '현존하는 시민성 넘어서기'도 가능하다. 그런데 '시민 되기를 통한 시민 넘어서기'란 또 무슨 말인가? 어차피 넘어서야 할 규정을 왜 굳이 획득하기 위하여 애써야 하는가?

시민 되기 없이는 시민성의 확장도 시민성 넘어서기도 불가능하다

시민성은 근대성이다. 근대란 시민들의 사회이고, 시민이란 중세의 인격적 지배로부터 벗어난 자유로운 주체를 의미한다. 시민적 주체는 민주공화국의 자유롭고 평등한 주권자이자, 시장에 참여하는 합리적인 행위자이며, 공론장에서의 소통적 주체로 나타난다. 시민은 국가 곧 '정치사회'의 주체이며, 시장 곧 '경제사회'의 주체이고, 국가 및 시장과 구별되는 영역인 20세기 후반기적 의미의 '시민사회'의 주체이기도

하다. 근대 사회의 모든 영역에서 주체란 오직 시민적 주체로서 등장할 뿐이다. '정치사회', '경제사회', '시민사회'는 근대 사회의 여러 측면들이지만 각기 형태적으로 상이한 구성 방식에 근거함으로써 서로 구별된다. 예컨대 불가침적 인권의 보유자, 동등한 상품 소유자, 차이를 가지지만 대등한 개별성은 각기 국가, 시장, 시민사회에서 개별 시민들이 등장하는 방식이다. 여기에 대해서 다수 민주주의, 화폐, 소통적 이성은 각기 국가, 시장, 시민사회에서 개별 시민들이 포섭되는 일반성의 척도로서 나타난다.

노동자라는 규정 역시 경제적 근대의 산물, 정확하게 말하자면 자본주의의 산물이다. 노동자는 농노와는 달리 자본가와 형식적으로 대등한 주체로서 경제사회에 참여한다. 노동시장에서는 노동력 상품 소유자로서 화폐 상품 소유자인 자본가와 대등한 주체로서 마주서며, 소비품 시장에서는 화폐 소유자로서 소비품 소유자인 자본가와 대등한 주체로서 마주선다. 노동자는 노동 불능자와는 달리 노동력 상품 판매자로서 경제사회에 통합되어 있다. 그러나 노동력 상품의 구매자인 자본가와는 달리, 노동자는 노동력 상품의 판매자이기 때문에 노동력 상품 소비의 결과로부터는 배제된다. 그래서 통상적인 언어 사용에서도 경제적 시민은 자본가를 지칭하지 노동자를 뜻하지는 않는다. 이와 같은 배제적 통합의 기본 유형은 자본주의적 사회 형식의 지속 속에서는 결코 달라지지 않을 것이다.

적어도 시장 교환의 수준에서는 노동자가 대등한 주체로서 참여하는 경제사회와는 달리, 근대 초기에 노동자는 정치사회의 일원이 아니었다. 노동자는 국민으로서의 의무를 부여받았으나 정치적 참여로부터는 배제되어 있었다. 따라서 노동자 참정권을 위한 투쟁은 노동자의 '시민

되기'의 첫 단계이었다. 보통선거권을 통하여 노동자는 정치사회의 시민, 즉 공민이 될 수 있었다. 20세기 후반기에 이르러 국가나 시장 이외의 제3영역으로서 '시민사회'가 형성되었다. 정치사회의 구성 원칙인 다수 민주주의나 시장의 구성 원칙인 등가교환이 아니라 다양한 개별성의 소통, 차이를 인정하는 연대가 이 '시민사회'의 구성 원칙으로 등장한다.

노동자가 과거 참정권 투쟁을 통하여 정치사회의 '시민 되기'에 성공했듯이, 이 제3영역에서의 노동자의 '시민 되기'도 필연적인 것이다. 그러한 과정은 또한 현존하는 사회의 시민성을 확장하거나 넘어서기 위해서도 반드시 경과하여야 할 지점이다. '시민 되기' 없이는 현존하는 시민성의 확장도 불가능하겠지만 현존하는 시민성을 넘어서는 일도 마찬가지로 불가능하기 때문이다. 노동 사회의 개편은 노동 사회의 내부에서의 운동만으로 진행되지 않는다. 국가와 시민사회에서 노동자의 '시민 되기'는 노동 사회 개편의 경로이다. 그리고 궁극적으로 노동 사회 넘어서기, 곧 노동 사회의 종식조차 노동자의 '시민 되기'를 전제한다. '시민 되기' 없이는 '시민성 벗어나기'도 없다.

『프로메테우스』, 2006년 6월 25일.

국방의 의무와 양심의 자유

2004년 7월 양심적 병역 거부에 대한 대법원 판결을 보고

방송과 신문의 한 꼭지를 장식하는 연예인과 고위층의 끊이지 않는 병역 비리는 늘 네티즌들의 분노의 대상이다. 대부분 자신의 의사와 무관하게 끌려가 소모되어 버린 청춘에 대한 억울함과 사회의 불평등에 대한 분노이다. 어떤 이는 국방의 의무라는 신성한 이념을 강조하기도 하기도 하고, 어떤 이는 군복무와 관련한 모든 논쟁에서 어리석게도 여성에게 화살을 돌리기도 한다. 이런 소란 속에 또 하나의 작은 소란이 일고 있으니 바로 총을 들기를 거부하는 청년들의 '양심적 병역 거부' 라는 이슈이다.

국가가 없으면 개인도 없다?

우리 사회에도 이미 양심적 병역 거부에 대한 논의가 진행 중이다. 시민사회의 폭넓은 논의와는 별도로, 입법 및 사법 기관도 역시 국민의

기본권을 최대한 보호하기 위해서 관련 법 제도를 면밀히 검토해야 할 것이다. 유감스럽게도 지난 7월15일 대법원에서는 종교적 신념에 따른 병역 거부와 관련된 상고심(2004도2965 병역법 위반)에서 상고를 기각했다. 이 판결에서 대법원이 제시한 논거들은 과연 우리가 알고 있는 자유민주주의의 전통에 부합하는 것이었을까.

대법원의 다수 의견은 헌법 제19조 "모든 국민은 양심의 자유를 가진다"에 의하여 부여된 헌법상의 권리의 침해로부터 병역법 제88조 1항의 "정당한 사유"가 발생할 수 있음을 일단 인정한다. 그러나 양심의 자유가 헌법 제39조 1항 "모든 국민은 법률이 정하는 바에 따라서 국방의 의무를 진다"보다 "우월한 가치라고 할 수 없고, 그 결과, 위와 같은 헌법적 법익을 위하여 헌법 제37조 2항에 따라 피고인의 양심의 자유를 제한한다 하더라도 이는 헌법상 허용된 정당한 제한이라 할 것이다"라고 판시했다.

다수 의견은 결과적으로 국방의 의무(헌법 제39조 1항)를 양심의 자유(제19조)보다 더 우월한 헌법적 가치로 판단한 것이다. 다수 의견의 논증 구조를 더욱 명료하게 이해하기 위하여 판결의 해당 구절을 직접 살펴보자

논거 1 현대 민주 국가에서 주권자인 국민에게 국방의 의무라는 헌법적 의무를 부담시키는 것은 그것이 주권자인 국민 자신에게도 필요한 일이라는 관점에서 정당화된다. 즉 국민이 이러한 헌법적 의무를 부담함으로써 비로소 국민 스스로가 그의 기본권의 실현과 보호를 위한 전제 조건인 국가의 존립과 안전을 유지할 수 있다는 점 때문에 국민은 헌법적 의무로서 국방의 의무를 부담하게 되는 것이다. 국방의 의무는 …… 납세의 의무와

더불어 국가의 존립을 가능하게 하는 가장 기본적인 의무라 할 것이고, 특히 남북이 분단되어 여전히 서로 군사적으로 대치되어 있어 불안정성과 불가예측성이 상존하는 우리나라의 특수한 현실적 안보 상황을 고려하면 국방의 의무는 보다 강조되어도 지나치다고 할 수는 없을 것이다.

논거 2 이 사건 법률 조항은 바로 이와 같이 가장 기본적인 국민의 국방의 의무를 구체화하기 위하여 마련된 것이다. 그리고 이와 같은 병역 의무가 제대로 이행되지 않아 국가의 안전보장이 이루어지지 않는다면 국민의 인간으로서의 존엄과 가치도 보장될 수 없음은 불을 보듯 명확한 일이다. 따라서 병역 의무는, 국민 전체의 인간으로서의 존엄과 가치를 보장하기 위한 것이라 할 것이고, 피고인의 양심의 자유가 위와 같은 헌법적 법익보다 우월한 가치라고는 할 수 없다.

논거 1은 국민 각자의 헌법적 의무 일반에 대한 논증에, 논거 2는 양심의 자유가 국방의 의무보다 우월한 가치라는 관점을 인정할 수 없다는 점에 논증 목표가 놓여 있다. 이 두 가지 논거는 국민 개개인의 권리, 이에 대한 국가의 포괄적인 보호의무, 그리고 국가의 구성원으로서 국민 개개인이 부담하는 헌법적 의무 간의 전통적인 자유민주주의적 논증 관계의 역전을 적나라하게 보여 준다. 대법원 판결의 다수 의견은 국가가 존립해야 개인의 권리가 보장되며, 그래서 국민 개개인이 국민 전체, 즉 국가에 대해서 부담하는 헌법적 의무는 개개인의 헌법적 권리보다 우선한다는 논증 구조를 채택하고 있기 때문이다.

권리의 우위와 헌법적 의무의 충돌

다수 의견은 권리에 대한 의무의 우선성, 국민에 대한 국가의 우선성을 전제한다. 그러나 자유민주주의적 전통은 정반대의 논증 구조를 취한다. 즉, 시민의 권리를 보호하기 위하여 국가는 존립 이유를 가지며, 국가 구성원으로서 각인은 시민의 권리에 대한 국가의 포괄적 보호의무를 나누어지고 있다는 것이다. 대법원은 "민주 국가에서 주권자인 국민에게 국방의 의무라는 헌법적 의무를 부담시키는 것은 그것이 주권자인 국민 자신에게도 필요한 일"이라고 한다. 이 주장은 민주공화국에서 개별 국민은 그 스스로 주권자라는 측면과 국민 개개인의 필요와 이익이라는 측면을 뒤섞어 놓고, 자유민주주의적 논증 구조의 핵심적 내용을 논증 고리로부터 누락시킨다. 국가가 시민의 권리를 보호할 포괄적 의무를 지며, 바로 거기에 국가의 존립 근거가 있다는 점을 논거로서 채택하지 않는다는 말이다. 이 누락이야말로 자유민주주의적 전통에 근본적으로 반하는 것이다.

개별 국민이 지는 헌법적 의무를 논증할 때도 이익의 측면이 아니라 국민주권 원칙으로부터 입론하여야 한다. 즉 국민 개인이 바로 주권자라는 원칙으로부터 헌법적 의무를 논증해야 한다. 국민개병제는 프랑스 혁명 이후에 수립된 공화정에서 최초로 도입된 것이다. 개별 국민에게 이익이 돌아가기 때문이 아니라 그 스스로 주권자이기 때문에 국방의 의무를 지는 것이다. 이익의 수혜와 필요에 근거하여 의무를 논증하는 것은 주권 형태나 정체政體와 관련 없이 왕정 국가에서도 있을 수 있는 일이다.

다수 의견이 자유민주주의적 전통을 따랐다면, 다루어야 할 문제는 당연히 자유주의적 전통에 근거하는 '권리의 우위'와 공화주의적 주권 원칙에 근거하는 '헌법적 의무'가 한 개인의 양심의 문제와 관련하여 일으키는 충돌이다. 또한 자유민주주의적 전통의 성립사에서 양심의 자유, 종교의 자유가 가지는 매우 특별한 보호법익으로서의 지위에 주목했다면, 그 충돌은 대개 '권리의 우위'의 입장에서 판단될 것이다. 양심의 자유는 17~18세기 제반 자유권의 성립사에 있어서 시조적 지위를 가진다. 권리와 권리가 충돌할 경우에 어느 하나도 배제하지 않고 최적화하여 실현해야 하겠지만, 개인의 헌법적 권리와 국가에 대한 헌법적 의무의 충돌의 경우에서 권리의 우위를 지지하는 것은 자유민주주의적 헌법관이 그동안 지켜왔던 전통이다. 알다시피 자유민주주의는, 특별한 논거가 없는 한, 주관적 공권의 보호를 헌법 최고의 법익으로 사고하는 전통이기 때문이다.

자유민주주의의 전통에 반하는 대법원의 판결

나아가서 국민 개인에 대하여 국민 전체가 우선한다는 논거, 개별적 시민에 대한 국가의 우위가 과연 대한민국 헌법 체계에 전반적으로 합치하는지 문제를 따져 볼 필요가 있다. 기본적 권리에 관한 장을 헌법의 앞부분에 편성한 것만으로도, 국가의 우위는 현행 헌법의 체계의 전도顚倒임이 드러난다. 헌법 사상사적 측면에서도 국민에 대한 국가의 우위, 권리에 대한 의무의 우위란 국가주의적 맹목일 수 있다. 국가주의는 공동체의 개인에 대한 우위, 즉 고전고대적 법사상에서 기원하는 공동체주의와도 구별된다. 공동체주의가 내심적 자유의 문제, 양심 형성의 자유에 이르기까지 인륜적 수준에서 전반적으로 개입하는 반면에, 국가주의는 내심의 문제에까지는 개입하지 않지만 양심 실현의 자유와 같이 권리 실현의 제반 수준에서 특히 국가 공권력의 행사와 관련된 부분에서 철저히 국가의 우위를 실현하고자 한다. 전자가 윤리와 법을 구별하지 않는 태도라면, 후자는 윤리 없는 강제이다. 여기에서 어떤 것이 더 자유의 실현을 억제하는 것인지에 대해서 굳이 논하지 않겠다.

이 외에도 양심적 병역 거부에 대한 형사처벌이 과잉 금지나 비례의 원칙을 위반한다는 문제가 있다. 대법원이 판시한 대로, 이에 대한 판단 준거에서 입법자에게 부여된 "광범위한 입법재량"에만 근거한다면, 결과적으로는 입법부의 재량인 국방의무의 구체화 방식뿐만 아니라 사법부가 판단해야 할 과제인 비례의 원칙 적용 그 자체가 전적으로 입법자의 재량에 맡겨질 것이라는 점이다. 여러 가지 "병역특례제도를 두고 있음에도 양심 및 종교의 자유를 이유로 현역 입영을 거부하는 자에 대해서는 현역 입영을 대체할 수 있는 특례를 두지 아니하고 형벌을 부과하는 규정만을 두고 있는" 법적 현실이 비례의 원칙에 어긋나지 않는지를 대법원의 다수 의견은 구체적으로 판단하고 논거를 제시했어야 한다.

자유민주주의에 반하는 다수 의견에도 불구하고, 대법원 판결은 양심 실현의 자유의 보장에 있어서 사법부의 인식의 전환을 부분적으로 보여 주고 있다. 이강국 대법관의 반대 의견이 그러하고, 대법관 유지담, 윤재식, 배기원, 김용담의 보충 의견도 "대체 복무제를 도입할 필요성이 있다는 점에서는 반대 의견과 의견을 같이한다." 대법관 조무제의 보충 의견은 입영 의무와 집총 의무를 구별하며, 집총 의무의 경우에 양심의 자유를 침해하는 것으로 본다. 이제 양심적 병역 거부에 대한 판단

은 헌법 해석 문제의 최고 심급인 헌법재판소로 가게 되었다. 헌법재판
소가 병역 거부와 관련된 헌법 소송에서 어떤 판단을 내릴 것인지 주목
된다.

『프로메테우스』, 2004년 7월 23일.

역사 논쟁과 근대적 국민 정체성

2004년 여름, 한국 사회는 '역사 논쟁'으로 뜨겁다. '역사 논쟁'은 두 개의 서로 다른 시대를 둘러싸고 전개되고 있다. 그 하나는 고구려사를 중국사로 편입하고자 하는 '동북공정東北工程'에 대한 대응이며, 다른 하나는 일제 식민지 시대의 친일 부역 행위, 해방 후 좌우 대립 시기에 일어난 학살 사건들의 진상, 독재 정권에 의한 인권 탄압 등 20세기 한국 현대사를 둘러싼 논쟁이다. 하나는 양국 간의 외교적 대결의 형태로, 다른 하나는 한국 사회의 내부 논쟁으로서 전개된다.

얼핏 보기에 두 논쟁은 관련이 없는 듯 보인다. 하나가 과거의 '역사적 편입'에 대한 논쟁이라면 다른 하나는 과거의 '역사적 청산'에 대한 논쟁이기 때문이다. 그러나 고대사와 현대사라는 격차, 1,200년 이상의 시간적 격차, 나아가서 '과거의 현재로의 편입/계승'과 '현재 시점에서의 과거의 규명/청산'이라는 과제의 성격상의 차이는 그러한 논쟁은 과연 왜 벌어지는가라는 질문 앞에서 별 다른 차별성을 가지고 있지 않다. 두 가지 논쟁 모두 '현재 이곳' 한국 사회가 스스로를 어떻게 규정해야 할 것인가의 문제, 즉 이 사회의 정체성 문제와 관련되기 때문이다.

동북공정, 중화 제국 정체성의 간극 메우기

먼저 고구려사를 둘러싼 논쟁을 살펴보자. 이 문제를 자세히 들여다 보면, 고구려가 한족이 세운 국가라고 중국이 주장하는 것은 절대로 아니라는 점을 알 수 있다. 단지 그들은 고구려사가 '중화 제국'의 역사에 포함된 '변방사'라고 주장하는 것이다. 그들은 그 근거로서 조공 관계, 외교적 승인 관계, 당에 의한 정복, 멸망 이후의 유민들의 정착지 등을 든다. 물론 당은 고구려를 멸망시키기는 했으나 고구려의 강역을 통치하지 못했고 이 지역에는 발해라는 국가가 등장했다. 그래서 그들은 발해사 역시 중국사의 일부로 편입시켜야 한다.

중국 측이 들고 있는 역사적 근거들이 "고구려사는 중국사"라는 인식에 사실 증거를 제공하는 것은 아닌 것 같다. 그런데 정작 중요한 문제는 고구려사는 중국사라는 인식에서 역사적 사실들이 결정적인 의미를 차지하는 것이 아니라는 점이다. 왜냐하면 중국 측의 역사 인식은 개별적 역사 사실보다도 현존하는 '중화 제국'의 정체성을 어떻게 규정할 것인가의 문제로부터 비롯되기 때문이다.

그러면 '중화 제국'의 정체성은 어떻게 규정되는가? 중국 헌법은 '인민공화국'이라는 정체성(헌법 제1조)과 '다민족 국가'라는 정체성 (헌법 제4조)을 부여한다. 전문을 살펴 볼 때, 청−중화민국−중화인민공화국으로 연결되는 국가 계승 관계가 강조되며, 단절의 관계는 국가 성격의 문제로서, 즉 청의 강역에 살았던 다민족을 주체로 하는 사회혁명의 문제로 파악된다. 중국 헌법은 1911년 신해혁명에 의한 '청으로부터의 단절의 문제'를 다민족 봉건제 국가로부터 다민족 민주공화국으로의 이행으로 파악한다. 중국의 한족은 신해혁명을 결코 만주족 지배로부터 한족의 민족해방혁명—— '멸만흥한'——으로 파악하지 않는다. 그것은 중화민국과 중화인민공화국의 단절 문제와 마찬가지 방식으로 파악된다. 그래서 '국가 계승의 문제'에 있어서 중화인민공화국은 중화민국을 계승하며, 중화민국은 청조를 계승한다. 영토 문제에 있어서도 중국은 청조의 강역에 대하여 계승자로서의 지배권을 주장한다.

이 문제야말로 중국 측의 고구려사 인식의 핵심에 위치한다. 중국은 청조의 강역 안에 있었던 모든 과거를 '중화 제국'의 역사로 이해하고자 하는 것이다. 물론 고구려·발해의 시대와 청조 사이에는 700년의 시간적 간격이 존재한다. 청의 수립 이전에는 —— 세계 제국이었던 몽고의 원을 예외로 한다면—— 동북 지역을 통치한 '중화 제국'은 존재하지 않았다. 중국 측의 '동북공정'은 이 간극을 메우기 위한 시도라고 보면 타당할 것이다.

그러면 중국 측에게 왜 이러한 역사 해석이 필요할까? 물론 거기에는 여러 가지 이유가 있을 것이다. 소수 민족의 분리주의 운동에 대한 예방 조처, 한반도 통일 이후에는 발생할 수도 있을 만주 영유권 문제 등에 대한 예비, 향후 동북아의 정치경제적 질서에 있어서의 '제국적 지위'를 정당화하기 위한 담론 장치 등등. 한국 측 학자들이 내놓고 있는 이와 같은 분석들은 중국의 의도에 대해 이런 저런 각도에서 설명하는 것 같다. 무엇보다도 고구려사라는 독자적인 역사, '제국사에 포함되지 않은 역사'가 동북아에 존재한다면, 민족 문제를 관리하고 '다민족적 제국'을 유지하고자 하는 중국 측에 유리할 것이 없다. 그래서 고구려사를 둘러싼 한중 간의 역사 논쟁은 오직 양국의 현재의 처지와 입장에 그 정치사회적 배경을 두는 듯하다. 그런데 정작 중요한 문제는 어떻게 중국은 한국으로서 매우 받아들이기 힘든 "고구려사는 중국사의 일부"라는 인식을 아무런 거리낌 없이 제출할까라는 점이다. 이 문제에 대한 이해는 매우 중요하다. 왜냐하면 이 문제를 제대로 파악할 경우에만 한국 측의 대응 방식도 배타적 민족주의를 벗어날 수 있기 때문이다.

한족의 나라가 아닌 중국 국민의 나라, 국민사로서의 고구려

다민족 국가라는 사실이 중국 당국으로 하여금 "고구려는 중국사의 일부"라고 주장하도록 만드는 정치사회적 배경을 이루듯이, 중국이 거리낌 없이 그런 주장을 할 수 있는 토대도 국민으로서의 중국인과 민족으로서의 한족은 구별된다는 점이다. 청조가 그랬듯이, 중국은 한족만이 아니라 다민족에 의하여 구성된다. 한족만의 국가는 중국사의 절반에 불과하며, 나머지 절반은 한족을 주도 민족으로 하지만 상층부가 다른 민족이었던 왕조들로 이루어진다. 더 중요한 점은 한족이 수립한 왕조 국가인 경우조차 당처럼 다민족 국가인 경우가 많다는 점이다. 이 점에서 볼 때 현재의 중국의 정체성은 당과 비슷하지 한이나 송과 비슷하지 않다.

다민족 구성이야말로 동아시아에서 중국을 한국과 같은 단일민족국가와 구별하지 않으면 안 되게 만드는 중국적인 특수성이다. 그래서 중

국의 역사도 단지 한족의 역사가 아니라 중화인민공화국이라는 국가를 이루는 모든 민족의 역사라는 관점은 중국인에게는 당연하게 받아들여진다.

우리말로 '민족'이라 번역되는 유럽어 'nation'[네이션]은 중국인에게는 유럽인들에게 그러하듯이 '국민' 내지 '국민국가'에 해당되는 뜻을 가진다. 'nation'을 '민족'으로 번역할 수 있는 경우는 한국처럼 하나의 'nation' 내부에 다른 소수 민족이 존재하지 않는 매우 예외적인 때이다. 제국의 역사를 가지고 있는 중국인에게 그와 같은 번역은 —— 그들이 다민족 제국을 유지하려는 한 —— 허용될 수 없는 일인 것이다. 유럽과 미국에서 국민국가nation-state는 내부의 소수자들인 '종족들ethnic groups'을 '배제'하면서 '통합'하는 장치였다. 소수 종족들은 그들의 고유성을 잃어버리고 그들 자신의 역사와 정체성으로부터 배제당하는 한편, 'nation' 속에 통합된다. 동일한 현상은 터키나 옛 소련에서도 발생했다. 터키는 현재에도 영역 안의 쿠르드족을 "산악 터키인"이라 부르며 'nation'으로 인정하지 않는다. 옛 소련의 경우, 그 전체의 정체성은 각 '종족'의 정체성을 넘어서는 '소비에트'라는 새로운 'nation'이었다. 중국에서도 그와 동일한 현상이 발생한다.

각 나라의 'nation'의 내부에는 앵글로색슨-개신교, 앵글로색슨-성공회, 터키인, 대러시아인, 한족漢族과 같은 '주도 종족'이 있었고, 그와 같은 '주도 종족'은 종족적 정체성의 박탈이라는 과정 없이 'nation'과 일치될 수 있었다.

근대의 역사에서는 이러한 다수의 '종족적 정체성'이 'nation'을 해체하는 경우도 발생했다. 나치 독일에서는 '게르만 종족germanisches Volk'이 유대계를 포함하는 '독일 국민deutsche Nation'을 대체했다. 그리고 그 과정은 'nation'이라는 근대를 '종족적 전근대'로 해체하는 것이었고, 그와 함께 시민법적 체계와 인권은 정지되었다.

따라서 국민nation과 소수 종족ethnic groups의 배제/통합이라는 문제는 봉건 사회와 비교할 때 'nation'의 역사적 성과, 즉 근대적 시민권과 인권, 절차와 민주주의 등을 유지하면서 동시에 "자기 안의 타자"일 수밖에 없는 ethnic groups에 대하여 'nation'이 어떻게 소통할 수 있는가의 문제로 나타난다. ethnic groups은 단순히 'nation'의 시민으로, 즉 개인으로 해체될 것이 아니라 의미 있는 집단적 정체성으로 인정되어야 하는 것이다. 자기 안의 타자와 소통할 수 없는 'nation'으로부터 출현할 것은 독일어 'Volk'〔폴크〕가 나치 시대에 가졌던 의미 내용일 것이다.

세계적으로 비교적 많이 알려진 티베트의 경우를 보자면, 중국의 소수 종족에 대한 정책은 우려를 낳을 만하다. 이러한 우려가 근거가 있는 것이라면 ethnic groups에 대한 중국 'nation'의 패권은 잘못하면 중국이라는 'nation'을 한족이라는 'Volk'로 퇴화시킬 수 있을 것이다. 그래서 "고구려는 중국사의 일부"라는 인식의 저변에서 이와 같은 패권 주장, 궁극적으로 중국을 'nation'으로부터 'Volk'로 퇴화시킬 발상을 읽는 것도 지나친 일은 아니다.

한족이 'Volk'로서 수립되고 중국이라는 'nation'의 껍질을 찢고 나오게 될지도 모른다는 미래에 대한 예단은 일단 피하기로 하자. 그와 같은 예단은 문제의 핵심을 벗어난다. 중국의 민족 문제의 발전 방향에 대한 예측보다도 우리에게 더 중요한 일은 먼저 우리가 왜 당연하게도 고구려사는 한국사의 일부라고 생각하는가를 따져 보는 일일 것이기 때문이다.

어쩌면 중국의 주장은 적어도 개념적 측면에서는 한국과 같은 국가를 제외하고 다른 국가들로부터 더 많은 설득력을 얻을 수 있을 것이다. 그들 국가들에서는 'nation'이란 특정 민족과 동일시되는 것이 아니기 때문이다. 예컨대 'nation'을 'Volk'로 탈바꿈시키고 소수 종족을 박해했던 역사를 안고 있는 독일의 경우라면, 독일 국경 안에서 일어난 유대 종족의 역사를 독일사로 기술한다는 것은 당연할 뿐만 아니라 '배제의 역사'에 대한 반성을 의미하기도 할 것이기 때문이다. 다른 모든 국가들에서도 이와 같은 사정은 발생한다. 미국이 인디언의 역사를 미국사로 취급하면, 사람들은 지당한 일이 이루어졌을 뿐이라고 여길 것이다. 물론 중국 측의 고구려사 영유권 주장은 허점을 안고 있다. 왜냐하면 "조선족은 그 출처와 기원이 어떠하든 중국인이다"라는 인식으로부터 출발하여 고구려를 조선족의 기원으로 연결시키고 중국사로 편입하는 방식이 아니라, 그 당시에도 수와 당의 지방 정권이었다는 사실 논증에 기대고자 하기 때문이다. 사태가 그러했는지 아닌지는 물론 역사학이 판단할 문제이다.

더욱 중요한 문제는 "조선족은 중국인이다"는 사실을 지렛대로 해서도 —— 물론 조선족이 앞으로도 여기에 동의하는 경우에는 —— 중국 측은 얼마든지 고구려사 영유권 주장을 할 수 있다는 것이다. 이 경우에 고구려는 중국이라는 'nation'의 일부인 조선족의 역사이자 한국의 역사로서 중국과 한국이 공동으로 점유하는 결과가 나올 것이다. 그러나 이러한 공동 점유는 대외적으로는 고구려사는 중국사라는 인식으로서만 나타날 것이다. 왜냐하면 세계적으로 한국의 'nation'의 형성 과정과 현재 상태는 대단히 예외적인 경우에 속하기 때문이다. 이 문제를 좀 더 살펴보자.

한국 국민이 아닌 한민족의 나라, 종족사로서의 고구려

　우리는 왜 고구려를 한국사라고 주장하는가? 거기에는 국민국가/국민을 뜻하는 'nation'이라는 개념에 해당하는 우리말 단어로서의 '민족'과 우리를 '한민족'이라 칭할 때 쓰는 말인 '민족'의 중첩이 만들어 내는 마술이 작용하고 있다. 대개의 다른 국가들에서는 엄연히 구분될 수밖에 없는 두 대상에 대한 우리말 표기의 동일성은 언어적인 문제에만 근거하지 않는다. 예컨대 우리말에도 '종족'이라는 단어가 있다. 그럼에도 불구하고 만약 혈통에 있어서 한민족은 아니지만 한국 국적을 취득한 사람을 포함하는 '대한민국 국민'을 지칭하는 단어로서 '한민족'이라는 말을 사용하거나, 우리가 현재 사용하고 있는 뜻에서의 '한민족'을 '한종족'이라고 고쳐 부른다면 사람들은 매우 낯설게 여길 것이다. 심지어 '종족ethnic group'이라는 말을 인종적 소수 집단으로 잘못 이해하는 사람들은 매우 화를 내기도 할 것이다. '국민nation'과 '종족'이라는 두 대상은 우리에게는 매우 오랜 세월 동안 대체적으로 통일되어 있었기 때문이다. 한국에서 '소수 종족'은 매우 극소수에 불과했고 '국민'과 '종족'은 대개 일치했다는 지극히 한국적인 예외성은 개념 사용에 있어서의 예외성에 그치지 않는다. 나아가서 이 예외성, 'ethnic group'과 'nation'이 동일한 단어 '한민족'으로 표시된다는 예외성은 'ethnic group'의 개념에 해당하는 우리말 '민족'이 'nation' 개념에 해당되는 우리말 '민족'을 잡아먹고 '대한민국 국민＝한민족'이라는 폐쇄적 등식을 성립시킬 수 있을 것이다. 그러면 이제 이와 같은 폐쇄적 등식의 이중적 부정합에 대하여 살펴보자.

　첫 번째 부정합은 '한민족'의 구성원은 모두 대한민국의 국민인가라는 문제로부터 발생한다. 통상적인 용례를 따르자면, '한민족'이라는 낱말은 조선족, 고려인, 북한 거주민, 탈북자, 재일 교포를 비롯한 해외 동포 등을 예외 없이 통칭한다. '민족'이라는 낱말의 이러한 사용법은 국민 개념에 해당되는 사용법이 아니고 종족 개념에 해당하는 사용법이다. 이와 같은 용법의 '한민족'에 부나 모 중의 한쪽만이 한민족인 경우가 포함되는지는 불분명하다. 단지 1997년 전면 개정된 국적법이 양계 혈통주의를 채택하고 있기 때문에 국적법 제2조 1항 1호 및 제6조 1항에 의거하여 그 경우에도 대한민국 국민인 것만은 명백하다. 그러나 '한민족'이라는 우리말의 통상적인 의미 내용이 양계 혈통 관념을 내포하는지는 전적으로 한국 사회가 스스로를 어떻게 이해하는가의 문제, 즉 정체성의 문제에 속할 것이다. 물론 한국 사회는 오랫동안 혼혈을 소수 종족으로 취급하고 사회적으로 차별해 왔다는 점은 반드시 언급해 두어야 할 것 같다. 그러나 '한민족'이라는 낱말의 의미가 양계 혈통주의적으로 이해되건 부계 혈통주의적으로 이해되건 '한민족'과 대한민국 국민의 범위가 동일하지 않다는 점, 좀 더 정확하게 말하자면 '한민족' 모두가 대한민국 국민인 것은 아니라는 것만은 분명하다.

그리고 이 불일치는 고려인, 조선족, 북한 거주민에게 대한민국 법률의 효력이 미치지 못한다는 실효적인 불일치일 뿐만 아니라 대한민국 헌법과 국적법의 흠결에 의하여 법률적으로도 강제된다. 헌법 제2조 1항은 "대한민국의 국민이 되는 요건은 법률로 정한다"고 하며, 그 법률인 국적법 제2조는 "출생한 당시에 부 또는 모가 대한민국의 국민인 자", "출생하기 전에 부가 사망한 때에는 그 사망한 당시에 부가 대한민국의 국민이었던 자", "부모가 모두 분명하지 아니한 때 또는 국적이 없는 때에는 대한민국에서 출생한 자"와 "대한민국에서 발견된 기아"를 출생에 의하여 자동적으로 대한민국 국민이라는 자격을 획득하는 것으로 규정하고 있다. 문제는 국적법에 '최초의 대한민국 국민'에 대한 규정이 없다는 점이다. 이 규정 없이 1948년 12월 20일 이전의 조선인이 모두 당연히 대한민국 국민으로 규정될 수는 없기 때문이다. 국적법은 단순히 국적 취득을 규정하는 법일 뿐이라고 보고 국적법에 이와 같은 경과규정이 없는 것을 문제 삼지 않고자 한다면, 독일 기본법 제116조와 같은 별도의 규정이 대한민국 헌법에도 있어야 할 것이다. 대한민국 국적자 규정에 대한 학계의 논란에도 불구하고 대법원 판례(대법원 1996. 11. 12., 선고 96누1221: 이영순 사건)는 북한 거주민을 대한민국 국적자로 보며, 북한이탈주민보호법 등의 법률도 탈북자에게 국적 취득의 절차를 따로 두지 않고 호적을 창설하는 조처를 취하고 있다. 그러한 태도의 핵심에는 당연히 대한민국의 헌법 제2조의 영토 조항이 있다. "대한민국의 영토는 한반도와 그 부속 도서로 한다." 국적법에서 속인주의를 제1원리로 하면서 어떻게 논리적으로 국민 규정을 영토 조항으로부터 끌어 낼 수 있는지는 불분명하지만, 대법원의 판례에 따를 경우에도 고려인이나 조선족, 1905년에 멕시코로 송출된 노동 이민자 등의 경우는 대한민국 국민일 수 없다.

'대한민국 국민=한민족'의 불일치는 오직 '한민족'이 모두 대한민국 국민은 아니라는 사실로부터만 발생하는 것은 아니다. 거꾸로 대한민국 국민이 전부 '한민족'인 것도 아니다. 국적법은 특히 "5년 이상 대한민국에 주소가 있을 것"을 기본 요건으로 하고 기타 요건을 충족할 경우에 외국인에게 국적 취득을 허용하는 제5조(일반귀화 요건) 및 "대한민국에 특별한 공로가 있는 자"에게 국적 취득을 허용하는 제7조 1항 2호를 두고 있다. 아무리 수적으로 소수일지라도 '한민족'에 속하지 않는 대한민국 국민도 존재한다.

국사는 종족사가 아니라 국민사이어야 한다

다시 고구려사 논란 문제로 돌아가자. 고구려사는 대한민국 역사의 일부라는 인식에는 고구려사를 '한민족'의 종족사種族史의 일부로 보는 관점이 깔려 있다. 한쪽은 고구려사를 중국이라는 국민국가의 역사의 일부로 보고, 다른 한쪽은 고구려사를 '한민족'이라는 종족사의 일부로 본다면, 양자의 논란을 바라보는 제삼자는 한쪽에 대해서는 '중화 제국'을 소수 종족들의 감옥으로 만들고자 하는 역사 확장이 아닐까라는 의심을 하게 될 것이며, 다른 한쪽에 대해서는 그 지나치게 종족적인 집착에 대해서 의아해 할 것이다. 한국 측의 대응이 보편성을 띠기 위해서는 고구려사를 국민국가의 역사라는 관점에서 접근해야 하며, 국사를 국민사國民史로 이해해야 한다. 그런데 '국민국가'라는 구성이 종족적 전근대가 아니라 근대의 산물인 한에서, 헌법에 상해임시정부를 계승한다는 규정 이외에는 국가 계승에 관한 규정이 없고 국적법에도 최초의 대한민국 국민에 대한 규정이 없는 상태에서, 다시 말해 국민 규정이 애매한 상태에서는, 국민의 역사, 국민국가의 역사를 서술할 논리적 전제 자체가 결여되어 있다.

하나의 사실史實이 세계사로 연구되건, 동양사로 연구되건, 국사로 연구되건, 그와 같은 범위의 문제가 사실史實 그 자체에 대한 평가와 해석을 결정하는 요소는 아니다. 국사라는 개념은 단지 어디까지를 국민사의 범위에 포괄할 것인가라는 문제에 불과할 뿐이지, 사관이나 방법론을 뜻하지 않는다. 그래서 정작 중요한 점은 대한민국 국민의 범위가 어디까지인가에 놓여 있다. 국사는 오직 국민사로서, 대한민국 국민의 역사로서만 범위가 정해질 뿐이기 때문이다. 한국에서는 지난 50년간 부모 양계 '한민족'이 아닌 사람들이 증가했다. 그들의 역사, 발생과 변천, 사회적 처지 등도 국민사에 속해야 할 것이다. 최근 들어 증대하기 시작한 이주 노동자의 역사도 국민사의 일부를 구성하게 될 것이다. 이러한 역사에 대한 연구와 서술을 제쳐 두고 종족사의 관점에서 전개되는 고구려사 논쟁은 제삼국 사람들에게 별로 설득력이 없다.

물론 고구려사는 그것이 국민사의 범위에 포함되건 아니건 간에 고구려사일 뿐이다. 근대 국민국가의 틀 속에 억지로 고구려사를 끼워 넣는 방식이 아니라 근대 국민국가가 존재하지 않았던 당시의 고구려 역사를 봐야 된다는 주장(임지현)은 국민국가 이전 시대의 역사를 연구하고 서술하고자 할 때의 관점과 방법에 대한 하나의 입장일 수 있다. 고구려사는 중국사의 일부라는 주장 이외에 중국 역사학이 고구려사에 공헌한 것은 별로 없는 것 같다. 그런데 이 점에서는 한국도 마찬가지 아닐까? 중국은 고구려 유물들을 연구할 권리를 국적을 불문하고 세계 학자들에게 개방하여야 할 것이다. 특히 한국 학자들에게 공개와 개방을 꺼리는 태도는 사라져야 할 것이다. 한국 정부 당국도 문제를 이 점부터 풀어가야 할 것이지 고구려사가 '한민족'이라는 종족의 역사인가 중국 제국사의 일부인가에만 논점을 맞춘다면 고구려사 연구를 위하는 길이 아니다. 그래서 유물들로 하여금 그들의 언어를 스스로 이야기하도록 하라!

그러나 고구려사가 한국 국민의 고대사로 편입되어야 한다고 생각한다면, 먼저 국사는 종족의 역사가 아니라 국민사라는 관점부터 정립해야 할 것이다. 그리고 그때야 국민은 '한민족'이라는 종족이 아니라 비로소 근대적 정체성으로 수립될 것이다. 국민사로서의 국사를 해체하자는 주장은 그 다음에야 비로소 제출할 수 있는 말이다.

근대사 청산을 통한 국민 정체성 수립이 시급하다

그래서 우리는 먼저 대한민국이라는 국민국가의 발생과 전개와 관련된 지역사, 한반도의 20세기 현대사에 대한 문제로 관심을 돌릴 수밖에 없다. 그것은 '한민족'이 근대적 국민으로서 수립되어 가는 과정에 대한 역사이다. 친일 부역 행위, 해방 후 좌우 진영에 의해 저질러진 모든 범죄, 한국전쟁을 전후로 한 각종 학살과 전쟁범죄, 독재 정권에 의하여 저질러진 인권 탄압, 그것은 대한민국에서 수립된 근대성의 역사이며, 식민지적 근대화의 역사, 이 근대성의 야만에 대한 역사이다. 이 야만을 역사적으로 조명하고 적어도 현재 시점에서 객관적으로 평가하고 가감 없이 청산하지 않고서는 대한민국에 거주하는 '한민족'의 근대 국민으로서의 정체성은 영원히 수립되지 않은 채 남을 것이다. 그렇다면 '한민족'은 늘 '종족'으로 회귀하려 할 것이다. 설사 헌법이나 국적법의 흠결이 제거된다 하여도, 형식적인 '국민 규정'만으로서는 대한민국에는 여전히 근대 국민으로서의 정체성을 결여한 국적자만이 거주하는 꼴이 될 것이다.

그래서 고구려사를 '국민의 역사'의 일부로서 역사적으로 '편입'하고자 한다면, 대한민국의 성립과 전개, 근대화 과정과 그 과정에서 발생한 야만에 대한 가감 없는 조사를 통한 역사적 '청산'이 필요하다. '청

산'이 이루어질 때 비로소 국민이 근대적 정체성으로서 '탄생' 하며, 그
때에야 비로소 고구려사의 국민사로의 '편입'에 대하여 논할 수 있을
것이다. 그렇지 않은 경우에, 국사로 '편입' 된 고구려사는 모두 '종족
사' 일 뿐이다.

『프로메테우스』, 2004년 8월 26일.

황우석 사태, 야만의 끝에서 진실은 시작된다

야만의 끝에서 진실은 시작된다. 그러나 야만의 끝에 등장하는 진실일 수록 더욱 참혹한 법이다. 황우석 신화, 황우석 신드롬의 끝은 황우석 공황이었다. 그러면 황우석 공황은 어떤 시작인가? 또는 어떤 시작이어 야만 하는가?

진실, 참혹한 진실

2005년 논문의 진실성 논란은 이미 종결되었다. 제일 저자 본인도 "인위적 실수"를 시인한 논문은 철회 또는 직권 철회될 것이다. 남은 문제란 단지 조작 범위와 조작 책임의 규명일 뿐이다. 조만간 서울대 조사위는 여기에 대한 결과를 발표할 것이다. 그러나 지난 며칠 동안 일부 언론은 애타게 그 이외의 것을 증명하고자 했다. 그것은 황우석 교수의 마지막 기자회견에 관한 것이다. 첫째, 몇 개인지는 잘 몰라도 체세포 핵 치환SCNT 배아줄기세포는 원래 있었다. 둘째, 비록 곰팡이 감염 사고로 손상당했으나 다시 성립시켰다. 셋째, 만약 지금 없다면 미즈메디병원의 잉여 수정란 배아줄기세포와 바꿔치기 되었기 때문이다. 넷째, 설령 그렇다 해도 언제든 재연할 수 있다. 국민 모두를 알츠하이머 환자로 간주하는 듯 수차례의 말 바꾸기 끝에 등장한 발언들은 물론 조작 책임을 회피하기 위한 것일 수 있다. 그러나 좀 더 깊이 들여다보면 거기에는 숨겨진 욕망의 구조가 드러난다.

황우석 본인의 주장도 황우석 감싸기의 핵심도 사실 간단하다. 즉 "황우석 팀은 원천 기술을 가지고 있다". 진실 역시 간단하다. 즉 "황우석 팀은 원천 기술을 가지고 있지 않다". 2005년 논문에 의거한 원천 기술은 세계 어느 곳에서도 인증될 수 없다. 원천 기술 보유 주장의 현재 값은 신뢰도 0이다. 설령 DNA 검증 결과 체세포 핵 치환 배아줄기세포 1개를 증명한들 이 값어치는 달라지지 않는다. 부정행위를 한 수험생이 원래 자신이 11개 문제 중에서 두세 문제, 또는 최소한 한 문제는 풀 수 있었다고 증명한들 0점 처리를 면할 수 없는 것과 같은 이치이다. 진실은 참혹하다.

원천 기술 편집증의 구조

지난 며칠간 일부 언론은 사건의 본령이 논문 조작이 아니라 체세포 핵 치환 줄기세포의 존재 여부인 것처럼 보도했다. 논문 조작 사태는 '황노 진실 게임'이라는 신종 스포츠 경기로 탈바꿈되었다. 새로운 흥행물이 대중의 관심을 끌 수 있다면 그간의 반과학적이고 불관용적인 보도 행태에 대한 반성을 얼마 동안 회피할 수 있을 것이고, 서울대 조사위의 발표가 있은 후에는 자연스럽게 '황우석과 작별하기'를 시작할 수 있을 것이다.

그러나 좀 더 자세히 들여다보면, 무책임할 정도로 진지하지 않은 듯한 일부 언론의 보도 태도는 의외로 매우 진지한 편집증에서 비롯됨을 알 수 있다. 거기에는 난자 파문 때 그들이 보였던 반응과 정확하게 동일한 정당화 구조가 드러난다. 즉, 원천 기술만 있다면, 비윤리적 난자 취득이든 논문 조작이든 대수롭지 않다는 입장이다. 물론 이제는 더 이상 진실 규명에 반대할 수는 없는 처지라는 점도 분명하다. 그래서 한편으로는 논문 조작을 규명한 한국 과학계의 자정 능력을 쾌거라고 치켜세우면서, 다른 한편으로는 비록 데이터가 조작되었더라도 원천 기술 개발 능력만이라도 있다면 이것 역시 한국 과학계의 우수성을 증명하는 것이니 황우석의 등을 두드려 줘야 한다고 말한다. 김근태 보건복지부 장관도 황우석 교수가 논문의 "인위적 실수"를 시인한 다음날 유사한 취지의 발언을 했다. 황우석 신드롬이 보여 주던 불관용적 애국주의는 이제 사이비 관용론이 되었다. 이것은 수세적 변종이지만, 언제 다시 국익 앞에 논란을 일으키는 자는 누구든 "배격하고 격리해야"(손학규 경기도지사) 한다는 공세적 변종으로 변할지 누가 알겠는가!

원천 기술에 대한 편집증은 난자 파문의 경우처럼 과학의 윤리 조건을 내팽개치게 하고, 데이터 조작 사건처럼 과학자의 진실성 의무를 저버리게 했으며, "줄기세포 있나 없나"로 사태의 본질을 왜곡했고, 심지어 원천 기술의 개념마저 쓰레기통에 던져 버린다. 180개 또는 (새로운 폭로에 의하면) 1,000개의 난자를 투입하여 설령 체세포 핵 치환 배아줄기세포 1개를 확보했다 한들 그런 기술은 임상적으로 아무런 의미가 없다는 사실마저 덮어 버렸다. 2번 체세포 기증자인 10세 어린이에게 황우석 교수가 두 번이나 임상 실험을 제안했었다는 섬뜩한 사실에 직면해서야 의대 교수들은 줄기세포의 의학적 응용 가능성이 과장되었다는 성명을 발표한다. 이미 맹목에 빠져버린 사람들이라면 실험을 계속하여 성공률을 높이면 될 것이라 항변할 것이다. 그런데 2005년 논문의 의의는 바로 그 성공률에 있기에 그러한 항변은 2005년 논문을 다시 쓰면 될 것 아니냐는 유치한 항변이고, 거기에서는 그 조작된 논문을 위해 투입된 사회적 재원과 논문 조작이 발생시킨 사회적 비용은 까마득히 잊혀져 버린다. 결론적으로 한국 사회의 주류는 황우석 악몽 속에서도 별로 달라진 것도 없으며, 또 달라질 것 같지도 않다. 그들은 원천 기술의 개념이 무엇인지도 모르는 원천 기술 물신주의자들이다.

"줄기세포는 원래 있었다" 또는 "현재 없더라도 재연할 수 있다"는 것은 한국 사회의 주류가 애타게 증명하고자 하는 사항이다. 현재 없을 수도 있다는 강한 의혹 속에서 황우석으로부터 거리 두기를 시도하면서, 작별의 논리를 준비해 두면서, 마음속으로는 애타게 바라고 있는 사항이다. 그들은 차라리 이 모든 것이 의혹으로 끝나고 진실이 규명되지 않기를 바라고, 여전히 최소한 1개의 체세포 핵 치환 배아줄기세포에 대해서라도 진실이 규명되지 않기를 바란다. 누가 그 마음 속 깊은 소망에 대해서 뭐라 할 수 있겠는가! 내심의 법정에서는 당사자만이 심판관일 뿐이니까, 정말 국익이나 난치병 환자에 대한 휴머니즘 때문에 그들이 그런 소망을 가지게 되었는지는 당사자들이 스스로 조용히 돌이켜볼 문제일 뿐이다. 그러나 『데일리안』의 기사 제목처럼 "희망 없는 진실 무슨 소용 있나"라는 기만의 구조 속에서 거짓 희망이 이 사회를 '신화의 시대'로 후퇴시키거나 '신기루와 점성술로 살펴 본 미래'에 의해 좌지우지되는 상태로 전락시킨다면, 그것은 이 사회의 희망을 위하여 반 드시 종식되어야 한다.

과거완료형의 원천 기술 신화

"줄기세포는 원래 있었다." 이 문장의 시제는 단순한 과거형이 아니 다. 그것은 과거완료형이다. 문장의 주어는 체세포 핵이식 난자나 배반 포 단계의 복제 배아, 또는 내부 세포 덩어리가 아니기 때문이다. 문장 의 주어는 이와 같은 단계를 거쳐 성립한 체세포 핵 치환 줄기세포이고, 그래서 과학 기술적 관점에서 문장의 의미는 원천 기술의 보유이다. 지 난 8월의 실험으로 현재 이 기술은 에딘버러-밀라노 대학 연구팀이 보 유하고 있다. 물론 산업적 관점에서 문장의 의미가 확보되기 위해서는 문장의 주어가 일단 임상적으로 의미 있을 정도의 복수형, 즉 '줄기세 포들'로 바뀌어야 한다. "(단 1개의) 줄기세포가 원래 있었다"의 증명으 로부터 원천 기술 보유라는 결론을 끌어낼 수 있다는 믿음은 단지 '줄 기세포들'이라는 복수형 주어가 어색하게 느껴지는 국어 사용 습관 ── 물론 여기에서 '우리'라는 주어는 예외가 되겠지만 ── 과 우리 사회 의 전승된 사고 방식, 즉 의미 있을 정도의 복수성, 다양성, 다종성보다 대표 단수 형태를 더 좋아하는 전통에 의한 착각 때문만은 아닐 것이다. 1개의 체세포 핵 치환 줄기세포 유무가 그토록 중요하게 된 이유는 신 화가 현실에서 힘을 계속 가지기 위해서는 최소한의 흔적이라도 있어야 한다는 데 있다. 비록 임상적으로 의미 없더라도, 체세포 핵 치환 줄기 세포의 1개의 존재 증명은 '원천 기술에 대한 신화'를 유지하기 위해 필수적이다.

　황우석 연대기에 따르자면, 이 위대한 존재는 두 번의 시대에 걸쳐 있었거나 있을 가능성을 가진다. 한 번은 노아의 방주 이전 시대, 그러니까 곰팡이 오염 사고 이전에, 또 한 번은 그 이후부터 현재까지이다. 모든 창조 신화의 시제는 과거형이 아니라 과거완료형이다. 그래서 체세포 핵 치환 줄기세포의 신화는 줄기세포라는 신성한 존재가 있었다는 이야기가 아니라, 이와 같이 신성한 존재를 수립시킨 더 신성한 존재의 활동과 업적에 대한 이야기이다. 곰팡이 오염 이전 시대에 관한 한, 이미 소멸한 존재를 수립시킨 사건은 결코 증명될 수 없기에 '원천 기술에 대한 신화' 조차 수립될 수 없다. 그러나 '곰팡이 오염 사고' 이후부터 현재까지의 시대라면, 체세포 핵 치환 줄기세포의 수립이라는 이야기가 그저 '신화'일 뿐인지 또는 결코 원천 기술 보유라고 주장할 수 없는 '임상적으로 의미 없는 사건'인지에 대해 과학은 검증할 수 있다. 그래서 역설적으로, 논문 조작이 밝혀진 이상 2005년 논문의 과학적 의의와 관련하여 더 이상 아무런 의미를 가지지 않는 DNA 지문 검사는 반드시 실시되어야 한다. 많은 사람들은 체세포 핵 치환 줄기세포 1개의 수립을 확실히 있었던 일이라 믿고 싶어 하고, 그래서 '원천 기술에 대한 신화'가 지속되길 바란다. 그러나 만약 그것이 실체 없는 '신화', 곧 현재 없는 과거완료형으로 밝혀 질 경우, 우리 사회에서 통용되는 모든 의미들의 생산방식에 대해 근본적으로 다시 생각하지 않으면 안 될 것이다.

미래완료형의 자본

　DNA 지문 검사를 통해 단 1개라도 체세포 핵 치환 줄기세포의 존재가 증명된다면, 임상적으로는 의미 없는 이 유일무이한 존재를 통하여 '원천 기술에 대한 신화'가 수립될 수 있다. 서울대 조사 결과에 따라 체세포 핵 치환 줄기세포 연구는 다시 2004년 시점이나 최악의 경우에는 그 이전으로 돌아가겠지만, 어쩌면 원천 기술에 근접해 있다는 확인만으로도 다시 2004년 논문 발표 이후의 사회 분위기처럼 이 분야의 시장이 유망하기 때문에 공적 지원을 아끼지 않아야 한다는 주장이 재등장할 수 있다. 물론 이와 같은 '미래완료에 입각한 가치 주장'이 앞으로도 공적 자금을 통해 지원될 수 있을 것인지는 다른 문제이다. 특정 인물의 특정 기술 띄우기의 비참한 결말에 실망한 국민들은 다른 선택을 할 수도 있다.

　개별 과학 기술이 '미래완료의 가치'에 입각하여 개발되는 것은 별로 이상한 일은 아니다. 우리가 살고 있는 세계의 제1법칙은 미래에 실현될 것이 현재를 구성한다는 법칙이기 때문이다. 곧 자본의 법칙, '화폐―상품―증가된 화폐'의 법칙이다. 인간의 모든 활동과 그 결과물, 모든 자연물이 상품이 되는 세계에서, '모든 것'은 '증가된 화폐'라는 미래완료 시제에 의거해서만 비로소 현재 시제에서 가치를 가질 수 있다. 그리고 현재 시제에서 가치를 가질 수 있다는 말은 존재할 수 있다는 말이다. 그래서 개별 자본을 포함하여 이 세계의 '모든 것'은 '화폐―모든 것―증가된 화폐'의 선형적 시간표 속에서 '증가된 화폐'라는 '미래완료적 가치에 대한 주장' 없이는 사회적 현재형, 즉 사회적 존재성을 가질 수 없고, 결론적으로 '물리적으로도 없는 것'과 마찬가지로 취급된다.

자본의 시제는 언제나 '끊임없는 현재'

모든 개별 과학 기술은 상품으로서 '미래완료의 가치'를 주장한다. 그러나 그런 주장을 하는 모든 과학 기술이 자본으로부터 구매되고, 지원되고, 개발되는 것은 아니다. 모든 상품들의 경우 현재형은 미래완료형을 전제한다. 개별 기업들이나 개별 화폐들도 상품인 이 세계에서 존재하는 모든 것은 '더 많은 화폐'라는 미래완료형에 의지하여 존재할 따름이다.

그러나 정반대로, 자본 일반의 시제는 언제나 그저 현재일 뿐이다. 상품 일반의 시제가 '끊임없는 미래완료형'이라면 자본 일반의 시제는 '끊임없는 현재형'이다. 자본 일반은 한편으로 '화폐─모든 것─증가된 화폐'라는 선형적 시간표, 즉 미래완료의 발전 법칙이다. 하지만 다른 한편으로 자본은 과거도 미래도 오직 현재로서 표현하는, 즉 모든 시간대를 현재화할 수 있는 일반적 시간 척도이다. 존재하는 모든 것은 모두 동일한 단위에 입각하여 비교되며, 그것이 과거 행위의 결과이든지 미래완료적 행위이든지 모두 현재적으로 가치가 평가된다.

과거에 만들어진 생산 용구들이나 낡은 기술은 새로 가치가 평가되며, 앞으로 실현 가능한 기술도 시시각각 그 현재적 값어치가 매겨진다. 후자의 경우에 평가는 개별 기업의 기술 개발 전략에서 사전적으로 이루어지며 주식시장에서 사후적으로 검증된다. 인류 전체가 오전에 생산하고 오후에 교환하는 것이 아닌 한에서 생산하고 교환한다는 선형성조차 동시성 속에 소멸한다. 이러한 동시성이란 끊임없이 반복되는 현재이고, 정확하게 말하자면 끊임없이 반복되는 현재적 값어치 매기기이다. 그래서 자본 일반은 한편으로 '화폐—모든 것—증가된 화폐'라는 선형적인 물리적 시간의 축 위에 수립되지만, 다른 한편으로는 다른 모든 것들을 시간과 공간에 위치하게 만들고 그 스스로 사회적 시간의 좌표축이 된다. 자본 일반이란 과거, 현재, 미래를 '동시적 현재'로 평가하는 —— 인류 문명이 만들어 낸 최초의—— 사회적 시계이자, 사회 진보를 '증가된 화폐'라는 형태로 철저히 탈실체화 · 탈형이상학화 · 탈유토피아화하는 시간 축적기, (사회적 시간이 그 속으로 흘러들어 고이는) 사회적 시간의 저수지이다.

'화폐—모든 것—증가된 화폐'의 발전 법칙은 내재적이든 초월적이든 모든 유토피아를 종식시킨다. 유토피아들의 투쟁은 '증가된 화폐'라는 형태 속에서 탈실체화 한다. 일단 여기에 자본의 진보성이 있다. 자본은 인류의 미래에 대한 모든 종교적, 가치관적 투쟁, 다양한 역사 형이상학들의 투쟁을 종식시키고, 역사적 발전에 대한 '일반적 척도'로서 '증가된 화폐'라는 척도를 제시한다. 이 척도가 철저히 탈형이상학적이고 무내용적이라는 점에 낡은 역사 형이상학들을 구축하는 자본의 진보성이 놓여 있다. 그러나 이 철저한 유물론의 진보성은 조야함 또는 야만성과 동일한 동전의 양면일 뿐이다. 화폐는 모든 종류의 상품을 구매할 수 있으며 모든 종류의 구체성으로 표현될 수 있다. 화폐의 크기로 표현될 뿐인 '발전'은 질이나 내용이 아니라 양과 크기에서만 파악될 수밖에 없다. 그래서 '발전'은 조야함이나 야만으로 귀착될 수도 있게 된다. '발전'은 새만금에 둑을 쌓는 것으로 표현되고, 그 결과 환경 재앙이 닥칠 경우 다시 새만금의 둑을 허무는 것으로 나타날 것이다. 이 경우, 쌓는 것도 허무는 것도 '증가된 화폐' 또는 화폐 증대에의 미래완료적 기대일 것이라는 점에서 모두 동일하다. 발전의 척도가 '증가된 화폐'처럼 무내용적이라는 것에 대한 비판은 종종 인간과 자연에 대한 형이상학을 전제함으로써 수행된다. 문제는 거기에서 그와 같은 비판이 화폐처럼 만물을 동등한 것으로 매개시키지 못하며, 따라서 사회를 구성할 수 없다는 것이다. 거기에서는 사회의 미래 역시 '증가된 화폐'처럼 크기로 나타나는 것이 아니라 구체적인 내용으로 나타나기에 (일부에게만 동의될 수 있는 특수한) 내용들의 투쟁을 동반한다. 반면에 모든 것과 교환되는 화폐, 또는 발전의 모든 구체적 내용을 표현할 수 있는 추상적 척도인 '증가된 화폐'는 무내용으로 모든 내용을 포괄하거나 (일반성이 되고자 하는 특수한) 내용을 배제한다. 인권이든, 연대성이든, 자연의 권리이든, 어떤 특정한 내용의 무내용에 대한 개입에 대하여 자본이라는 무내용적 일반성은 때로 불관용적으로 때로 관용적으로 반응한다. 그래서 이제 특수한 내용들은 '증가된 화폐'에 의지하여, 예컨대 환경 영향 평가처럼 '경제적 크기'의 논거를 사용한다. 이 세계에서 현재에서의 양과 크기를 결정하며, 나아가서 얼마만큼 그 크기가 증대했는지를 결정하는 것은 화폐라는 척도이다. 이 척도는 사회에 의해 구성된 사회적 척도이지만 거꾸로 사회를 구성한다. 이 척도에서 자연과 사회의 관계는 인간 사회의 기준을 통해서만 표현될 수 있다. 이는 화폐라는 척도가 자연과 인간의 관계에서 철저히 인간 중심적 왜곡, 나아가서 인간 파괴적 왜곡을 발생시킬 수 있음을 의미한다.

자본은 체세포 핵 치환 줄기세포 치료술처럼 10년, 20년, 또는 50년 이후에야 실현될 기술에 대해서도 늘 그 현재적 값어치를 매기고 있다. 그리고 화폐 증식에서 내일 한 푼도 물론 중요하지만 10년 후의 만 푼도 마찬가지로 중요하다. 문제는 그저 10년 후의 만 푼의 현재적 값어치가 지금 내 주머니에 있는 몇 푼과 동일한가를 평가하는 일에 있을 뿐이다. 그러나 실현 기간이 먼 미래에 설정된 장기적 연구 개발의 경우일수록 자본은 공적 자금을 동원하려는 경향이 있다. 반면에 실현 기간이 먼 장기적 과학 기술 프로젝트는 미래완료형의 현재적 값어치를 높이기 위하여 실현 기간을 단축할 경로를 모색한다. 이와 같은 모색은 2005년 황우석 논문 조작 사건처럼 값어치를 높이기 위한 사기극으로 이어지기도 한다. 아무튼 연구 개발은 국가적 경쟁의 중요한 부분을 이루게 된다. 무엇을 선택할 것인가는 국민의 선택이 될 것이고, 여기에서 개별 기술의 현재적 값어치에 대한 평가가 비합리적일수록, 의사 결정 과정이 불투명할수록, 집행 관리의 과정이 비공식적이고 자의적일수록, 결과는 그 만큼 더 큰 파탄으로 나타날 것이다.

더 많은 화폐를 위한 선택과 배제의 이중주

공적 자금이 자연이 베풀어 주는 공기처럼 무한정한 것이 아닌 한, 어차피 어떤 분야를 지원하겠다는 선택은 곧 다른 분야에 대한 배제를 의미한다. 개인이나 개별 자본에게도, 또는 국가나 자본 일반에 대해서도, 선택이란 일반적으로 '배제적 선택'일 수밖에 없다. 황우석의 논문 조작 부풀리기는 33조 또는 360조 원의 미래 가치에 다가서고 있음을 보여 줌으로써 앞으로도 계속 선택받기 위한 책략이다. 1998년 이후 황우석 연구팀에 정부와 지자체는 총 685억 원을 지원했다. 과기부와 경기도는 광교 테크노밸리에 295억 원을 투입하여 바이오장기생산연구센

터를 설립했고, 새해 예산안에는 40억 원, 내년 초에 줄기세포허브법안
이 발효되면 지급될 110억 원의 추가 운영 비용 등을 포함하여 205억
원이 지원될 예정이다. 이러한 지원 계획들이 계속 유지되어야 할까?

2005년 논문이 조작된 것임에도 불구하고 이 분야의 원천 기술을 보
유하고 있다는 주장은 임상적으로 의미 있는 성공률로 재연할 수 있으
니 믿어달라는 주장이다. 배아줄기세포 치료술의 선택은 황우석 팀을
선택하는 것과는 별개의 문제이겠지만, 황우석 팀의 과학적 비행은 이
기술의 현재적 값어치를 삭감했고 선택되기 어려운 사회적 환경을 만들
었다. 수많은 난자를 희생시켜 과학적 비행을 저지른 후에 더 많은 난자
를 요구하는 것도 비윤리적이겠지만, 실험을 재연할 수 있으니 자신과
자신의 기술을 선택해 달라고 요구하는 것은 일단 기괴한 느낌부터 든
다.

배아는 비록 현재는 인간이 아니지만 미래에 존엄한 인간이 될 가능
성을 보유한다. 배아줄기세포의 경우 분화는 억제되고 세포 증식만 일
어나기에 다양한 조직으로 발현하는 것이 가능하지만 독립 개체가 될
가능성은 없다. 그래서 배아줄기세포는 혈액이나 조직의 경우처럼 실험
대상이 될 수 있지만, 배아가 성체가 될 수 있는 가능성을 인위적으로
차단함으로써 얻어진다는 것도 분명하다.

아이러니한 점은, 복제 배아는 미래가 차단된 데 반해, 복제 배아의
미래를 인위적으로 차단하는 기술 자체는 자신의 '미래완료'의 가치를
주장할 수 있다는 점이다. 배아의 가능성의 배제, 그리고 배아의 가능성
을 배제하는 기술에 대한 선택, 배제와 선택은 이 경우에 매우 기괴하게
교차한다. 이러한 기괴함은 복제 배아가 —— 특히 체세포 핵 치환 방식에
서 난할 과정의 인위성을 고려할 때 —— 인간 성체가 될 자연적 가능성을

원래 가지고 있던 것은 아니라고 본다면 다소 해소될 것이다. 그래서 그것은 그저 '더 많은 화폐'라는 미래완료형의 평가 방식에 의한 통상적인 배제와 선택의 문제로 이해될 지도 모른다.

그러나 복제 배아가 공학의 대상이 되었다는 것은 마치 인간이 공학적 조작 대상으로 전락할 것 같은 위기감을 만들어 낸다. 이런 종류의 위기감이 전혀 근거 없는 것만도 아니다. 인간의 신체, 정신, 인격은 매매될 수 없다는 원칙과 인간의 활동이나 활동의 산물은 교환되고 평가된다는 원칙은 자본주의를 구성하는 두 가지 원칙이다. 첫 번째 원칙이 있기 때문에 인간의 역사가 노예제로 후퇴하지 않을 수 있으며, 두 번째 원칙이 있기 때문에 자본주의 경제체제가 가능해진다. 간단하게 말하자면 노동력은 팔 수 있으나 노동하는 신체는 팔 수 없다는 것이다. 그러나 배아와 같은 가능태_{可能態}가 아니라 인간 성체와 같은 현실태_{現實態}의 경우에도, 첫 번째 원칙이 두 번째 원칙에 의해 훼손될 위험이 상존하는 한에서 인간 성체들의 위기감은 단순히 감성적인 것만은 아니라고 본다.

바로 이 감성적인 위기감이야말로 줄기세포 연구가 철저한 사회적 통제 하에서 투명하게 이루어져야 함을 웅변하고 있다. 생명공학 분야의 특수성에 비추어 볼 때, 황우석 실험실에서 무슨 일이 일어났는지는 그 후원자들만 알고 정부의 공식 조직은 모르고 있었다는 점은 등골을 오싹하게 만드는 일이다. 곰팡이 오염 사고가 과기부에는 문서로 보고되지 않았으며 공식 관리 체계가 아닌 대통령 보좌관에게만 보고되었고 이 또한 대통령에게는 알려지지도 않았다는 사실은 단순히 정부가 정부 출연 사업에 대해 관리해야 한다는 비판과 지적에서 끝날 문제가 아니다. 설령 줄기세포 연구가 성공했다 하더라도 관리 소홀은 더 큰 문제를 발생시켰을지도 모른다.

배제된 것은 배아만이 아니다

황우석 팀에 658억 원이 지원되어 배아줄기세포 실험이 이루어지고 있을 때, 미래완료로부터 배제된 것은 복제 배아나 1,000여 개의 난자만이 아니다. 황우석 팀이 선택됨으로써, 정동수 박사의 말처럼 "절반 이상이 비정규직이거나 4대 보험도 들지 못하는 일용직 신분"인 생명공학 연구자, 생명공학의 다른 영역이 배제되었고, 다른 과학 기술 분야와 다른 산업으로 배제는 확대된다. 더 심하게 따지자면, 658억을 들여 배아를 파괴하고 과학적으로 의미 없는 어떤 존재를 수립시킨 사건에서 근본적으로 배제된 것은 과학 윤리, 과학 기술에 대한 사회적 통제, 혹은 이러한 문제에 대한 논의 자체이며 나아가서 역설적으로 배제된 것은 국익이다. 더 근본적으로 따지자면, 배제된 것은 민주공화국이고 선택된 것은 의혹을 제기하는 모든 자를 "배격하고 격리해야한다"는 잠재 파시즘이다. 배제된 것은 716만 극빈층이며 비정규직이며, 선택된 것은 신기루의 원천기술이다.

황우석 신드롬은 '국익'을 앞세우든지 '국제 학계의 권위'를 앞세우든지 어떤 방식으로든 모든 소통적 논의 자체를 회피하려 하는 태도였다. 뿐만 아니라, 심지어 논란을 일으키는 모든 귀찮은 사람들, 곧 전경기도지사 손학규처럼 "황우석과 황우석 연구팀을 해치는 사람들을 배격하고 격리시켜야" 한다고 폭언을 퍼부으며, 일방적이고 폭력적으로 논란을 종식시키고자 하는 야만이었을 뿐이다. 거기에는 윤리 논란이나 진위 논란이 이 사회에서 어떠한 의미를 생산하며 어떠한 소통적 이득을 발생시킬 수 있는지, 또는 논란은 어떤 방식으로 전개되고 정리되어야 할 것인지에 대한 아무런 고려도 없었다. '배격과 격리'라는 말이 격리 수용소를 연상시키듯이, 거기에는 단지 불관용, 공동체가 지향해야 할 가치에 대한 배타적 독점만이 공공연히 나타날 뿐이다. 이렇게 무지막지한 야만이야말로 최소한의 민주 사회를 수호하기 위해서라도 종식되어야 하며 더 이상 되풀이되지 말아야 한다. "배격과 격리"의 파시즘적 수사에 가담했던 모든 사람들은 공개 사과하고 민주공화국의 품으로 돌아와야 한다. 의혹을 제기하는 사람들을 "독을 지닌 해충과 위험 동물"로 표현한 황우석은 —— 논문 조작 사건에 대한 책임과 별도로—— 공개 사과해야 한다. 나아가서, "배격과 격리"의 수사학을 사용하지 않았다 하더라도 논문 조작이라는 진실을 은폐하는 데 동참한 언론인, 정치인, 과학자 모두 공개적으로 사과해야 할 것이다. 황우석 신드롬이라는 광기의 책임을 네티즌이라는 익명의 집단으로 돌림으로써 책임을 면할 수 있다고 생각해서는 안 된다. 띄우고 부추기고 관리하지 않은 정부도 공개 사과하고 응분의 책임을 져야 한다.

황우석 사태의 진실은 현재의 고통, 즉 빈곤이다

황우석 공황의 끝에서 이제 시작되는 진실은 무엇인가? 한편으로 황우석 사태는 소통적 이득을 발생시켰다. 우리 사회에 일방성, 맹목성, 불관용에 저항할 반성 구조가 수립되어 있음이 확인되었다. 과학계의 정화 능력과 소장 과학자들의 과학 정신도 나타났다. 그러나 그런 것들은 황우석 사태를 통해 우리가 확인한 진실의 긍정적인 측면에 지나지 않는다. 더 깊은 진실의 측면을 파고 들 때, 우리는 과연 황우석 사태가 왜 일어났는지 그리고 이런 일이 반복되지 않을 수 있는지에 대한 대답을 얻을 수 있을 것이다.

황우석 사태. 대중의 무차별적인 숭배와 일체화 현상, 극단적인 파시즘 수사학. 그 원인은 간단하다. 빈곤이다. 보건복지부 발표에 따르자면 월 평균 소득이 최저생계비의 120%에 못 미치는 극빈층이 716만 명, 설사 소득과 재산을 함께 따지더라도 401만 명이다. 공적 자금으로 지원되는 프로젝트가 33조 또는 360조 원의 미래완료적 값어치를 가진다면 환상을 만들기에 충분하다. 그렇다고 빈곤에 지친 대중들이 황우석 환상을 만들어 낸 것은 절대로 아니다. 그것은 미래완료적 값어치를 통해 현재의 고통을 위로하고 국익을 팔아 대중을 결속시키는 것 이외에는 가진 능력이 없는 주류 정치 세력의 책임이다. 그들에게 간난의 현재와 풍요의 미래를 연결할 능력이 결여되어 있다는 것이야말로 황우석 공황의 진실이다.

33조 또는 360조의 미래 시장 규모는 결코 현재가 아니다. 현재는 ── 대한상공회의소 보고서(12월 11일)가 알려주듯이 ── "제조업 생산의 75%, 수출의 70%, 고용 비중의 88%를 차지하는 산업"이 "백색가전이나 섬유, 의류 등의 전통제조업"이라는 것이다. 그래서 진실은 국회에서 비정규직을 전체 제조업에 확대하는 것을 골자로 하는 기간제법 제4조와 파견법 제5조가 준비 중이라는 것이며, 716만 극빈층에 대한 사회 안전망은 없다는 것이다.

황우석 공황의 진실은 이 사회를 이끌고 있는 주류의 무능력과 무대책이다. 주류 정치 세력은 신자유주의를 받아들이면서 그것이 우리 경제에 맞는 발상인지에 대해 근거를 제시한 바조차 없다. 그들은 무능력한 숙명론자들이었고 당위만을 말하는 이데올로그들일 뿐이었다. 정부나 집권당의 무능력만이 전부가 아니다. 선진화 사회에 대한 산업 정책적 청사진은 없으면서 선진화 담론을 각종 개혁 입법 반대에 동원하는 한나라당의 파렴치함 역시 황우석 공황의 일부를 당당하게 차지한다.

『프로메테우스』, 2005년 12월 22일.

공적 영역과 종교의 자유, 강의석 군을 위하여

강의석 군이 식사와 치료를 거부하고 있다. 그는 학교의 예배 강요에 반대하여 일인 시위를 하다 제적당했던 서울 대광고 3학년생이다. 그는 지난 7월 "학교 측이 강제적인 행사로 종교의 자유를 침해했다"며 국가인권위원회에 진정했던 바 있다. 강의석 군은 그 후 종교의 자유를 위하여 단식하기 시작했고, 지금도 식사와 치료를 거부하고 있다. 이는 "아무리 사소한 일이라도 옳은 일에는 기꺼이 목숨을 걸겠다"고 개인 홈페이지에 삶의 자세를 밝히고 있는 강의석 군 한 사람의 문제가 아니다. 더욱이 종교의 자유가 절대로 사소한 문제인 것도 아니다. 무엇보다 이제 갓 19세인 한 고등학생의 건강과 생명이 우리에게 절대로 사소할 수는 없는 것이다.

종교의 자유와 세속 국가

　이러한 사태는 우리가 학교와 종교의 관계에 대하여 근본적으로 따져 볼 것을 요구한다. 학교를 운영하는 종교 재단은 분명히 종교의 자유에 빚지고 있다. 그런데 이제 그 종교 재단이 학교라는 제도를 통하여 학생의 종교의 자유를 억압하고 있다. 종교들은 신앙의 영역이 국가가 간섭할 수 없는 지극히 '사적인 영역'임을 확인함으로써 특정 종교에 대한 국가적 강제로부터 독립하고 자유를 얻을 수 있었다. 역사적으로 종교의 자유의 확립은 국가가 개인의 '내심의 법정'에 개입할 수 없음을 확인하는 과정이었다. 그리하여 일련의 역사적 과정으로서 종교의 자유는 양심의 자유, 사상의 자유를 낳았다. 그리고 이 과정에서 국가는 세속화되었다. 세속 국가는 국교를 가지지 않으며 모든 종교에 대하여 관용적이고 중립적이다. 그리하여 근대적 세속 국가의 경우, 오늘날 발생하는 종교의 자유 문제는 국가가 개인들에게 특정 종교를 강요하기 때문에 발생하는 문제가 더 이상 아니다.

　근대 국가에서 여전히 발생할 수 있는 종교의 자유에 대한 논란은 주로 다음의 두 가지 문제에서 발생한다.

　첫째는 종교 집단의 교리나 내부 관계가 헌법이 인정하는 국민의 기본권을 침해하는 경우이다. 종교 집단이 교리를 빙자하여 교인 개인의 재산을 절취하거나 탈퇴를 금지하는 등 기타 기본권을 침해하는 경우, 혹은 다른 종교나 타자에 대한 불관용을 선동하는 경우, 나아가서는 사회를 적대시하고 국가 자체를 재종교화하려는 경우, 즉 사교邪敎의 문제이다. 이 경우에 근대적 세속 국가는 헌법적 가치를 부정하는 종교조차 과연 헌법상 보호되어야 할 '종교'로 간주해야 하는가, 그렇다면 그 한계는 어디까지인가라는 문제가 생긴다.

두 번째의 경우는 강의석 군 사건과 같은 경우이다. 논란은 근대 초기처럼 '국가에 대하여' 발생하지 않는다. 논란은 '공공의 영역에서는 종교가 과연 어떻게 이해되어야 하는가' 라는 방식으로 발생한다. 예컨대 학교는 그것이 사립학교이든 공립학교이든, 교육법의 규제를 받고 있는 공공의 영역이다. 그런데 만약 종교 재단이 학교를 설립했다면, 그 학교에서는 모든 학생에게 특정 종교의 행사에 참여할 것을 강제할 수 있는가?

고등학생인 강의석 군의 경우에는 고교 평준화로 인하여 학교 선택의 자유조차 주어지지 않았기 때문에 "단연코 그렇지 않다"라고 말할 더 많은 논거가 있겠지만, 그렇다면 스스로 원해서 입학한 대학이 종교 재단에 의하여 운영되는 경우라면 학생은 당연히 종교 행사에 참여해야 하는가? 이미 입학할 때에 자발적으로 묵시적 의사 표명을 한 것으로 간주할 수 있기 때문에? 설령 이런 논리를 인정한다 하더라도, 대학이 아닌 일반 교회의 예배의 경우에 누구나 처음에는 그가 원해서 참여했다 할지라도 나중에 언제든지 불참할 수 있음을 감안할 때, 왜 대학의 경우에만 예배를 정규 수업으로 정해서 입학한 학생이 최초의 의사 표명을 끝까지 지키지 않으면 졸업조차 불가능하게 만들 수 있는 것인지는 불분명하다. 그래서 이제 개인들이 자발적으로 참여하고자 하며 참여하지 않으면 사회적·경제적 불이익을 받는 공공성의 영역을 통하여 특정 종교가 강요되는 일에 대하여 우리는 좀 더 깊이 생각해야 할 시기가 되지 않았을까?

공적 영역에서 종교를 추방하다: 프랑스 방식

실제로 이와 같은 문제는 공적 영역에서 종교의 자유를 구체적으로 실현하는 문제로서 유럽에서도 심각하게 등장했던 사항이다. 먼저 독일의 예를 살펴보자. 물론 강의석 군 사건과 같은 경우는 발생하지 않는다. 종교 교육에 참여하지 않을 자유는 논란의 여지없이 보장되기 때문이다. 그런데 지난 10년간 독일 헌법재판소의 판결 가운데 유달리 많은 논란을 일으켰던 판결은 카톨릭 학교의 교실에 걸려 있는 십자가, 예수님 석고상을 철거하라는 판결과 무슬림 여교사가 머리에 종교적 상징인 두건을 두르고 수업을 할 수 없도록 한 주정부의 지침이 정당하다고 판시한 것이었다.

두 가지 판결 모두 공공 영역에서는 특정 종교가 강요되지 않아야 할 뿐만 아니라 특정 종교적 상징으로부터도 자유로워야 한다는 인식을 담고 있는 것이었다. 이와 같은 방식의 문제 해결을 ‘프랑스 방식’이라고 부를 수 있다. 그것은 국가적 영역에서 종교를 추방하는 방식으로 이루어졌다. 프랑스 혁명이 그러했고, 그 이후에 진퇴의 과정을 거쳐 공적 영역의 ‘세속주의’가 확립되었다. 터키가 근대화를 할 때 표본으로 삼았던 예가 바로 종교를 국가로부터 추방함으로써 정교분리에 도달한 프랑스였다. 프랑스에서의 정교분리는 일체의 종교적 상징을 교육과 같은 공적 영역에서 금지하는 것으로 완성되었다. 시라크 대통령은 종교의 자유의 문제를 다룰 특별 자문 위원회를 구성하였고, 이 위원회는 정교분리를 공적 영역에서 일관되게 추진할 것을 조언했으며, 그 결과로 여교사의 두건 착용과 같은 종교적 상징은 금지되었다. 소수 종교에 대한 탄압으로 이해될 소지도 많은 이와 같은 문제 해결의 근본 논리는 종교

가 사적 영역에 속하는 것이기에 국가로부터 자유로운 것이라면 역으로
공적 영역 역시 종교로부터 자유로워야 한다는 것이다.

종교의 영역에서 국가를 추방하다: 미국 방식

　프랑스적 유형을 공공 영역에서 종교에 대한 '부정적 자유'라고 말
할 수 있다면, 미국적 방식은 종교의 '긍정적 자유', 즉 프랑스의 경우
와는 반대로 종교의 영역에서 거꾸로 국가를 추방한다는 측면이 강조되
는 경우이다. 청교도의 이주로 시작된 미국에서 종교의 자유는 개인의
자유라기보다는 우선 종교 공동체community의 자유, 그 내적 질서에 국
가가 간섭하지 않을 자유로 이해되었다. 종교 공동체가 학교를 수립하
고, 이 학교에서 당연히 특정 종교가 강제되는 것 또한 이와 같은 역사
때문이다.
　미국은 국왕이나 봉건 군주가 국교를 정하고 다른 종교 공동체를 억
압하던 시기에 유럽으로부터 탈출한 종교 공동체들의 자유를 통하여 수
립되었다는 역사, 그래서 정교분리의 문제에 있어서도 국가가 종교 공
동체의 행위에 일체 간섭하지 않아야 한다는 점이 더 강조되었던 역사
를 가진다. 미국이 종교를 국가로부터 해방함으로써 수립되었다면, 유
럽에서의 종교의 자유는 국가와 공적 영역을 종교로부터 해방하는 방식
으로 발전하였다. 개인의 기본권을 무시하는 사교 종파들이 종종 미국
에서 쉽게 성립하며 여러 사회적 문제를 일으키는 것도 종교와 국가의
관계에 대한 미국의 매우 '특수한 역사'에 기인한 종교 공동체에 대한
원칙적 불개입과 깊은 관계가 있을 것이다.

우리의 선택, 종교 공동체의 자유인가 개인의 자유인가?

어느 방식이 우리에게 적절한 것일까? 종교 재단이 운영하는 학교에서 특정 종교를 강요하는 문제는 이제 헌법 소원 등 사회적 형태로 해결하지 않으면 안 되는 사태로 발전했다

한국에서 종교의 자유의 역사, 특히 종교와 국가의 역사는 매우 많은 측면을 담고 있다. 분명히 해방 후 한국에서 근대 국가가 많은 제한 속에서 엉성하게 출발할 때 유럽처럼 특정 종교로부터 국가를 해방시키고 세속화해야 하는 일은 과제 자체가 아니었다. 오히려 처음부터 국가는 당연히 세속적인 것으로 이해되었다.

반면에 종교, 특히 기독교는 비록 근대 국가는 아니지만 국가로부터 탄압을 받은 바 있다. 조선 왕조는 초기에는 고려에서 국교에 해당되었던 불교를 억압했고, 후기에는 천주교와 개신교를 탄압했다. 그러한 탄압을 국가의 세속성을 지키기 위한 것으로 이해하기에는 유교적 세속성이 과연 근대적 세속성인가의 문제가 남아 있다. 반면에 탄압당한 종교의 측면에서 그것은 분명 기독교 문명이 대표하는 근대에 대한 탄압으로 이해되었을 것이다. 그래서 조선 왕조의 박해에 의한 순교는 역사적으로 근대적인 '종교의 자유'를 위한 순교로 이해될 수 있을 것이다. 그런데 이제 그렇게 형성된 근대, 곧 '종교의 자유'라는 근대가 종교 공동체의 자유를 개인의 자유보다 더 존중하며, 개인의 자유를 억압하며, 강의석 군의 생명을 위험에 빠뜨리고 있다.

'종교의 자유'의 강조점을 종교 공동체의 자유에 두는 것은 세계사적으로도 미국처럼 매우 특수한 경우이다. 한국이 그 예를 따라야 할 이유는 없다. 무엇보다도 한국은 역사적으로도 종교에 대한 국가의 박해

를 피하여 이주한 종교 공동체들에 의하여 수립된 국가가 아니다. 아울러 한국은 같은 종교 내의 종파가 다양할 뿐만 아니라 뿌리가 다른 여러 종교가 공존하는 매우 특수한 형태의 다종교 사회이다. 그렇다면 교육과 같은 공공의 영역에서 종교 공동체의 자유를 중시하고 개인의 종교적 선택의 자유를 박탈하는 것은 사회 통합을 위해서도 현명한 처사가 아니다. 종교들은 종교적 영향력의 증대를 위해서도 경쟁적으로 더 많이 공적 영역에 진출하고자 할 것이기 때문이다. 그래서 한국에서 요구되는 종교의 자유는 비대해진 종교 공동체의 자유가 아니라 무엇보다도 종교에 대한 개인의 자유일 것이며, 공적 영역에 종교 공동체가 진출하는 것을 허락하되 그 공공성을 더욱 확고히 하는 일이라고 본다.

강의석 군 사건의 해결, 그것은 본질적으로 사회적인 문제, 제도적인 문제이다. 그러나 문제가 일어난 교단에서 전향적으로 사고한다면, 이 문제를 해결할 좋은 범례를 보여 줄 수도 있을 것이다. 그래서 강의석 군이 제적당하자 학교에 공개적으로 항의해 직위 해제된 대광고 교목실장 류상태 목사는 인터뷰에서 사건의 핵심을 "기독교 사상의 문제", "한국에서 기독교의 배타성의 문제"라고 말했다. 일면 타당한 말이다.

그런데 다른 한편으로 기독교는 중세의 자유교회 운동으로부터 출발하여 "기독적 인간의 자유 Freiheit eines Christenmenschen"(마르틴 루터), "영혼의 자유 soul liberty"(로저 윌리엄스)로 발전하고 스스로를 근대적인 "자유의 종교 Religion der Freiheit"(헤겔)로 확립된 종교가 아니던가? 그런 기독교가 왜 이제 개인의 종교의 자유를 억압하는가! 이것은 분명 기독교인들이 누구보다도 먼저 생각해 보아야 할 문제 아닐까!

『프로메테우스』, 2004년 9월 22일.

한나라당과 사학 재단의 자유민주주의 모독

개방형 이사제 도입을 골자로 하는 사립학교법 개정안이 국회에서 의결된 것은 얼마 전인 2005년 12월 9일이다. 한나라당은 개정 사학법의 본질을 교원노조에 의한 사립학교 장악으로 규정하고 12월 12일 이후 지금까지 장외투쟁을 계속하고 있다. 사학 법인들은 12월 28일 헌법 소원과 함께 법률 효력 정지 가처분 신청을 제기했고, 제주도의 다섯 개 사학은 지난 5일 신입생 배정 명단 수령을 거부했다. 즉각 정부는 배정 거부를 "헌법적 기본질서에 대한 정면 도전"으로 간주하고 "법질서 수호 차원에서" 사학 비리 전면 조사에 착수하겠다고 공언했다. 신입생 배정 거부는 학부모 단체와 여론으로부터 학생을 볼모로 삼아 학습권을 침해한다는 따가운 비판을 받아야 했다. 결국 사립중고등학교법인협의회가 8일에 배정 거부 철회 의사를 밝힘으로써 2006년 교육 대란의 공포는 학부모와 학생들을 일단 비켜갔다.

신입생 배정 거부 사건은 사학 재단의 자율성이 헌법 제31조 1항에 의해 보장되는 학습권과 충돌할 수도 있음을 실증하는 국민적 학습 과정이었다. 이에 대해 한나라당 이계진 대변인은 신입생 배정 거부 철회는 "정부가 막강한 힘을 이용해 사학을 협박한 결과"라고 말했다 한다. 한나라당은 여전히 장외투쟁 중이다. 뜨거운 여론에 밀려 비록 배정 거부를 철회했지만 사립중고등학교법인협의회도 여전히 "사립학교법은 자유민주적 기본질서와 학교법인의 기본권을 중대하게 침해하는 위헌적인 법률"이라고 주장하며 "법률 불복종 운동을 포함해 사학법 무효화 투쟁을 지속한다"는 입장을 굽히지 않고 있다. 신입생 배정 거부라는 파국을 면했을 뿐이지 달라진 것은 없는 셈이다.

한나라당의 극우 포퓰리즘: 친북, 반미, 전교조가 몰려온다

사학법 개정안이 통과된 후 정확하게 한 달의 시간이 흘렀다. 그 한 달 동안 일어난 일을 한마디로 말하자면 한나라당 극우 포퓰리즘에 의한 자유민주주의의 모독이다. 한나라당의 12월 투쟁은 교원노조를 희생양으로 삼은 메카시즘의 형태로 출발했다. 물론 한나라당의 논리는 1/4의 사외 이사에 교원노조 출신이 선출될 매우 적은 확률 때문에 처음부터 설득력이 떨어졌다. 여기에서 정작 되물어 보아야 할 것은 사외 이사제 도입과 교원노조 출신이 사외 이사가 되는 일이 정말 자유민주주의적 기본질서를 위협하는지 등이리라. 그러나 어쩌면 그러한 질문을 제기하는 것조차 이미 한나라당에게는 자유민주주의적 기본질서를 훼손하는 일인지도 모르겠다. 아무튼 지난 12월 사학법을 둘러싼 공적 담론에서 교원노조는 암묵적으로 자유민주주의적 기본질서에 대한 잠재적 위협 요소로 간주되었고 단지 사학법이 교원노조의 사학 지배를 보장하기 위한 법률이라는 한나라당 주장이 타당한지에 쟁점이 맞추어졌을 뿐이다. 여기에 대한 일차적 책임은 한나라당에 있다. 한나라당은 사학법 개정안의 정책 목표와 효과에 대한 논박을 회피했고 "친북, 반미, 전교조가 몰려온다"는 극우 포퓰리즘적 선동에 의존했을 뿐이기 때문이다. 사학법 개정안이 공공성을 보장하고 공교육의 질을 제고하기 위한 입법 수단으로 적정한지는 논란의 바깥에 있었다. 결국 교원노조 출신이 사외 이사로 선출될 확률이 얼마나 되는가가 TV 토론에서도 쟁점 사항이 되는 어이없는 장면만이 연출되었던 것이다.

12월에 일어난 일 중에서 기억해야 할 또 한 가지가 있다. 한나라당 극우 포퓰리즘은 사학법 반대 투쟁을 이유로 하여 헌법 국가의 역사상 가장 먼저 수립된 제도인 예산 주권과 재정 민주주의를 내팽개치는 일조차 서슴지 않았다는 점이다. 제1야당이 예산안 심의에 처음부터 끝까지 불참한 일은 헌정 사상 처음 일어난 일이었다.

12월의 공적 담론은 교원노조를 이미 '선험적 악'으로 전제하고 '악의 지배'가 실현될 낮은 확률에 대해 확인하는 과정이었고 할 수 있다. 그럼에도 불구하고 교원노조가 사외 이사로 선출될 확률에 대한 사실 확인은 한나라당의 주장을 무력하게 만들기에 충분한 것이었다. 그래서 사학법의 부당함을 주장하기 위해 이제 한나라당은 자유민주주의 개념을 전교조 반대라는 부정 어법이 아니라 긍정 어법으로 밝히지 않으면 안 되게 된다. 이에 박근혜 대표는 1월 3일 "사학법은 단순히 전교조 문제가 아니다"고 말하면서 한나라당식 자유민주주의를 제시했다. 그 골자는 다음과 같다. "외부에서 우리 당에 아무나 최고위원으로 넣으라 하고 어떤 회사에 창업주가 있는데 외부 사람을 넣겠다고 하면 그게 말이 되느냐!" "이것은 엄연히 투명 경영과는 다른 얘기"이다. "좌파가 왜 좌파냐? 사적 영역에 공적 영역이 개입하는 게 좌파 아니냐!" "그런 식으로 하면 국가가 (사적 영역에까지) 공적으로 개입하게 되고 관치가 모든 것을 장악하게 된다." 모처럼 오랜만에 한나라당이 자유민주주의 개념을 제시했기에 자유민주주의, 공공성, 사적 자치의 관계에 대해 따져 볼 필요가 있을 듯하다.

한나라당식 자유민주주의에는 민주주의가 없다

그러나 그 이전에, 누구에게나 명백한 점은 한나라당식 자유민주주의에는 민주주의가 없다는 것이다. 한나라당은 원내 다수당의 민주공화주의적 정당성을 부정했다. 장외투쟁은 일차적으로는 대통령의 거부권을 촉구하며 궁극적으로는 헌법재판소의 판결에 영향을 미치고자 하는 헌법 소원적 정치 행위이다. 이와 같은 정치 행위가 민주공화국의 헌법 질서 안에서 용납될 수 없다는 이야기는 물론 아니다. 단지 국민의 예산 주권조차 내팽개치는 등 제1야당으로서의 의회 민주주의적 책임을 도외시한 것은 지나치다 할 것이다. 입법부의 다수파가 되어 해당 법률을 재개정하는 것이 가장 정상적인 대응방식이다. 만약 민주주의적 다수파의 정당성을 부인해야 할 만큼의 심각한 권리침해가 발생했다고 생각한다면, 그 경우에는 헌법재판을 통한 해결을 추구해야 한다. 전자가 민주주의적 정당성에 입각한 해결 방식이라면, 후자는 입헌주의적 정당성에 입각한 해결 방식이다. 민주공화국의 이념은 민주주의적 다수 지배에 의해 침해될 수 없는 기본적 권리를 보장하기 때문에 헌법재판소는 위헌 판결을 내릴 수 있다.

그러나 한나라당은 한 걸음 더 나아가서 헌법재판소의 권한마저 부정한다. 지난 3일 박근혜 대표는 기자들과의 새해 오찬 간담회에서 "개정 사학법에 헌법재판소가 합헌 결정을 내릴 경우 어떻게 하겠느냐"는 물음에 "헌법 소원 결과가 어떻게 나오더라도 (사학 재단에 개방형 이사를 두는) 그런 교육은 절대 안 된다"고 밝혔다. "그런 (합헌) 결과가 나온다면 관이 다른 곳에도 개입 가능하게 되고, 그것은 이미 자유민주주의가 아니다"라고 주장했다고 한다. 이 주장대로라면 한나라당의 장외 투쟁은 헌법재판소가 판결하기 이전에 이미 헌법 소원적 구조를 벗어나서 법률 불복종 운동, 즉 저항권적 구조로 넘어갔다. 물론 모든 문제에 있어서 헌법재판소의 판결이 반드시 옳다는 보장은 없다. 판결은 시대에 따라, 그리고 민주공화국의 발전 수준에 따라 바뀐다. 물론 헌법재판이 선판례 구속의 원칙에 매여 있다면 헌법재판소는 가장 수구적인 헌법기관이 될 것이다. 헌법재판 결과에 대한 비판과 반대, 즉 법률 불복종 운동이나 그 밖의 모든 저항권적 구조의 정치 행위는 헌법상의 집회와 결사의 자유의 틀 안에서 보장될 뿐만 아니라, 헌법재판이 인권과 시민권을 시대적 요청에 맞게 재해석할 수 있도록 촉구하는 긍정적 기능도 가지고 있다. 그래서 한나라당이 성급하게 저항권적 정치를 펼치는 것에 대하여 원내 거대 정당으로서의 책임을 망각한 일이라 말할 수는 있겠지만 불법적이고 반헌법적이라 말할 수는 없다. 그러나 동시에 따져 보아야 할 점은 과연 헌법재판소의 판결이 있기도 전에 서둘러 법률 불복종 투쟁을 선동할 만큼의 '참을 수 없을 만큼'의 권리침해가 사학법 개정안을 통해 발생했는가의 문제이다. 한나라당식 자유민주주의, 거기에 민주공화주의는 없었다. 그러면 자유주의는 있는가?

학교를 회사로 만들고 싶은 희한한 자유주의

　자유주의, 그것은 권리의 우선성을 의미하며 민주주의적 다수파에
의해서도 침해될 수 없는 권리의 목록으로 나타난다. 물론 당 대표의 정
치적 발언이 한나라당의 자유주의 개념을 모두 표현하는 것은 아니겠지
만, 사학 재단에 사외 이사를 두는 것을 "우리 당에 아무나 최고위원으
로 넣으라 하고 어떤 회사에 창업주가 있는데 외부 사람을 넣겠다고"
하는 일에 비유하는 박근혜 대표의 발언은 정당, 회사, 학교법인이라는
상이한 영역을 동일시하며 자유주의의 모든 문제를 국가 권력과 사적
자치의 문제로 환원한다. 정당 설립의 자유(헌법 제8조 1항)를 비롯한
정치적 기본권은 국가에 대한 방어적 기본권의 개념을 넘어서는 민주공
화주의적 토대이다. 또한 비영리법인인 사학 재단을 회사에 비교할 수
도 없는 일이다. 정부로부터 매년 운영비의 98%를 지원 받고 있는 사립
중고등학교를 한나라당과 사학 재단이 주장하는 것처럼 사유재산으로
보는 것은 현실적으로도 설득력이 없다. 게다가 사학 재단이 비영리 재
단 법인일 뿐이지 공법인이 아니기 때문에 사적 자치와 시장경제 원칙
에 의해 국가 간섭 없이 자율적으로 운영되어야 한다는 논리는 법리적
인 혼동이다. 두 번째 문제를 먼저 간단히 살펴본 후에 한나라당식 자유
주의가 무엇인가에 대해 다시 따져 보기로 하자.

　교육의 공공성이 단지 교육기관의 운영이 아니라 교육 내용의 문제
에만 관련된 것이라면, 교육부에 의해 학력 인정을 받는 교육기관과 사
설 학원의 차이는 무엇일까? 사설 학원도 교육 내용에 있어서는 공공의
이익에 기여할 수 있다. 그래서 공공성이란 단지 공적 간섭이 제도적으
로 보장되는 것을 의미할 뿐이다. 그렇지 않다면, 궁극적으로는 공공의

이익에 기여하는 사적 자치의 영역과 공공성의 영역을 구별할 수 없게 된다. 결국 어느 누구도 사학 운영에 있어서의 공공성의 제도적 보장에 대해 반헌법적이라고 말할 수는 없다. 물론 개방형 이사제와 같은 방식으로 사학 운영에서부터 직접적으로 공공성을 보장할 것인가, 아니면 종전처럼 교육부의 관리를 통해 외부적으로 공공성을 구현할 것인가는 특정 사회의 조건 속에서 입법자의 판단의 문제이다. 동시에 국가나 지방자치단체가 운영하는 공립학교라 할지라도 헌법상 보장되는 "교육의 자주성, 전문성, 정치적 중립성"(헌법 제31조 4항)이 침해되지 않아야 한다. 그러나 그것은 교육 내용에 관한 조항으로 개방형 이사제 논란과는 다른 종류의 문제일 뿐이다. 영리가 목적인 기업에도 사외 이사제가 도입된 경우도 있고 개방형 이사가 이사 정수의 25%에 지나지 않기에 사학 재단 운영에 있어서의 자율성이 침해되었다고 말하기 힘들다. 그러나 한나라당의 이주호 제5정조위원장은 이에 대하여 25%라는 일괄 규정은 "헌법상 과잉 금지 원칙에 위배"된다고 보며 "경영 투명성을 강화하기 위한 감시 역할은 이사가 아닌 감사가 맡는 게 맞다"고 말했다 한다. 사외 이사가 적당하냐, 감사가 적당하냐에 대한 법리적 판단 이전에 한나라당은 명확하게 헌법 위배적이지 않은 사안에 있어서의 입법부 다수파의 우위도 마찬가지로 고려했어야 할 것이다.

그래서 다음과 같은 의문이 드는 것은 부득이한 듯하다. 그렇다면 한나라당은 지금까지 사외 이사냐 감사냐를 놓고 한 달 이상 사학법이 "대한민국을 뿌리째 흔들고 있다"(박근혜 대표)는 선동을 해 왔다는 말인가?

당연히 아닐 것이다. 오히려 그 진정한 이유는 맨 얼굴을 싱싱하게 보여 주는 한나라당식 자유주의의 편협성과 비일관성 때문일 것이다.

박근혜 대표는 말한다. "좌파가 왜 좌파냐? 사적 영역에 공적 영역이 개입하는 게 좌파 아니냐!" "그런 식으로 하면 국가가 공적으로 개입하게 되고 관치가 모든 것을 장악하게 된다." 대단히 리버테리안적인 발언이다. 그러나 교육의 공공성은 근대 공화국의 역사만큼 오래된 관념이다. 의무교육제는 프랑스 제1공화국에서 로베스피에르에 의해 도입되었다. 그는 보편적 참정의 기반을 공공 교육에서 찾았다. 그 이후에 존 스튜어트 밀도 노동 계급과 여성의 참정권을 옹호하면서 보통선거권의 전제로서 마찬가지로 의무교육을 주장했다. 우리 헌법 제31조 1항부터 3항까지에는 이와 같은 교육 공공성의 근대 헌법사가 녹아 있다. 조세나 재산권의 문제를 훨씬 벗어나는 영역인 교육 문제까지 리버테리안적인 사고를 전개하는 것은 대단히 편협하다.

그러나 한나라당식 자유주의가 단지 편협한 리버테리아니즘에 그치는 것만은 아니다. 그것은 대단히 비일관적이다. 공적 개입을 일관되게 반대하고자 한다면, 사상의 자유, 학문의 자유를 침해하는 국가보안법 철폐에도 찬성해야 할 것이다. 그런 종류의 일관된 리버테리아니즘이라면 공공성을 우선하는 "좌파"에게도 편협할지언정 박정희 잔재 청산이라는 점에서는 상쾌한 일로 느껴질 수 있다. 그러나 한나라당식 자유주의는 불쾌할 만큼 비일관적이다. 사학법 개정안에 반대하는 이유는 "여기서 적당히 물러선다면 앞으로 일어날 더 큰 사태를 막을 수 없다"(박근혜 대표)는 것이고, 더 큰 사태란 물론—— 결코 별로 대단한 일일 수 없는—— "국가보안법 철폐"이다.

한나라당식 자유민주주의에서 민주주의적 정당성에 대한 존중은 나타나지 않는다. 한나라당식 자유민주주의에서 자유주의는 노멘클라투라의 자유주의, 자유주의에 대한 모독에 불과하다. 거기에서 자유, 자율, 사적 자치는 인권에 대한 관심으로 표시되지 않는다. 거대한 우파 정당의 존재에도 불구하고 좌파가 민주공화국의 이념과 절차 안에서 자격 있는 경쟁자로서 존중할 수 있는 우파가 적다는 것이야말로 한국 정치의 불행이다.

진정 대한민국을 뿌리째 흔들고 있는 것

"대한민국을 뿌리째 흔들고" 있는 것은 사학법 개정안이 전혀 아니다. 언젠가 경기도 광주시에서 거동이 불편한 82세 할머니가 며칠째 계속되는 추위를 견디다 못해 헌 옷가지로 아궁이 불을 지피다 불에 타 숨졌다. 박정희 개발 독재 시대에 수립되었던 '경제성장 – 고용 확대 – 소득 증대'의 연관은 IMF 사태 이후로 더 이상 불가능한 것처럼 보인다. 현재 상태라면 경제가 성장해도 양극화는 더욱 극심해질 것이다. 바로 이 문제가 "대한민국을 뿌리째 흔들고" 있다. 이 지점에서 묻고 싶은 것은 한나라당 당 대표 신년사에 등장했던 '공동체'라는 개념이 무엇인가라는 것이다. 그것은 사적 자치, 시장경제, 공공성, 또는 사회국가적으로 조직된 연대성 등과 어떤 관계에 있는가? 혹시 그것은 한민족 공동체라는 말 쓰임새처럼 그저 혈통과 종족적 일체성에 대한 다른 표현에 불과한 것 아닌가? 한나라당이 제1야당으로서 해야 할 일은 사학법 반대 투쟁도 아니며, 대중의 고통을 위로하러 상징적으로 재래시장에 들르는 일도 아니다. 그것은 현재 어떤 정파도 외면할 수 없는 공통의 과제에 대하여 나름대로의 처방을 내놓는 경쟁하는 일이고, 그것은 양극화를 해소하기 위한 산업, 금융, 조세, 복지 정책 등을 포괄적으로 제시하는 일일 뿐이다.

『프로메테우스』, 2006년 1월 9일.

정치인에게 정치하지 말라는 이상한 나라

대통령의 '선거 중립 의무 위반'이라는 선관위 결정에 대하여

2007년 6월 7일, 정치권과 언론은 중앙선거관리위원회 결정에 주목했다. 노무현 대통령의 연설에 대해 한나라당이 고발한 것을 두고 중앙선관위가 해석을 내렸기 때문이다. 문제가 된 것은 "한나라당이 집권하면 끔찍하다", "한반도 대운하를 민간 자본으로 한다는데 제정신 가진 사람이 투자하겠냐", "독재자의 딸이 한국의 지도자가 되면 곤란하지 않으냐"는, 노무현 대통령이 참여정부평가포럼에서 한 발언이었다. 중앙선관위는 "노무현 대통령이 공무원의 선거 중립 의무를 위반했다"고 결론을 내리고 자제를 요청하는 공문을 청와대에 보내기로 했다. 이에 대해 정치권은 대체로 '선관위 결정 존중'과 '대통령의 자제를 촉구'하는 모습이다. 청와대는 겉으로는 발끈하고 있지만 구체적인 대응은 자제하는 모습이다.

선관위 결정은 선거제도의 취지를 부정한다

이번 사태의 핵심은 무엇인가? 정당의 당원이며 선출과 통치 자체가 정치적 과정을 통해 이뤄지는 대통령에게 정치적 행위를 금지하는 것은 올바른 것인가? 선출직 공무원에게 정치적 중립을 요구하는 것은 합당한가? 나아가 공무원의 정치 행위 자체를 금지하고 있는 현재의 선거법은 합당한가? 이와 같은 질문에 대해서는 아무런 발전적 논의도 없었다. 선관위는 '대통령도 공무원이고 정치적 중립을 지킬 의무가 있다'는 무미건조한 선언을 되풀이했을 뿐이다. 물론 선관위는 해당 법률에 대한 헌법 합치성을 심판할 권한을 가지고 있지 않다. 선관위의 결정은 현행법에 의한 적용일 뿐이다. 진짜 문제는 현행법이 민주주의의 정신에 부합되는가이다.

국가를 운영하는 '공무원' 중 핵심적인 직책의 공무원을 선거를 통해 선출하는 것이 대의제 민주주의의 기본 요소이다. 그리고 선거는 그 자체가 정치적 입장의 차이에 기반을 둔 제도이다. 우리 사회의 다양한 문제를 해결하기 위해 여러 이념과 정책이 경쟁하고, 그 중 하나를 국민들이 선택한다. 따라서 선거는 선출직 공무원의 후보자에게 정치적 입장—이념과 정책—을 명확하게 밝힐 것을 요구한다. 선출직 공무원의 최고위직인 대통령은 더 말할 것도 없다.

이런 이유로 현행법은, 정당이 추천한 후보자가 당선되어 '공무원'인 대통령이 된 이후에도, 정당의 당원으로서 지위를 유지할 수 있도록 보장하고 있다. 이를 통해 대통령은 정치적으로 선출되며 정치적 입장을 가지는 것을 보장 받는 자리라는 점을 알 수 있다. 그런데 당선과 통치 자체가 정치적으로 이뤄지는 대통령에게 정치적 행위 자체를 해서는 안 된다고 선관위가 결정한 것이다.

이로써 우리 사회의 주요한 정치적 행위 주체 중 하나인 대통령이 정치적 발언을 할 수 없게 되었다. 결국 선관위는 정치적 중립을 지나치게 강조한 나머지, 논쟁을 통한 사회적 공론의 형성이라는 민주주의와 정치의 본질을 침해하는 우를 저질렀다. 자유로운 선거와 정당정치를 보장하기 위해 설립된 기관인 선관위가 정치 행위 자체를 제약할 소지가 큰 결정을 내린 것은 목적과 수단의 전도에 해당된다.

노무현 대통령의 발언이 부적절한지 아닌지는 지지율 저하 등 정치적 결과를 통해 심판되어야 할 사안이다. 하지만 정치적 발언 자체가 제약해야 할 사안은 아니다. 물론 공무원들이 자신의 권한을 이용해 부정선거를 저지르지 않도록 할 필요가 있다. 그러나 이 경우에도 선출직 공무원의 정치적 중립은 선거제도 본래의 취지를 훼손하지 않는 범위에서 매우 엄격하게 적용되어야 한다.

탄핵의 추억, 국민의 뜻을 관료들이 뒤집지 못하게 해야 한다

선관위가 대통령의 발언에 대해 선거법 위반 결정을 내렸다는 점에서 이번 사태는 시작에 있어서는 지난 2004년의 대통령 탄핵 사태와 비슷하게 전개되고 있다. 2004년 대통령의 탄핵과 복권에 선관위, 국회, 헌법재판소 세 개의 기관이 관여했다. 이 세 기관 중 국회를 제외한 선관위와 헌법재판소는 국민들로부터 선출되지 않은 관료들로 구성되어 있다. 특히 헌법재판소는 탄핵 심판을 통해 대통령의 파면을 결정할 수 있는데, 선출되지 않은 권력인 헌재가 선출된 권력인 대통령을 파면할

수 있다고 정한 현행 헌법상의 탄핵 제도는 정확하게 해석되어야만 한다. 현행 헌법의 탄핵 제도는 정치 탄핵을 용인하고 있는 것이 아니다. 그것은 단지 대통령의 불법 행위로 인한 사법적 탄핵에만 한정될 뿐이다. 2004년의 탄핵 사유에는 매우 위헌적인 방식으로 대통령의 경제 운용 실패가 포함되었는데, 헌재가 이와 같은 이유로 대통령을 파면할 수 있다면 이는 국민주권의 원리를 정면으로 위배하는 것이다.

선거를 통해 결정된 국민의 의지를 국민에 의해 선출되지 않은 관료들이 뒤집을 수 있다면 그것은 더 이상 민주주의가 아니다. 이런 점에서 찬반을 떠나 정치적 행위와 그 결과를 선관위와 헌법재판소의 관료들의 손에 내맡긴 한나라당과 이에 대해 아무런 반박도 조직하지 못하는 여권은 민주주의와 정당정치, 정치적 논의를 통한 해결을 포기했다는 점에서 비판받아 마땅하다. 또한 대통령에게는 선관위 결정을 존중해 "선거 중립 의무를 철저히 준수하겠다는 대국민 약속을 하라"고 요구하고 한나라당에는 "이번 결정을 정쟁의 도구로 삼지 말라"는 민주노동당의 논평은 국민주권의 원리에 대한 진보 정당으로서 참신한 시각도, 우리 사회의 민주주의에 대한 깊은 성찰과 모색도 없는 것 같아 실망스러울 뿐이다.

6 · 10 항쟁 20주년에 다시 생각하는 민주주의

올해로 6 · 10 항쟁이 있은 지 20년이 되었다. 6 · 10 항쟁의 핵심 요구는 국가 권력의 핵심인 대통령을 국민이 직접 선출해야 한다는 것이었다. 국민이 직접 대통령을 선출하는 직선제는 독재 타도, 민주 쟁취와 동일시된 요구였다. 이렇듯 국민의 선거권은 민주주의의 핵심 요소이다. 그런데 6·10 항쟁으로 수립된 현재의 헌정 체제에서, 좋든 싫든 국민이 피로 쟁취한 신성한 선거권을 행사해 직접 선출한 권력을 관료들이 좌지우지할 수 있는 작금의 상황은 우리 사회의 민주주의가 아직도 무척 불완전하며 이를 발전시키기 위해 많은 노력이 필요하다는 사실을 우리에게 무겁게 보여 주고 있다.

『프로메테우스』, 2007년 6월 8일.

금민 minima2004@naver.com

1981년에 서울 양정고등학교를 졸업하고, 1985년에 고려대학교 법학과를 졸업했다. 1989년에 독일 괴팅엔대학교에서 법학 석사 학위를 받았다. 2004년부터 사회비판아카데미 이사장으로 활동하고 있고, 2005년부터 2006년까지 인터넷 신문 『프로메테우스』 주필을 맡았으며, 2006년부터 전국노동자회 수석 자문 위원을 맡고 있다. 현 한국사회당 대표이다.

사회적 공화주의: 한국 사회 위기 해소를 위한 정치 기획

지은이 | 금민
펴낸곳 | 박종철출판사
주소 | 서울시 마포구 서교동 473-19 2층(121-842)
전화 | 332-7635(영업), 332-7629(편집), 332-7634(팩스)
등록번호 | 제12-406(1990. 7. 12.)

제1판 1쇄 | 2007년 8월 10일
제1판 4쇄 | 2007년 10월 5일

ISBN   978-89-85022-47-7   03340
12,000원